品牌通识

科学系统的品牌全景

谢俏 丁亦思 —— 著

中国科学技术出版社
·北京·

图书在版编目（CIP）数据

品牌通识：科学系统的品牌全景 / 谢俏，丁亦思著
. — 北京：中国科学技术出版社，2024.3（2025.1 重印）
ISBN 978-7-5236-0411-3

Ⅰ.①品… Ⅱ.①谢…②丁… Ⅲ.①品牌—管理
Ⅳ.① F273.2

中国国家版本馆 CIP 数据核字（2023）第 255221 号

策划编辑	赵　嵘	责任校对	张晓莉
责任编辑	高雪静	责任印制	李晓霖
版式设计	蚂蚁设计		
封面设计	UP·toma 品牌战略研究室　仙境设计		

出　　版	中国科学技术出版社
发　　行	中国科学技术出版社有限公司发行部
地　　址	北京市海淀区中关村南大街 16 号
邮　　编	100081
发行电话	010-62173865
传　　真	010-62173081
网　　址	http://www.cspbooks.com.cn

开　　本	710mm×1000mm　1/16
字　　数	352 千字
印　　张	24
版　　次	2024 年 3 月第 1 版
印　　次	2025 年 1 月第 4 次印刷
印　　刷	北京盛通印刷股份有限公司
书　　号	ISBN 978-7-5236-0411-3/F·1197
定　　价	98.00 元

（凡购买本社图书，如有缺页、倒页、脱页者，本社发行部负责调换）

ui?

UP·toma 品牌战略研究室联合创始人

英图博略（Interbrand）前品牌策略师
WPP 集团旗下凯度华通明略（MillwardBrown）前高级定性市场研究员

悉尼大学商学院国际贸易和市场营销双硕士（2007）。

从业 17 年，曾为上百个全球化品牌和国内一线企业品牌提供品牌战略咨询和消费洞察服务，客户包括：联合利华、宝洁、百事、希尔顿、花旗银行、汤森路透、微软、英国广播公司（BBC）、李宁、宇通、阿拉善 SEE 生态协会等，曾任浙江城市旅游推广项目政府顾问。曾参与编纂《最佳中国品牌排行榜》。

目前致力于整理与提炼中国品牌观、科学体系和方法论；调查与分析隐藏在消费趋势和变量背后的消费者动机与决策动力，助力品牌在消费者代际更迭与科技创新的浪潮中顺势而为，让企业的核心价值与商业理想照耀人心。

谢　俏

品牌战略和消费洞察
高级顾问

UP·toma 品牌战略研究室联合创始人

2007年毕业于悉尼大学商学院和法学院，获得国际贸易与法律硕士学位，并拥有心理学学士学位。

曾任跨国集团中国区总经理，负责中国区的战略设计和落地。任职期间为其从零到一创建本土化品牌，制订整体营销计划、设立销售网络，以及参与产业链整合并购。

目前致力于融合中国哲学和西方商业理论，形成跨文化和价值语境下的品牌方法论，为企业和个人提供符合中国文化根性的商业品牌策略，推动中国品牌的全球化发展。

丁亦思

品牌、消费和商业认知高级顾问

品牌的本质是

价值认知。

行业品牌洞察和推荐

以下按姓氏拼音第一个字母顺序

品牌管理之道,正在从中心化模式走向多中心化,乃至适度的去中心化。如何在这种趋势中保持品牌自身的定力,而又兼顾多变甚至碎片化的市场适应性?这是当下品牌工作者面对的主要挑战。

陈富国
MetaThink 根元咨询合伙人

如今的商业营销环境中,充斥着各种"××至上"的速食口号。品牌能创造的商业价值与机会,很可惜地被窄化为投放量、流量、声量、热点,反而忽视了它对于企业和个人在市场竞争中的长远价值。在市场竞争中谋划品牌、经营品牌、管理品牌,必然是进攻的利器,也应该是防御的基石。

本书兼顾了理论知识和实践经验,也是作者融合策略、创意与管理的成果。极力推荐给关注品牌发展的你我,并共同探讨品牌在市场竞争中的有序、有度、有趣和有效发展。

陈志杰
营效信息科技创始人

在今天这个信息爆炸、传播方式日新月异、传播内容极度碎片化的时代,我们常常听到"品牌已死""Big Idea(有创意的想法)无用""策略还不如快速复制模仿"的论调。然而,如何在这样一种纷繁复杂的环境中,充分释放数

品牌通识：科学系统的品牌全景

据的力量，快速适应碎片化时代的营销特点，以及更重要的是，真正做到让品牌"形散而神不散"，这些是我们需要思考的。这既是对品牌的挑战，也是品牌真正的力量和魅力所在！

丁玎

尼尔森中国区前高级副总裁，首席商务官

艾盛集团前数字商务中国首席执行官

与谢俏共事多年，很高兴看到她的新书出版！本书凝结了谢俏过去17年在品牌咨询领域积累的丰富经验，是一本帮助企业家、品牌管理者和对品牌感兴趣的读者了解品牌，建立起品牌整体认知体系并采取有效品牌行动的著作。时至今日，品牌对于企业的重要性越来越凸显，品牌建设的体系化认知与实操经验也变得越来越重要。相信读完本书后，大家一定会受益匪浅，收获丰厚。

古博

宏盟（Omnicom）品牌咨询集团中国区主席

英图博略（Interbrand）品牌咨询中国区主席

品牌不仅仅是一个商标，还包括了产品、服务、广告、形象、文化等多个方面的组合。品牌能够塑造企业的形象和文化，反映其价值观和理念，从而提高企业的品牌知名度和影响力。本书详细阐述了品牌对企业的意义和影响。

郝陶

中信产业基金（CPE 源峰）IR 董事

找到每个品牌独特的灵魂，并将其塑造、展现……通过品牌之力让世界变得更好，是我们的终极追求！

弘彬

unique 21 品牌咨询创始人，艺术总监

行业品牌洞察和推荐

今天，品牌、数字化、顾客体验管理（CXM）这些元素的交汇至关重要——有效的数字化将品牌的身份和信息传递与顾客体验进行了协调，确保在所有顾客接触点实现无缝和一致。同时，数字领域的客户体验管理依赖于明确定义和连贯的品牌战略，以有效地提供积极而令人难忘的客户体验。

黄飞

美库尔中国首席执行官

电通顾客体验业务线首席执行官

中国市场竞争激烈，产品同质化现象日益凸显，品牌差异化策略变得越来越重要。联系消费者洞察、了解消费者需求和偏好，并与消费者建立特殊的情感连接和共鸣，赢得他们的信任和认可已经成为中国品牌的未来方向。

老大卫

益普索中国事业部群董事总经理

数字时代给传播带来的只是沟通形式和渠道的变化，品牌的价值反而愈发凸显。一个统一的、清晰的品牌理念和形象是永远不可或缺的。

李东伟（Eason Li）

恒美（DDB）广告公司北京地区前总经理

用品牌构建有意义的商业世界，贯彻企业家的商业理想。

林德兴

雅仕维传媒集团创始人和董事局主席

香港特别行政区选举委员会委员

大湾区交通经济发展研究院院长

世界户外广告组织董事局成员

品牌通识：科学系统的品牌全景

品牌败于跟风、从众的表面努力，成于立足初心、与时俱进的价值呈现。

林万足

WPP 集团旗下扬特设计同盟（Design Bridge and Partners）中国区董事总经理

创造卓越的品牌就像在宇宙里谈一场梦幻的恋爱：相识、相知、信任、磨合、矛盾、理解、再创造、陪伴、穿越周期，你不断地爱上同一个人。

金金（Jean Long）

食品创意峰会策划者与创业者

青年企业家可持续平台 TALK 先声创始人

感恩盒子美好灵感项目发起人

上海头马演讲俱乐部 Foodie 吃货俱乐部创始成员

品牌哲学如同一曲由价值观、经营目标和真实性构成的交响乐，品牌不仅是代表企业身份的符号，更是一种和谐的叙述，深刻触及人类情感连接的本质。

刘建新（Christopher Low）

C 调 | C'RYSTAL 创始人

普华永道旗下 RDV 资本执行董事

哈佛商学院校友会副会长

品牌不仅是基于市场定位策略的产品和服务提供者，还是一种价值观和信仰的表达方式，更是对品牌在社会和文化层面的承诺，这种深度有助于建立强大的品牌认同感，并赢得消费者的忠诚。

马波

TALES 联合创始人

朗涛（Landor）、英图博略（Interbrand）、未来品牌（Futurebrand）

前创意和设计总监

行业品牌洞察和推荐

个人作为文化的载体，将是未来品牌故事的叙事者。

沈寅峰

悉尼大学商学院市场营销专业在读博士

洞察品牌本质的人，注定拥有更高维度的商业见解。品牌代表着你的圈层共识。

从制造到流量，再到流量见顶，下一个阶段品牌是必选项而非可选项。

徐瑞芬（Ruifen Xu）

棕泉资本管理公司（RIC Capital Management）创始人

在产品力基础上构筑的品牌优势是大消费行业体现竞争力的根本要素。本书介绍了如何有效地构筑品牌和认知，并以此打造品牌资产和竞争力。

王一军

中国风险投资有限公司总裁

品牌是无声的语言，是丰富的体验和心动的感觉。对于品牌视觉设计，很多人认为只是在设计一个形象，然而品牌设计对应的一定是企业最极致的核心价值。只有用设计去展现企业的身份内涵、传递内在的价值，帮助企业形成视觉资产，最终才能实现企业品牌价值的不断增长。

我们最希望听到客户这样的反馈："我在你的设计里看到了我是谁，我们正在做一件怎样有意义的事情。"品牌设计的过程，就是让所有人与品牌互动的过程，好的设计是不需要解释的，别人会把你的故事、你的价值描绘得越来越好。

吴楠（PK）

英图博略（Interbrand）及思睿高（SiegelGale）创意总监

中国人均国内生产总值跨越1万美元大关，日益富足的物质和精神势必呼唤新贵品牌的诞生与成长。它们将承载中国文化内涵走向世界。

　　本书在大国品牌崛起的历史节点发行，作者学贯中西，并曾长期服务于数次穿越周期仍然屹立于世界之巅的全球一线品牌。这本著作可以帮助下一个时代的企业家、品牌管理者和创意者构建底层逻辑和通用语言，使其在纷繁复杂的品牌世界里如鱼得水。

沈莉莉（Lili）

LVMH 集团旗下酩悦轩尼诗帝亚吉欧（MHD）中国品牌副总监

　　品牌体验时代真正来临。

　　自数字化时代到来以来，消费者的行为和反馈可以迅速被记录和分析，构建品牌体验变得不再像以前那样困难。许多真心诚意的品牌主自觉或不自觉地在创造和管理品牌体验。

　　然而，主动比被动更有效。因此，正确且全面认知品牌概念至关重要。当代商业品牌从 20 世纪 20 年代的识别功能逐渐发展到品牌故事和品牌价值时代，现在进入了品牌体验时代。清晰地认识品牌的本质以及品牌能够发挥的作用，有助于品牌主更有效地设计和管理目标客群的品牌体验。一旦形成这种良性循环，品牌主不仅能够维护忠诚的客户和持续的购买关系，也能有效且准确地获得客户反馈，从而不断优化和迭代自己的品牌。

　　本书的作者是我在英图博略（Interbrand）的同事。作者有扎实的理论基础和多年的实操经验，让本书在理论与实际之间取得了完美的平衡。因此，读者可以更快速地理解并应用其中的实践内容。

杨震

扬特品牌同盟前副总经理

英图博略（Interbrand）前总经理

安索帕、阳狮文化传播和 Digitas 前董事总经理

Campaign China 年度数字人物

人民大学客座教授

在 AI 与大数据的驱动下，品牌不再仅仅是连接产品与消费者的纽带，而是通过深度理解消费者和高效创造个性化的内容，构建多渠道的品牌触点，利用科技作杠杆，跨越多渠道，打造属于这个时代的独特品牌印记。

叶生暄

帷幄（Whale）创始人，首席执行官

Meta 前数据科学家和工程师

2023 胡润 U35 中国创业先锋

2021 世界人工智能大会 WAIC 云帆奖得主

哈佛商学院前市场营销研究助理

很多成功的女性企业家都有很强大的柔商，其核心特质是"无我"和"利他"，卓越的品牌亦是如此。

尹超

精英商界女性平台红颜会联合创始人兼副会长

瑞铂创始人

京东金融海外置业前总经理

品牌的伟大之处，在于对心智世界的影响。

品牌不应该仅仅迎合人性，为人类的匮乏感提供心智安慰剂，品牌更应该做的是引领信念。在"人从众"的洪流中，很多价值判断来自横向的借鉴，人们缺失的是纵向的原则。当前中国民族文化之复兴，不仅是追溯灵魂，更是寻光之路，是集体人格的重塑，这在一定程度需要做熵减。这需要一定的勇气，但却是品牌工作的使命！

元欣

彰显品牌设计咨询董事总经理

约翰·希尔兹（John Shields）教授
悉尼大学商学院前副院长
国际学术主任、国际知名教育家

推荐序
品牌思想启迪商业长青

作为澳大利亚悉尼大学商学院的教授、研究型学者和全球教育项目负责人，在过去的执教生涯中，我总是对我的毕业生们所取得的商业成果感到欣慰和喜悦。当我看到他们将我在课堂上所教授的知识应用到商业中，辅以专业经验，通过著书立说的形式推动了行业和专业领域的知识进步时，这股自豪之情就显得更加强烈。

悉尼大学在 2024 年 QS（世界大学排名）中位列第 19 位。悉尼大学商学院更是被"三连冠"认证的全球前1%学院，旨在培养具有全球视野和社会责任感的商业领袖、杰出的专业人士，以及未来的商业思想先驱。这也是支持我们能够长期保持工作热情并深感自豪的原因之一。作为联合国"责任管理教育原则"的签署成员，我们有责任推动联合国制定的可持续发展目标。为了实现以人和地球为先的商业发展，我们需要在赢利时兼顾社会责任感，以及与之相关的商业模式创新。作为学院的领导，我们将努力培养能够抓住机遇并推动这一目标实现的毕业生。

《品牌通识：科学系统的品牌全景》一书的两位作者，谢俏和丁亦思正是我们商学院优秀毕业生的代表。她们都于2007年年初在我们商学院获得双硕士学位。两位作者都是品牌和消费洞察领域经验丰富的专家。其中，谢俏是上海校友会的主席和创立者之一，提供志愿服务并持续15年。她在2019年荣获悉尼大学校长亲自颁发的"校长成就奖"，这个奖项每年仅颁发给3~4个全球杰出的华人校友，他们必须具有参与、多样性、创新等显著特点，以及推动和改变社会的领导力。我非常自豪地说，她们曾经是我的学生。

本书是一部兼具深度和厚度的著作，在品牌专业领域具有开创性价值。它集中探讨了中国企业和企业家面临的一系列问题，包括品牌战略、战术以及围绕核心价值实现持续发展的问题。特别是对于以下三类中国企业来说，这些问题尤为重要，它们分别是：处于高速发展期的企业、陷于同质化竞争的企业，以及数量日益庞大的出海企业。

两位作者基于顾问的实践经验，为中国企业家和品牌管理者提供了一套完整、系统、清晰的品牌认知体系，这将有助于帮助他们避免碎片化的品牌知识和普遍存在的品牌认知误区。

尽管我的研究领域是公司治理、人力资源战略和员工心理参与，但本书与我的研究领域有很多相似之处，即从人心和组织两个角度切入，寻找一切企业问题的答案。本书从两个角度——消费者心智角度和企业管理角度，解释了品牌发挥作用的方式，以及消费者和企业如何通过品牌获益。这是比较少见的研究角度，但正因为这两个对比角度的存在，使得企业可以更简单、轻松地掌握品牌的本质和规律。当企业清晰地知道消费者为什么需要品牌，企业就知道如何通过品牌从消费者心智中获得价值认知优势。这种优势为中国企业提供了尚未完全开发的发展机遇。

同时，书中还强调了企业不仅需要通过利用内部资源不断提升价值创造的能力，还需要兼顾价值实现的能力，二者相辅相成，形成企业价值持续增长的闭环。价值实现的能力包括企业对自身价值的觉知、客观认知、确认、聚焦、表达、主动管理、运营和增值等一系列操作，让企业的核心价值可以被不断积累，从而实现基业长青。这种价值闭环的力量将帮助企业在"新经济5.0时代"获得更大的竞争优势。

品牌思维已经成为推动商业发展和取得卓越成就的关键思维之一。我很高兴听到两位作者已经制订了详细的公益计划，旨在提升悉尼大学和其他大学的校友们以及一些公益学习组织成员的品牌思维能力。她们将传授关于品牌的价值实现理论、定位术、消费者心智规律和体验设计等一系列在"新经济5.0时代"对商业推动至关重要的理论和方法。针对那些在相关专业领域里的年轻朋友们，两位作者将继续发挥导师的作用。我期待这些令人钦佩的愿景可以尽快实现，这也贯彻了我们大学一直提倡的回馈精神。

因此，我非常荣幸地向中国和全球的企业家和品牌管理者们推荐本书。

读之，一览全景与脉络；学之，洞悉本质与规律；应之，决策路径自了然。

工欲善其事，必先利其器。善用书中的丰富的方法论和工具，我们将于本书中启迪商业长青之技。

自序
为什么要写本书

这是一本帮助企业家和品牌管理者勾勒品牌图景、厘清品牌工作范围，以及辅助品牌决策的书。在品牌概念极度碎片化的当下环境中，本书将帮助企业快速地建立起品牌整体认知体系，从而采取有效的品牌行动。本书也适用于投资人、创意者、个人品牌建设者以及品牌和市场营销专业的学生。

本书中的品牌基础理论体系承袭自两家著名公司，一家是英图博略（Interbrand），另一家是WPP集团集下凯度华通明略（Millward Brown）公司。2007—2023年，笔者为上百家不同类型、不同规模的企业提供了品牌战略咨询和消费行为洞察服务，书中的品牌观、洞察和案例便是笔者对过往实践经验的梳理和总结。

作为品牌战略顾问和消费洞察顾问，笔者每年都会被形形色色的企业决策者、市场总监和品牌总监约见会谈。在经年的约见会谈中，笔者惊讶地发现，不断重复回答的问题主要有4个：

- 品牌到底是什么？
- 品牌能帮企业做什么？
- 如何构建一轴三层的品牌体系？

一 企业针对自身情况应该采取哪些行动？

经过深思熟虑，笔者认为有必要为那些渴望拥有品牌力量的企业家撰写一本书，汇总这些年来不断回答的问题，为他们勾勒出一个清晰的品牌图谱。

随着案例的积累越来越多，笔者发现，企业决策者对拥有一个独特品牌的渴望非常迫切。然而，他们很容易陷入一个迷思：为什么我们投入了大量时间、精力和资金，品牌效果依然微不足道，无法支持业务发展？

笔者认为，形成这种情况的原因有两个：

其一，企业家对品牌的理解非常碎片化。尽管当下学习的途径非常多，但越是信息爆炸的地方，越容易产生信息茧房。企业家对品牌的定义非常多元，比如品牌是一个漂亮的标识、一句响亮的口号、一款醒目的包装、一个电视台播放的广告、一个共情的故事，又或是"两微一抖"❶的运营……

品牌定义的多元化，源自品牌行业参与者的多元化。在与市场传播相关的产业链上，任何一个工序环节上的供应商都说自己在做品牌。嘈杂的环境让企业的决策者陷入困惑，无法厘清思路。我们常开玩笑说，企业家对品牌的操作取决于他们今天出门是左转还是右转，左转遇到广告公司，那品牌就是广告；右转遇到自媒体，那品牌就是一个追热点的文案……

东一榔头、西一棒子，收益或许有，但陷入的误区肯定更多。并非是这些环节有误，而是它们都只是品牌建设系统的一部分，是其中一道工序，或者一种工具。企业的战略规划决定了应该采用哪一道工序、哪一种工具，而不是由工序和工具来决定企业应该做什么。品牌的操盘手必须是企业自己，企业的决策者应该拥有品牌的全景思维。

其二，很多企业嘴上都说"做品牌"，然而背后的业务诉求却指向不明。农产品和工厂说要做品牌，它们想要的是用好看的"皮囊"换取高端溢价；

---

❶ "两微一抖"指微博、微信和抖音三种社交媒体平台。——编者注

初创企业说要做品牌，它们想要的是产品在需求端的可行性验证；大公司推出新产品说要做品牌，它们想要的是成为细分品类顶流；红海市场中的企业说要做品牌，它们想要的是从同质化竞争中破局；危机中的企业说要做品牌，它们想要的是挽回声誉和人心；流失市场份额的企业说要做品牌，它们想要的是用年轻的形象重获势能。

……

类似的品牌建设目的在总结中有几十种之多，每一个目的对应一整套截然不同的品牌解决方案。笔者在实践中发现，企业不一定了解自己做品牌的真正原因，也不一定了解品牌实际能发挥的作用。

企业的决策者经常觉得，做品牌需要巨大的投入，因此小企业就不应该去做品牌。然而，这是一个由于品牌概念不清而导致的常见误区。品牌的投入多少与企业的大小没有必然关系，它只与企业想要解决的问题和企业想要达到的总体战略目标有关。有一些问题的解决和战略目标的达成其实不需要巨量资金的投入去做市场传播，而可以通过细致的规划，用一些轻便的方案来完成。

笔者认为，想要获得卓越品牌，企业需要遵循以下几个原则：

第一，企业家是品牌决策的核心，他不一定要亲自操刀细节，但必须是顶层设计者。

第二，品牌必须植根于业务，对症下药才能制定出最适合企业的品牌策略，实现少投入、大产出的目的。

第三，品牌建设并非一朝一夕之功，而需长年累月的悉心管理，品牌规划是必要步骤。

笔者认为，中国的企业家，尤其是年轻一辈的创业家，是一群非常善于学习的人。帮助他们学习系统的品牌思维、展现品牌图景、掌握决策路径，是我们最重要的职责之一。

笔者认为，自己能更好地回答上述常见的 4 个品牌问题，这与个人经历有关。

笔者是市场研究员出身，在职业初期，曾经为联合利华、宝洁、花旗银行、百事等70个全球一线品牌提供消费者行为分析和洞察。工作几年后，笔者萌生了一个兴趣，即了解这些洞察如何作用于企业的顶层决策，于是决定转入品牌战略咨询公司，服务于中国本土行业前几的大型集团。几年后，为了获得一线市场经验，笔者还亲自"下过海""蹚过水"。通过这些经历，笔者发现对于中小企业来说，品牌攸关性命。自此，笔者转入中小企业的品牌战略服务。

职业生涯的17年，笔者见过国际巨头用品牌渗透消费者心智；见过国内龙头集团用品牌不断地构建市场势能；见过飞速成长的互联网独角兽用品牌获取资本青睐；见过草根初创企业用品牌打开一线生机；见过乡镇政府组织用品牌推动地方吸引力……

从0到N，处于不同阶段的企业对于品牌的需求大相径庭。正是因为陪伴过它们的成长，笔者才能拥有足够的洞察力，看到品牌建设背后的真正逻辑，从更客观和更全面的视角为企业决策者梳理和勾勒品牌的建设图景。本书是笔者为此命题多年积累和归纳所得，期望为中国企业在品牌崛起之路上尽一份心力。

谢俏

CONTENTS 目录

第一部分
品牌本质：品牌到底是什么

CHAPTER 1

什么不是品牌

众说纷纭的品牌定义　003
被随意割裂的品牌系统　005

CHAPTER 2

品牌定义的历史演绎

品牌发展原始阶段：标记和商标　008
品牌发展 1.0 阶段：产品感知和促销工具　009
品牌发展 2.0 阶段：附加价值和无形资产　011
品牌发展 3.0 阶段：情感和体验的关系构成　013
品牌发展 4.0 阶段：特定群体的特定价值共识　014
中国品牌的发展阶段　018
中国品牌发展趋势：商业与人的关系映射　025

CHAPTER 3

聚焦品牌定义的本质

品牌的本质：价值认知　029
品牌的定义：处理价值和心智认知关系的机制　038

第二部分
品牌作用：品牌能帮我们做什么

CHAPTER 4　品牌作用于消费者：理解和满足心智

心智，以及心智如何判断价值　044

心智规律 1：大脑节能——品牌赋予认知与决策坐标　047

心智规律 2：确定性——品牌帮助消费者规避风险　062

心智规律 3：自我叙事——品牌为心智世界赋予意义　070

心智判断品牌的 18 个标准　086

CHAPTER 5　品牌作用于企业：获得价值认知优势

企业价值闭环 = 价值创造 + 价值实现　091

品牌作用力：让企业创造的价值得以实现　097

价值生长的逻辑：扎根、成长、缔造　105

扎根："价值锚定和旗帜"带来的 7 个优势　107

成长："价值连接和共识"带来的 6 个优势　113

缔造："品牌资产及再增值"带来的 7 个优势　122

第三部分
品牌体系和工序：
如何构建一轴三层的品牌体系

CHAPTER 6

战略定位：核心价值轴如何聚焦

什么是品牌定位？——企业内外协同的聚焦点　143

品牌战略定位的本质和作用——聚焦核心价值　145

品牌战略定位方法论：寻找 4 个关键领域的动态平衡点　147

战略定位机会分析——关键领域：企业基因　151

战略定位机会分析——关键领域：能力优势　154

战略定位机会分析——关键领域：客户心智　158

战略定位机会分析——关键领域：竞争区隔　171

品牌战略定位方向聚焦和决策　177

调研设计与洞察：提升决策智识的标准　182

CHAPTER 7

品牌创建层——识别表达：
建设一套具有差异化、可被识别的品牌元素体系

身份识别系统：愿景、使命、价值观、价值主张等元素　189

视觉识别系统：标识、标准色和字体等元素　217

语词识别系统：命名、标识语、故事、声音、关键信息等元素　230

CHAPTER 8

品牌运营层——交互界面：
品牌如何在市场互动中成长，形成势能

业务式传播与品牌式沟通　258

品牌触点管理　262

品牌体验塑造或优化　266

关键信息的传播规划　270

CHAPTER 9

品牌管理层——资产管理：
品牌工作的量化和管理，有序沉淀品牌资产

品牌资产测量和品牌价值评估　275

品牌表现评测　279

品牌延伸和品牌架构　285

品牌管理职能　298

第四部分
品牌策略与边界：针对自身情况，企业应该采取哪些行动

CHAPTER 10

品牌工作的 9 个层级

L1：视觉区隔　309　　　L2：价值利益　314
L3：精神意义　317　　　L4：触达　319
L5：沟通　321　　　　　L6：体验（"六识"）　323
L7：驱动商业　325　　　L8：社会符号　327
L9：时间资产　329
层级圈定：我的企业落在哪层　331

CHAPTER 11

企业发展阶段对应的品牌工作重点

0~1 生存期　338
1~10 加速成长期　341
10~100 行业生态期　342
100~N 社会生态期　344

参考文献　350

致谢　352

拨开纷乱的信息碎片，
穿越经济发展周期，
了解不断演变的品牌定义，
直达品牌的底层逻辑，
并理解品牌一直不变的本质。

第一部分

品牌本质：品牌到底是什么

Chapter 1　什么不是品牌
Chapter 2　品牌定义的历史演绎
Chapter 3　聚焦品牌定义的本质

Chapter 1 什么不是品牌

众说纷纭的品牌定义

在大量的咨询项目中,我们发现最困难的事情不是与客户讨论如何解决品牌问题或帮助客户制定品牌战略,而是与客户达成共识,即"品牌是什么"。

作为品牌战略顾问,我们的所有品牌工作都始于这个主题。在项目问询时期,我们最重要的工作就是回答"品牌是什么"。我们会将"统一工作语言"作为一个单独的模块,在正式项目的启动阶段与企业决策者和高层进行分享。品牌共识的建设工作将贯穿整个项目,并占据至少 30% 的工作量。

如果忽略这项工作,那么后果将是灾难性的。品牌建设项目将在各个推进环节中遭受阻力,甚至停滞不前。一个典型的症状是企业方开始纠设计、抠词语,对设计和词语的交付寄予厚望,而忽略了品牌核心价值的建设,这对企业的成长没有任何作用。

因此,厘清品牌的概念,统一"品牌是什么"的共识,是品牌建设成功极其重要的一步。

我们对于品牌概念的探讨要从"什么不是品牌"开始。

之所以没有直接进入"品牌是什么"的探讨，是因为市面上对它的理解实在是太多了，这也是需要投入大量时间精力去和企业统一工作语言的最重要的原因。

综合"百度搜索"和项目咨询记录，我们搜罗了一些对品牌定义的常见理解：

- 顾名思义，品牌就是**商品的名字**。
- 有组织、规模、经营理念且有**注册商标的商品**。
- **品牌就是名牌**，是靠广告等宣传手段让人们都知道的牌子，从而吸引很多人去买。
- 品牌就是自己**产品的标志**。当它成为商品的标签并逐渐拥有了广泛的认知度时，就成了代表公司经营**理念**和商业**文化的标志**。品牌是所有商品中的一种，得到部分**认可**，并有部分人知道。
- 一个品牌就是一种**承诺**。
- 品牌是**产品的概念**，产品背后的**故事**。
- 品牌是用户和客户心目中的**产品形象**，表现在**口碑**、**传播力度**等方面，还有商业背景、历史沉淀等**构建企业信任的信息**。
- 品牌是企业投入巨大的资金和人力打造的**企业形象**的集中展示，是一切对外活动的推广目标。好的品牌一般都有**很高的技术含量**，但价格相对同类产品较高，因为品牌可以带来**溢价**。
- 能够做到**口口相传**的牌子才称得上是品牌。有**品质**的牌子叫品牌，品牌是值得人们**信赖的一种商品**的代名称。
- 品牌是一个可以**识别**的商品、人或者事物。
- 从市场的角度来说，品牌是消费者对某一产品的心理**认知度**。
- 品牌是长期从事某一行业时，一定要建立的一种**信任背书**。

第一部分　品牌本质：品牌到底是什么

- 品牌是商品或公司给**人们的直观感受**。
- 品牌是一种**影响力**，它对顾客的**消费选择**有很大的影响。
- 做品牌就是启迪**消费者心智**，进行**情感连接**。
- 品牌是给拥有者带来溢价、**产生增值**的一种**无形的资产**。

被随意割裂的品牌系统

我们来总结一下关于"品牌是什么"的问题的答案，可以大致分为四类。

第一类：商业/产品要素，如商品名称、产品特征等。

第二类：品牌识别元素，如视觉识别元素（标识、颜色等）和语言识别元素（品牌概念、品牌故事等）。

第三类：品牌传播工作和目标，如名声、口碑、影响力等。

第四类：品牌发挥作用的方式，如识别、信任、溢价等。

从上述回答中，我们可以清晰地看到人们对于"品牌"这个词语的使用存在一个共同的误区，即对品牌系统的随意割裂。这些答案只涉及品牌的部分要素，而缺乏对品牌整体的完整理解。企业如果迷失在这些单一、微观的要素中，就很容易导致品牌建设失败，投入大量的传播资源却无法有序地积累品牌资产，甚至根本无法真正拥有品牌。

在此，我们得出一个重要观点：品牌必须是一个系统化的机制，而不是一个单一的要素、点或职能（表1-1）。

我们相信，每个答案都有其发展历程和背后的逻辑。通过梳理品牌定义的历史演变过程，我们可以清晰地了解每个定义所代表的历史和经济阶段，从而更好地理解什么是品牌。如今我们在建立品牌时，应该更加关注品牌系统的重要性。

表1-1 关于"品牌是什么"的常见回答的分类

关于"品牌是什么"的答案	实质	品牌建设局限性	问题
商品名称	商业/产品要素	零品牌	对品牌系统的随意割裂导致品牌无法发挥真正力量
有注册商标的商品			
质量/品质			
标志			
产品的标志			
企业形象	品牌识别元素	陷入表象努力	
企业和文化标志			
产品概念/故事			
产品形象			
企业构建信任的信息			
高技术含量的代表			
消费者承诺			
名牌/很多人买的牌子	品牌传播工作和目标	过分依赖传播手段，无序积累	
被消费者认可/被信赖的商品			
口碑/口口相传			
传播力度			
消费者认知度			
识别	品牌发挥作用的方式	知其然不知其所以然，品牌工作无从下手	
信任背书			
溢价			
消费者直观感受			
消费选择的影响力			
消费者心智的情感连接			
可增值的无形资产			

本章要点
Key Point

（1）企业对于品牌的定义有许多种，如商品名称、品质、企业形象、产品概念、口碑、名牌，等等。然而，这些定义都是品牌系统机制的一个要素。

（2）当企业只关注这些单一的、微观的要素时，会很容易导致品牌建设失败。企业投入了大量的传播资源，却无法有序地积累品牌资产。甚至在某些情况下，企业可能从始至终都没有真正拥有过品牌。

（3）在考虑品牌建设时，企业必须将品牌视为一个系统化的机制。

Chapter 2 品牌定义的历史演绎

品牌发展原始阶段：标记与商标

品牌，最早的意思是烙印，就是指烙在家畜身上的标记，以便各家区分，我们认为这是标识的最早形态。今天，在农村某户人家摆宴席时，还会将各家的碗碟聚拢借用，由于每家的碗都长得差不多，所以每家的碗上都会刻男主人的名字作为区分（图2-1），这类做法和牛羊身上的烙印可谓异曲同工。

因此，在几千年的历史长河里，品牌最早的作用就是"识别和区分"，这两个作用时至今日依旧被保留。

在近代的农业社会里，商贸往来和流动空间非常有限，"品牌"被用作产品的"来源、产地和正宗"的证明，常见于酒类、食品、手工艺品等这类多区域流通的产品上。在这个阶段，人们对于品牌的理解依旧是一种"识别和区分"。

在法律意识较重的西方商业社会，随着商业贸易逐渐兴盛，从法律上对商标进行保护势在必行。

图 2-1 农村各家碗具上的标记

于是品牌拥有了第一个定义，也就是从法律角度对商标的定义：

"一个或是一系列证明产品或服务的出处，并且区别于竞争对手的符号。"

品牌发展 1.0 阶段：产品感知和促销工具

20 世纪中叶，工业化推动了产能提升和经济发展，形成了大规模制造、市场扩张和大型连锁商店增长等特点。消费者可以选择的商品类型极大丰富，品牌的识别作用也随之扩展。品牌不仅可以用于识别产品的来源、产地和正宗性，还可以帮助消费者形成对不同产品的差异化感知，方便挑选。

同时，在 B2B[1] 行业，如银行、金融等，这类机构同样需要通过品牌

---

[1] 即企业与企业之间的电子商务。——编者注

来承载客户的广泛信任，让无形的服务变得"有形"。在这种需求背景下，人们对品牌定义的认知得到了拓展，除了商标和标记，还增加了命名、形象和差异点等内容。

在 20 世纪中叶，尽管品牌已经成为商业活动中不可或缺的一部分，但当时还没有成型的品牌理论体系，人们对品牌的认知主要来自当时的企业和广告等传播媒体公司的总结。

1960 年，美国市场营销协会将品牌定义为：

"用以识别一个或一群产品和劳务的名称、术语、象征、记号或者设计及其组合，以和其他竞争者的产品或劳务相区别。"

从这两个定义中我们可以清晰地知道，品牌这个词与产品紧密绑定。品牌并不独立存在，品牌仅仅作为"商标和标记"存在于产品的包装之上。

20 世纪 80 年代以前，为品牌谱写定义的人主要来自广告界，其中以大卫·麦肯兹·奥格威（David MacKenzie Ogilvy）和李奥·贝纳（Leo Burnett）最为著名。

奥格威将品牌定义为：

"品牌是一种错综复杂的象征，它是产品属性、名称、包装、价格、历史、声誉，以及广告方式的无形总和。"

贝纳将品牌定义为：

"品牌符号即品牌身份所产生的某种心理图像。"

在这个时期，几个营销和品牌理论的提出，对如今依旧有深远的影响。

第一个是"独特的销售主张"（USP），由罗瑟·瑞夫斯（Rosser Reeves）提出，是 20 世纪 50 年代极有力的销售思想。在广告大行其道的年代，由于广告的播放时长非常短，通常只有几十秒，因此必须有一个卖点可以帮助消费者快速记忆，并且能被重复播放和帮助消费者回忆，"独特的销售主张"在其中起到了至关重要的作用，并且沿用至今。

第二个是品牌形象理论和品牌的三个维度理论。美国学者列维（S.J.Levy），一位在品牌和营销思想史上拥有举足轻重地位的传奇人物，是

"品牌形象"理论的最早提出者，自此，"品牌与产品分离"的意识开始萌生。而营销学教授、全球品牌学术的核心学者帕克（C.W.Park）在 1986 年提出了关于品牌的三个维度理论。他认为，产品是一个维度，而品牌拥有三个维度，即"功能的、体验的和象征的"，从而衍生了具有"功能导向"的品牌和具有"尊重导向"的品牌。

第三个是定位论。20 世纪 70 年代，著名的广告人艾·里斯（AI Ries）和杰克·特劳特（Jack Trout）提出了"定位论"。他们所著的《定位》（*Position: The Battle for Your Mind*）一书，是国内很多营销和品牌从业者的启蒙书，可见其影响力。定位理论让人们将解读品牌的视角从企业端转到了消费者端，"消费者心智"（也叫"顾客心智"）等概念开始出现。

在品牌发展 1.0 阶段，近百年的时间里，品牌一直与销售和传播密切相关，可谓是直接依附于产品广告而存在。为了能实现传播效果的最大化，品牌被用于建立产品感知，以及被当成促销工具。

品牌发展 2.0 阶段：附加价值和无形资产

品牌脱离产品销售，建立专属话语体系的契机出现在 20 世纪 90 年代。得益于全球化和公司规模的扩大，美国迎来了并购风潮。当时的企业发现品牌可以被计入公司的总资产，成为"无形资产"。将有形资产和无形资产合并后，总估值可以高出原来只计算有形资产的几倍，甚至几十倍。为了追求利益，资本倒逼着"品牌资产"这一概念诞生和推广。

提出品牌资产理论的学者，是被誉为"现代品牌营销之父"的戴维·阿克（David A. Aaker），他也被誉为"品牌资产的鼻祖"。

阿克对品牌资产的定义为：

"一组与品牌的名字及符号相连的品牌资产与负债，它能增加或扣减某产品、服务所带给该企业或某顾客的价值。"

阿克将品牌资产构成的要素提炼为"品牌忠诚度、品牌认知、感知质量、品牌联想及其他专有资产"。

在之后的几十年时间里，阿克和他的学生凯文·莱恩·凯勒（Kevin Lane Keller）不断地完善品牌资产论。凯勒是战略品牌管理（Strategic Brand Management）研究领域的国际先驱者之一，他将阿克的理论进一步升级，提出了"基于顾客的品牌资产"（Customer-based Brand Equity）概念。

凯勒认为：

"品牌资产，是由顾客品牌知识所导致的对营销活动的差异化反应。"

其中，品牌知识指的是顾客对品牌的认知和联想。

同时，凯勒也定义了什么是"战略品牌管理"：

"战略品牌管理是指通过设计、执行营销方案和活动，创建、评估和管理品牌资产。"

凯勒认为，品牌即资产，品牌是推动战略的重要资产。凯勒的品牌定义对于品牌的发展具有关键性意义，他把企业从自我角度的"品牌识别"和"品牌形象"转变为顾客角度的"品牌联想"。自此，品牌联想（Brand Association）成为品牌的核心。

在这个阶段，还有三个重大品牌概念被提出。

1992年，欧洲流派的品牌理论先驱学者让-诺埃尔·卡普费雷尔（Jean-Noël Kapferer）强调了"品牌识别"的重要性，并将识别元素扩展到"品牌个性、品牌形象、品牌文化、产品、消费者和关系"。

营销学教授唐·舒尔茨（Don Schultz）也在同年提出了"整合营销传播"（Integrated Marketing Communications）的概念，认为将各种分散的传播工具和途径都整合成"一个声音"，将有助于提升品牌传播效果。

1993年，帕克提出了"品牌稳定性"（Brand Consistency）的概念，第一次提醒业界关注品牌长期战略管理中的变与不变。

这三个概念的提出，从不同层面构建了同一个思维，即希望企业能基于品牌的定位去设计一系列识别元素，并在应用繁杂、多元的传播媒体和手段的过程中保持品牌识别的一致性。这样一来，品牌才能产生我们所说的积极、稳定、一致的联想，也就是品牌资产。

在品牌发展的 2.0 阶段，随着"品牌资产"概念的提出和深化，品牌开始成为真正意义上的独立概念，而非依附于产品、销售广告的存在。

品牌发展 3.0 阶段：情感和体验的关系构成

在 1997—2009 年，基于品牌资产理论，品牌界有了进一步的理论扩充。这一时期的时代背景发生了鲜明的转变。第一，顾客拥有了越来越多的选择权，这迫使企业将竞争力集中在与顾客忠诚关系的建设上。第二，产业结构的升级使得"服务经济"和"体验经济"的比重越来越大。

品牌开始强调与顾客的相关性，通过与顾客的"相识"到"相知"，再从"相知"到"相爱"的过程，来建立顾客对品牌的忠诚度。为了实现这些步骤，品牌需要成为产品与消费者心智之间的连接桥梁。品牌不仅要帮助顾客识别和表达个性，还是顾客自我身份认知的投射。此外，品牌也是顾客与产品或企业接触过程中所有美好体验的记忆集合。

1997 年，阿克的女儿珍妮弗·阿克（Jennifer Aaker）提出了"品牌个性"的概念，即通过品牌拟人化来建立企业与消费者之间的情感联系。

1998 年，苏珊·弗尼亚（Susan Fournier）提出了"品牌关系"的概念，并将品牌关系研究的重点放在"消费者自我，品牌意义以及两者之间的关联、契合和互动"上。她还指出，在品牌关系的构建中，情感扮演着至关重要的角色。

伯德·施密特（Bernd Schmitt）在1999—2009年提出了"品牌体验"的概念。如今，市场上出现了许多与品牌体验相关的概念，例如"顾客体验管理"、"体验接触点"、"品牌体验中心"以及"顾客终身价值"等，这些概念均源自品牌体验理论。

基于"情感和体验"去构建品牌与消费者关系的理念不断发展，使品牌在数字化和社交媒体时代拥有了更广阔的发展空间。

品牌发展 4.0 阶段：
特定群体的特定价值共识

随着信息革命的到来，21世纪迎来了崭新的经济形态和消费模式。数字化、全球化和社交媒体的推广，以及消费者群体的进一步细化，给品牌带来了新的挑战和演进的机遇。

在此背景下，阿尔伯特·莫尼兹（Albert Muniz）于2001年提出了"品牌社群"（Brand Community）这一全新概念，将品牌认知推到了一个新的境界。

他对品牌社群的定义是："基于对某个品牌的崇拜而形成的特殊的、不受地域限制的社交群体。"

莫尼兹提倡了品牌的分享价值和文化价值，改变了品牌和消费者一对一的关系，并将这种关系框定为品牌与一个群体的互动过程，让品牌关系有新的延展空间（表2-1）。

2003年，凯勒进一步奠定了自己的学术地位，不仅提出了品牌价值链（BVC）的概念，更将品牌资产与价值链相结合，同时将20世纪70年代的定位工具发展成今日我们常用的"品牌定位框架工具",从而强化了品牌定位的重要性。凯勒在 2013 年提出了"品牌浸合"(Brand Engagement)学说,强化了品牌关系理论中的"互动体验和共创价值"理念。

2004 年,与特劳特分道扬镳的里斯和他的女儿劳拉·里斯(Laura Ries)提出了"类别第一"定位联想的品牌策略。尽管"类别第一"定位联想只是品牌定位众多策略中的一条,但是国内很多企业一提到定位就首先想到它,足见其影响之深。

2001 年莱斯利·德·切纳托尼(Leslie de Chematony)首次了提出"品牌愿景"(Brand Vision)的概念,将"品牌愿景"作为品牌化战略的起点。阿克认为,品牌建设始于品牌愿景,其重要性大于品牌识别和品牌定位。此外,他还提倡将品牌从"价值导向"转变为"价值观导向"。

阿克在 2014 年重新梳理了品牌的定义:

"品牌绝非仅仅是一个名称或标志,而是一个公司对消费者的承诺,它传递给消费者的不只是功能性利益,还包括情感、自我表达和社会利益。但一个品牌又不仅仅只是承诺的兑现,它更像一段旅程,一段基于消费者每次与品牌接触的感知与经验而不断发展的关系。"

2007 年,埃略特(R. Elliott)提出了品牌的社会文化意义。帕克则提出了"品牌至爱"(Brand Love)理念,将品牌关系进行深化,形成"至信—至爱—至尊"三大境界。营销大师菲利普·科特勒(Philip Kotler)和阿克一样,在自己的晚年对品牌有了新的感悟。他提出了"品牌行动主义"(Brand Activism)的理念。他认为品牌化的目标不应该仅仅是为了公司自身的目的(例如识别和竞争),还应该具有使人类社会变得更加美好的功能。

2018 年,科特勒将自己对于品牌的定义修正为:

"品牌不仅仅是名称或象征。品牌是公司与消费者关系中的一个关键要素,它体现了消费者对产品或服务的认知、感受及在其心目中的意义。"

卡普费雷尔在其 2020 年第五版的《战略品牌管理》一书中提及的品牌定义:

"品牌是一种体现在产品、服务、地点或者经历中共享的令人期望的专

有概念。如果这个概念为更多人所共享，品牌的力量就会更强大。品牌是一个象征着长期融入或对一套独特价值观的承诺和守护的名称。"

随着品牌发展到 4.0 阶段，品牌理论也得到了进一步的提升。品牌理论的创始学者不断丰富了品牌的内涵。在他们的探究和诠释下，品牌将商业与消费者的关系从"我"转变为"我们"，从"功能、情感"扩展到"社会意义"，从"价值"升华到"价值观"。品牌不仅可以帮助实现产品的销售和传播，更重要的是：它让商业能够进一步联结客户群体和社会，实现共建、共创的可能性。品牌进一步放大了商业照耀人心的力量。

经过对品牌定义整体发展脉络的梳理，我们可以清晰地发现，品牌所蕴含的功能和作用是逐渐累加的。它包括了商标、标记、产品感知、无形资产、附加价值、象征、关系、情感、体验、意义、情怀，等等。尽管原始时期的"商标和标记"功能仍然发挥着作用，但随着经济和商业环境的不断改变，品牌定义中的功能作用仍将继续延展，为商业注入新的生命力。

在本章开头时，我们列举了许多关于品牌定义的回答，这些回答看似繁杂、琐碎，但并非人们对品牌概念有误解，而是因为人们往往只关注品牌的某一个或几个功能和作用，所以无法将品牌视为一个整体，一个会随着环境不断演变和有机成长的生命体。

中国品牌的发展阶段

中国的现代商业社会起步相对较晚，直到 20 世纪 80 年代实行工业化和经济体制转型时期，中国品牌才开始有规模地发展。中国品牌的发展经历了四十年左右的时间，走过了欧美品牌发展的四个阶段。这其中的曲折和理念冲击是极为复杂和巨大的，这或许是导致中国企业对品牌产生亲近感但又难以厘清其作用的历史原因。

中国品牌发展的原始阶段：商号和印记

在进入商业社会之前，中国品牌经历了两个历史时期。第一个历史时期是"商号和印记"时期，例如活跃了几百年的"同仁堂"和"张小泉"等品牌，这些被称为"老字号"。此外，许多瓷器作品和国画作品上都有作者的落款或印章，这也是一种留下个人品牌印记的方法。这些本质上与西方的烙印和标记的作用并无不同（图2-2）。

图2-2 《硕果》作品上的作者和收藏者章印

第二个历史时期是20世纪80年代以前的票证时代。当时，中国处于计划经济体制下，各种商品都短缺，并且需要凭借票证到供销社限量购买。在这个时代，人们普遍缺乏品牌意识，也不被称为"消费者"，人们对于购买的需求只是"能买得起、能买得到"。

中国品牌发展1.0阶段：产品感知和促销工具

20世纪80年代到21世纪初是中国商业化的重要阶段，也取得了举世瞩目的成就。在这个时期，中国商业经历了巨大的变革，但品牌发展的特点却非常单一，即"产品感知和促销工具"。

在这个阶段，我国经济发展的基本目标非常明确，并强调满足人民日益增长的物质文化的需要符合社会主义发展生产力的要求。中国拥有庞大的市场，但此时的供应端比需求端更有话语权，并且生产与流通分开。随着时间的推移，线下实体店越来越多，渠道的话语权也越来越大。

消费者的购买诉求从"买得起和买得到"，逐渐转变为追求"更高品质、更知名的品牌"，例如进口商品、欧美日韩大品牌、上海本地生产的知名品牌等。那些拥有大众熟知且稀缺的商品的人往往成为周围人中"有实力"的象征。随着一批先进的厂家在电视台播放广告，一批批国际品牌在高端商场入驻，人们对品牌的认知不断提升，品牌如雨后春笋般迅速成长。

品牌的核心在于"品质与质量"，这句话常常被老一辈企业家挂在嘴边。他们经历了产能不足时期，市场上充斥着大量假冒伪劣产品。最终，那些坚持"品质与质量"的企业家在时间的竞争中脱颖而出，成功进入下一个商业竞争阶段。"质量和品质"也就成了他们坚信的"竞争制胜要素"。如今，对于绝大多数商品而言，"品质与质量"已经不再是问题。因此，企业应该将其视为参与竞争的必要条件，而非卖点或竞争力。

在此阶段，中国品牌的发展和西方品牌发展的 1.0 阶段非常相似。广告公司大行其道，那些著名的"洗脑广告"也应运而生，例如"恒源祥，羊羊羊""送礼就送脑白金"等。产生这种现象的背后有明显的原因。一方面，人们获取信息的渠道单一，只有中央电视台和几家主流报纸媒体，为了争夺有限的资源，企业必然要精简自己的商品信息以节省成本；另一方面，商品短缺而需求旺盛，人们对新事物充满好奇，这就催生了一个奇特的品牌生长环境，即仅凭"知名度"就可以让一个产品快速被全国消费者接受。只要在主流媒体上有广告，人们就相信它是权威的、值得信赖的大品牌。

这就是中国品牌发展的 1.0 阶段，品牌的功能被理解为一种广告传播的促销工具。人们从广告中判断哪些品牌是大品牌，以此明确自己的购买倾向。在这个时代，一些高频词如"名牌""牌子""口碑"等得到广泛使用。名牌、牌子指的是更多人知道的品牌，即强调知名度；口碑是一种传播方式，其本质是对质量和品质认可的口口相传。

中国品牌发展阶段 2.0：附加价值

在 2002—2012 年，人们的物质生活得到了极大的改善，互联网的普及和发展也让线上购物变得简单便捷。然而，互联网销售的"一对多"特点催生了"海量单品"，同时互联网平台如淘宝、京东等也让企业的销售渠道更加集中。这些平台给消费者提供了快速、横向比较不同品牌的机会，也使商家与消费者之间的信息日益对称。然而，这些特点会导致一个不利于企业的结果：容易陷入同质化竞争和价格战。

与此同时，消费者也变得越来越精明。他们不仅会清晰地了解产品的好处、与其他品牌的不同之处，还要知道这些"好处"是否可信。他们不再仅仅满足于"拥有"产品，而是追求"值得拥有"的产品。他们开始关注产品背后所附带的更多价值。整体消费者需求的趋势是寻找那个"能代表我的个性和品位"的品牌。

在这个时代，企业对于品牌的认知倾向于"名牌、标识和形象"。消费者自我形象的彰显与表达，就是产品最大的附加价值。

对比中西方在品牌发展 2.0 阶段的差异，我们可以发现，中国企业对于"品牌是资产"这一概念几乎没有认知。这或许与中国市场的极快增长有关。在增量竞争的环境下，企业更加注重攻城略地；在存量竞争的环境中，企业才会更多地盘点和盘活既有资产，并将其作为竞争护城河。

在快速成长期的企业中，有一些企业有先见之明。它们意识到了品牌资产的重要性，并在企业职能中设置了品牌资产累计程序。这些企业能够将产品与品牌在概念和行动上进行分离，将产品变成品牌的一个触点，而不仅仅是将品牌作为产品的销售助力。

在这方面，机构型品牌对品牌资产的意识更为敏锐，尤其是那些拥有多元产品和业务的大型集团品牌。这些品牌的多元特性促使集团主品牌脱离了单一产品或业务的限制，通过主品牌资产积累的方式来统一拉动旗下一系列产品和业务的发展。

中国品牌发展阶段 3.0：情感和体验的关系构建

PC（个人计算机）互联网时代的周期很短，中国经济很快进入了移动互联网时代。2013年以后，中国商业化的成果集中爆发，导致产能过剩，国家因此倡导扩大内需。激烈的竞争导致市场进一步细分，消费人群的圈层化更加明显，市场权力进一步转移至消费者手中。社交媒体和数字化经济的发展使企业的市场推广手段发生了质的变化，基于互联网和手机的数字化沟通大行其道，品牌也因此拥有了更多与消费者直接沟通的机会。

然而，我们发现几乎所有品牌都在八仙过海，各显神通，试图与消费者建立长期、稳定、忠诚的关系。这种关系的构建需要超越单纯的买卖关系，用更长期、更迂回的方式来完成交易。因此，许多新颖的品牌概念应运而生，如"全生命周期服务、个性化定制、享受型消费、记录和分享美好场景、体验记忆"等。

深度沟通意味着品牌与消费者是双向交流的。品牌传播工作已从单向灌输产品信息的多媒体整合方式，转变为基于情感和体验内容的交互式、零距离沟通方式。上海南京路、各大城市购物中心和昂贵的旗舰店，不仅是品牌的销售渠道，更是品牌为消费者准备的情感和体验中心，而消费者下单的行为往往通过线上销售渠道持续进行。

随着时间的推移，品牌逐渐被符号化，消费者越来越注重品牌是否代表了某种独特的情感或体验，从而使品牌变成人们的一种生活方式。例如，穿优衣库的衣服不仅意味着此人喜欢基础款式、功能性强、简约的衣服，同时也代表了他放弃时尚繁杂，追求"服适人生"的理念。品牌已经成为社会化个性的区分与标志。从优衣库的例子我们可以看出品牌蕴含了多重价值，包括功能性价值、情感价值和社会价值。

总的来说，在中国品牌发展的3.0阶段，品牌定义中的功能作用变得更加多元化：品牌已经成为多重价值、体验、关系以及社会符号的象征。

中国品牌发展阶段 4.0：特定群体的特定价值共识

2019 年，中国人均国内生产总值（GDP）突破 1 万美元。

2020 年，中国网民规模达 9.4 亿，中国消费规模为 41 万亿，中国"中产"约有 4 亿人。

经济学家王德培的著作《中国经济 2021》中有这样一句话，对这些经济数据做了解释。他说："中国社会的消费习惯正在迅速蜕变，背后实则是在逐步走向物质消费无穷小、精神消费无穷大的新消费模式。"

腾讯营销洞察机构和人民网研究院共同发布的《"95 后"年轻人注意力洞察报告》中，提到了"95 后"的四个核心需求，排名第一的是"凸显独特人设"，其次是"追求美好生活"、"实现个人价值"和"寻得群体归属"。这说明年轻一代个体的自我意识在不断增强，社会圈层的融入需要更加外显化的人格和个性的价值观标签。而"95 后"作为中国消费的主力军，他们的消费观念主导了现在和未来十年的品牌建设模式。

近年来，我们可以明显观察到，消费者对品牌的要求已经从单纯的"有价值"上升到了"有价值观"的层面。所谓的价值观，指的是品牌在功能体验和情感体验之上，更具有社会属性，例如崇尚环保、爱护动物、政治立场趋同、热爱和平、杜绝浪费、尊重历史、传承传统文化，等等。消费者不仅要购买有用的、让他们感到愉悦的产品，更要购买符合他们价值观的产品。

以国潮风为例，许多敏锐的企业家已经意识到中国消费市场出现了一些现象级品牌，如李子柒、华为、故宫文创等。这些品牌的崛起很大程度上得益于传统文化的内涵助力。许多品牌在内涵和表达上涉及民族自信、中国传统文化等，通常能获得消费者的正面反馈。然而，中国消费市场也时常发生一夜跌落神坛的品牌事件，如眯眯眼、飞机服等，这些事件往往是由于品牌方的价值观取向不符合当下主流意识所导致的。

2022 年中，"品牌出海"一词开始流行。与以往的"中国企业全球化"指向的"销售出海"不同，品牌出海更强调全球影响力的建立。全球化的品牌不能只关注"卖"的问题，还要向全球输出影响力和话语权。因此，品牌必须呈现出对世界的主场感和建设感，这样才能赢得全球市场的尊重。同时，品牌也必须跨越多元文化的差异，找到人类共同的价值认同，例如创造、极限探索、人类共同福祉、潜能激发、普惠、关爱、良性发展、公平合理等价值观。

越来越多的出海企业在品牌建设中向内寻根，在民族的文化根基中寻找内涵、精神和形象的灵感来源。正如一句话所说，"民族的才是世界的"。这种以价值共识为品牌建设关键的趋势，也在品牌出海领域得到了充分体现。

价值存在于人的心智，当人以群分时，价值将被这个群体所共享，形成价值共识。因此，价值共识所形成的人群范围可大可小，这为众多小而美品牌的生长提供了丰富的土壤。

近几年，社交媒体蓬勃发展，突如其来的三年新冠肺炎❶疫情更是推进了城市民众深度线上化的进程。据中国科学院计算机网络信息中心（CNIC）统计，2019年，中国在长、中、短视频上消耗的总时长超过了即时通信（微信、QQ等），而2020年，人们仅在短视频上消耗的时长就已经超过了即时通信。这为新一代的价值观输出提供了表达观点的平台，也促进了新一轮的信息轰炸。

"95后"是一群更敢于向公众表达自己观点的人群，一些超级账户（IP，也叫"超级个体"）不断涌现，并以价值观为中心，获取了一批粉丝。在两个名人的争论中，会有各自的站队者。任何一种价值观都会有自己的捍卫者。这些超级个体拥有自媒体和影响力，当他们投入于传播领域时，就形成了"私域流量"，并吸引了众多簇拥者。

社会群体因此被切割成无数个共享特定共识的小团体。这些特定小团体的存在有时像流星一般短暂而闪耀，有时则像加水和面一样越来越紧密。这取决于这些团体的观点创造和内容输出的能力。直播、个人商城、微商、团购等方式成为这些团体最直接的变现方式。

---

❶ 2022年12月26日，国家卫生健康委员会发布公告，将新冠肺炎更名为新冠感染。——编者注

随着品牌发展进入 4.0 阶段，其功能作用趋向于更高层次的价值附着，如"意义、文化符号、社会贡献和精神体验"等。以价值观为分界线，不同的认同圈层被划分出来，形成了"特定群体的特定价值共识"。在这个时代，因为"大众产品+新信息化渠道推广"的模式，传统企业或许将面临重大的挑战。

在中国品牌发展的 4.0 阶段，我们认为，品牌进入了一个全新的"人本价值"时代。这意味着品牌不再只是为了交易，而是为人的心智服务，帮助消费者表达和界定自我，超越了纯粹的商业关系。企业应该经营心智，而不仅仅经营产品。因为消费者的心智才是消费的第一动力，小群体心智中的价值共识是品牌发展的契机（表 2-2）。

中国品牌发展趋势：商业与人的关系映射

回顾中国品牌发展的几个阶段，我们可以发现，品牌的发展与商业和人的关系息息相关。英图博略（Interbrand）品牌咨询公司中国区前首席执行官陈富国先生曾将品牌的使命定义为"丰富商业与人心的对话"。这句话非常传神，指明了品牌在当前和未来阶段的发展方向，即品牌对人们心智的影响力。

在中国品牌发展的原始阶段，人们长期生活在农耕文化的环境中，被视为土地属性框定下的"模糊人"，基本生活所需在区域内便可自给自足，因此对进行交易的消费需求很少，商品具有标记即可被识别。

在中国品牌发展的 1.0 到 3.0 阶段，商品和人的状态都被高度功能化、职能化和标准化。商品有明确的"做什么用"的标签，而人的称谓大多以职位和工种作为标签。在中国这样一个市场规模巨大、人们需求高度集中的情况下，产品推广的效率非常高，品牌也被视为一门传播的"技术"，在传播和

表 2-2 中国品牌发展阶段

品牌发展阶段	中国品牌发展的原始阶段：商号和印记	中国品牌发展 1.0 阶段：产品感知和促销工具	中国品牌发展 2.0 阶段：附加价值	中国品牌发展 3.0 阶段：情感和体验的关系构建	中国品牌发展 4.0 阶段：特定群体的特定价值共识
品牌功能作用	区分各家产品或作品	名牌/知名度、质量、富裕和社会地位的象征	名牌/知名度、标识、形象（个性彰显和表达）	多重价值、服务体验、关系、社会符号象征	意义、文化符号、社会贡献、精神体验
时代背景	中国商业·计划经济	中国商业·巨大变革	中国商业·计算机·互联网	中国商业·移动互联网	中国商业·人本价值
	1988 年以前	1988—2001 年	2002—2012 年	2013—2016 年	2017 年至今
	短缺经济：供销社模式和票证	买方市场生产与流通分开、线下实体店	海量单品、渠道集中、信息对称、同质化严重、价格战	产能过剩、市场细分、消费人群圈层化、社交媒体和数字化	精细化细分、海量出海、品牌小众品牌、深度线上化（直播、社群、短视频）、独立 IP 崛起、私域流量
消费诉求	买得起、买得到	更优质、更知名	代表个性和品位	全生命周期服务、个性化定制、享受型消费、记录和分享美好场景、体验记忆	人以群分、强关联、影响力、文化内涵产品是内容之一，是精神和文化符号的载体

注：基于水木然《深层认知：深层洞悉事物的商业规律》整理而成。

触达上起到了加大杠杆的作用。然而，随着物质的丰富，人们的选择开始增多，个性得以彰显，对产品也有了更多重的价值需求，不只是满足于功能作用。品牌的功能作用也随着人的个性而变得越来越丰富。

在品牌发展进入 4.0 阶段，人、商品和企业都需要回答自己的"存在意义"。我们身处于信息爆炸和物质过剩的年代，资源和信息已经超过了人的消化能力，人成了"复杂人"，每天都在努力应对无穷的信息和资源的浪潮。在这种情况下，品牌需要更多地帮助人们找到自己的需求边界。

品牌为什么要构建愿景、使命、价值观和个性？为什么一个商品也要和人一样饱含情感、富有意义？因为能与消费者的自我进行对话的，是另外一个自我。**品牌自己必须拥有"自我"，才能成为别人构建自我边界的一部分。**

近年来，我们经常看到这样的广告：一个满脸沧桑的老农种了几百亩苹果，由于销路不畅，苹果即将烂在地里，一年的辛苦马上要化为泡影。很多人被这样的图片和故事所感动，纷纷下单。他们购买的并不仅是苹果，而是自我善意、自我感动、自我身份认同以及中国传统价值观中强调的"老吾老，以及人之老"的精神。这样的购买行为能够为他们的自我提供活力和养分。

品牌是消费者构建自我身份认同和自我边界的工具。对于企业而言，品牌需要"立己达人"。一个人有多少个面可以去表达，就可以形成多少个特定圈子。每个圈子用价值共识来串联，连接着为这个价值共识而专门设计的各种产品和服务。企业要做的品牌工作就是成为其中的一部分，统一"价值战线"，并与圈子内的人建立共情。

从品牌发展 1.0 到品牌发展 4.0，我们可以看到品牌影响力显化的过程。在前几个阶段中，品牌追求"被看到、被知道、被认可"，然而在进入人本价值时代的 4.0 阶段以及未来，品牌还具备了与人心对话、连接价值观的能力。那些具有领导性的品牌甚至可以反向塑造人的自我认知和人们认识世界的能力。

本章要点
Key Point

（1）在西方商业社会，品牌发展经历了五个阶段。在原始阶段，品牌被当成"标记和商标"。在品牌发展1.0阶段，品牌被当成"产品感知和促销工具"。在品牌发展2.0阶段，品牌被当成"附加价值和无形资产"。在品牌发展3.0阶段，品牌被当成"情感和体验的关系构建"。在品牌发展4.0阶段，品牌被当成"特定群体的特定价值共识"。

（2）中国品牌的发展阶段与西方类似，用四十年时间走完了西方品牌发展的后四个阶段。与西方品牌发展不同的是，中国企业至今对品牌是"无形资产"的概念并未形成普遍共识。

（3）在品牌发展阶段4.0及以后，商业与人的关系呈现出深化和精细化的趋势。未来，人、商品和企业都需要回答自己的"存在意义"。品牌作为消费者构建自我身份认同和自我边界的重要工具，也需要拥有"自我"，只有这样，品牌才能更好地与消费者进行对话，并构建具有影响力的品牌形象。

Chapter 3 聚焦品牌定义的本质

品牌的本质：价值认知

综合来看，品牌的功能作用在于顺应"变化"，同时围绕"不变"不断进行迭代。

在变量方面，市场供需的变化深刻地影响了人们的消费模式和行为。当市场供大于求时，市场权力向消费者倾斜，消费者的心智认知成为企业商业取得成功的新领地，甚至成为商业的基本要素之一。因此，企业需要不断地、主动地、有针对性地向目标消费者证明自己能贡献的价值。

另一个变量是信息科技的日新月异，这使得人们认知事物的媒介和渠道愈加丰富。从步行范围内的店铺，到纸媒、电视，再到商场、购物中心和电商平台，以及今天的社交媒体和自媒体，这些渠道的综合叠加，使得人们认知事物的习惯和能力发生了巨大的变化。

在当今社会，信息的轰炸和碎片化已成为常态，但人们处理信息的能力并未得到同等提升。因此，人们渴求高质量的信息，以帮助他们更高效地判断事物的价值，从而指导消费行为。高质量的信息应当是简单的、相关的、在需求边界内的信息。然而，企业常犯的错误是将不断变化的信息媒介和渠道视为品牌建设的全部，并不断地投入巨资。实际上，媒介和渠道只是手段，而非目的。企业应该从消费者判断事物价值的角度出发，而不仅仅是从消费者获取信息的媒介和渠道出发。

因此，企业需要系统性地思考自身的价值，并思考如何将其转化为高质量的品牌信息，以及这些信息是否能够顺利地植入消费者的心智中，形成价值认知，并且在这一过程中形成的联想是否与企业的预期相符。只有这样，企业才能更好地进行品牌建设，提升品牌价值和影响力。

那么什么是不变的？"不变"回答了什么是品牌的本质。

商业不变的本质是"创造价值"，品牌作为企业生存和发展的一个辅助性职能，**其本质是"价值认知"**。

什么是价值认知

价值认知（Value Cognition）是相关利益群体[1]对品牌主体[2]价值意义的反映。

企业通过对"价值认知"进行严谨的管理，能够带来的最理想的结果是：企业外部的人觉得这个品牌与他们有关，比它的竞争对手表现得更优异，甚

---

[1] 品牌的相关利益群体，即品牌的客体，也就是品牌沟通和体验的对象，也被称为"目标受众"。其中，目标客户或目标消费者是构成相关利益群体的主要成员。然而，品牌的影响力应该覆盖全民或全社会，因此品牌的相关利益群体还应包括员工、资方、合作伙伴、政府、公众、媒体等，这也使得品牌的客体与企业其他职能（如营销、销售）所面对的客体有所不同。为了方便读者理解，本书中使用"目标消费者"或者"客户"来代表相关利益群体。

[2] 品牌主体可以是产品、业务、企业机构，也可以是个人、地域等。然而，考虑到本书的主要读者是企业的决策者和品牌管理者，为了方便阅读和理解，本书中的品牌主体主要使用"企业"一词来表达。

至具有独一无二的价值,从而与该品牌形成长期、忠诚的关系。

对于企业而言,被认知的价值应该是其"核心价值",核心价值是所有企业开启品牌相关工作的起点,并贯穿在所有市场行动中。**品牌是企业对价值的经营。品牌是企业以价值驱动的商业解决方案。**

企业最关心是商业的赢利能力,以及持续赢利的能力,这种能力最直接的体现便是在"成交和价格"环节。**成交和价格是价值与人的心智认知进行博弈的动态结果。**人们主观认定某种产品是有价值的事物,才会更愿意进行交易和支付高价。品牌可以帮助客观的价值与主观的心智认知中的价值形成更好的连接,从而实现上述理想的结果。

价值认知的五个属性

为了让相关利益方意识到企业的价值,企业需要明确价值认知的五个属性,包括价值的可被感知、可被识别、可被关联、可被联想和可被资产化。

第一,可被感知。

品牌思维非常强调人们心智中的主观感知。只有让人们感知到企业的价值,企业才能在市场上获得影响力。许多企业拥有价值,但由于疏于在人们的心智中形成价值感知,所以无法被市场接受和认可。这是一种常见的现象,也是品牌需要解决的重要问题之一。

人们通过自身的知觉经验来判断价值的存在和强度。因此,价值必须经过创意的概念化,转化为人们的知觉经验和才能,从而形成价值认知(图3-1)。

品牌通识：科学系统的品牌全景

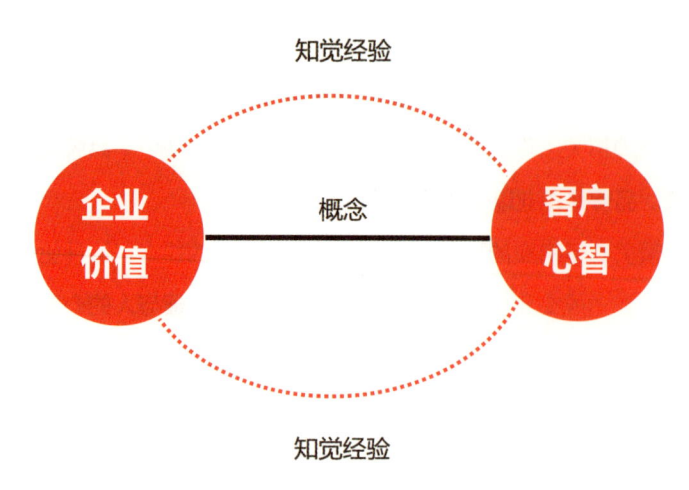

图 3-1 企业价值诠释需要经历概念化的过程

比如，汽车品牌沃尔沃表示，1991 年该公司拥有四项创新成果，包括横向五缸发动机、侧面碰撞保护系统、用于前排座椅的自动调节式安全带卷轴和 Delta-link 后悬架。普通消费者可能无法理解这些技术内容，并将其转化为自己的购买理由。因此，沃尔沃将这些技术信息通过一个概念——"最安全的车"进行表达，并使用类似"从未有人死亡"等客户能够理解的知觉经验来不断进行解释，直至消费者完全接受和认可了该品牌。"安全"是沃尔沃独有的核心价值概念[1]，几十年来一直深入人心。

从这个角度理解，做品牌就意味着要了解客户心智中的知觉经验，从而反向指导企业有针对性地构建自己的价值。**品牌是一种主动管理外界对企业价值认知的艺术。**

第二，可被识别。

纵观品牌发展史上的功能作用，我们不难发现品牌最初因识别而生，并且识别的属性一直延续至今。可被识别意味着企业的价值具有独特性或差异

---

[1] 概念是将各种特例联结在一起的心理表征，它们对于将当下的经验和过去的知识关联起来具有关键性作用。因为有了概念，自我、经验、心灵、世界才融入了一个共同的剧场之中。

性，最理想的状态是企业具有稀缺的、无可替代的、专属的价值。因而，企业品牌建设的第一步是梳理和聚焦具备上述特征的核心价值。有了明晰的识别性，企业的核心价值才可以被感知、被认可、被管理和被传承。

识别需要通过知觉经验中可感知的元素作为载体。从企业实际操作的层面看，识别的元素可以分成三层（图3-2）。

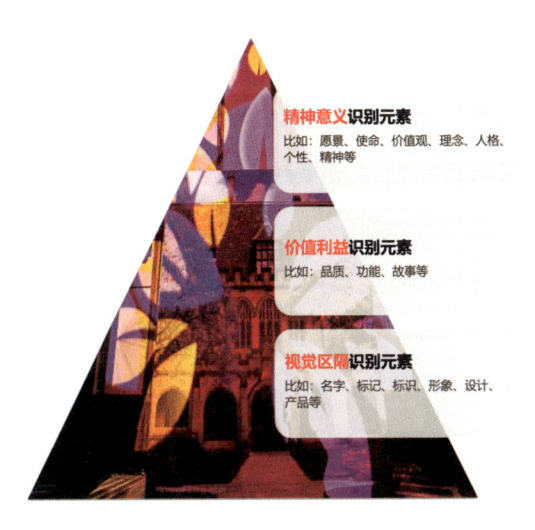

图3-2　三层识别元素

第一层是**视觉区隔**识别元素：名字、标记、标识、形象、设计、产品等。

第二类是**价值利益**识别元素：品质、功能、故事等。

第三层是**精神意义**识别元素：愿景、使命、价值观、理念、人格、个性、精神等。

识别元素的层级递进与我们交朋友时考虑的层级相似。我们首先会注意一个人的穿着打扮、名字、外貌特征等与视觉相关的要素，然后了解他的职业职位、行为举止、获过的社会奖项等，并判断他价值点的可信程度，最后我们想要了解他的三观志向、内涵特质、精神面貌等。如果他与我们非常契合，那大家就很容易成为朋友。人与品牌构建关系的过程也是如此。**识别元素是品牌资产的构成要素，需要在传播中被不断提及，最终变成消费者心智**

中牢不可破的记忆和联想。

第三，可被关联。

价值认知的关联有三个。

第一个关联是品牌主体与相关利益方之间的关联。价值是人的心智的主观判断，因此，企业在价值表达上就需要明确自己可满足、可连接的对象范围。这个需求和人群边界越清晰越好。品牌要树立鲜明的旗帜，在茫茫人海中吸引与之相匹配的人群，让他们主动向自己靠近。**品牌的价值越清晰，人群匹配的效率就越高。品牌不能去追求满足所有人的期望，而应该去追求让特定群体觉得他们具有特殊性和重要性。**

第二个关联是人与人之间的关联。品牌促成的不仅是企业或者产品与人之间的紧密关系，同时还促成了人与人（主要是客户）之间的关系。价值认知是一种非常牢固的关系纽带，让特定人群意识到自己隶属于某一个群体，从而获得归属感，甚至觉得自己拥有了价值创造的平台，而这种群体内部的互动又能反哺价值认知的深化，形成良性互动。

有很多汽车品牌都通过宣传价值观和精神内涵来建立车友俱乐部。这可不是简单的增值服务，或是客户的忠诚度计划，而是车友俱乐部里的人和事可以为价值提供立体的、可感知的标签，让品牌影响力可以像水波一样在更广阔的人群里扩散。因此，品牌必然是特定群体的特定价值共识，未来的品牌需要做到"入圈共情"，并成为这个群体的价值中心。

品牌能够通过价值共识聚集庞大群体，并拥有强大的人心影响力。如果一个价值属于社会全民共识，那么它将超越当下商业的承载力，具备更多可挖掘的机会和拓展空间。

以绍兴旅游景点为例，虽然该地区有许多景点，但唯独"三味书屋"和"百草园"门口，无论何时都有长队如虹、联袂接踵的参观者。这是因为所有上过初中的中国人都读过鲁迅先生的文章《从百草园到三味书屋》，在全民心中都有这个生趣盎然的小世界。地方政府围绕这两个地方修建了鲁迅故里、纪念馆、酒店、商业街、餐馆、文化周边产品等，使这个区域内的感观体验一应俱全（图3-3）。

图3-3　全民价值共识中的"三味书屋"

第三个关联是企业价值与客户心智中已有的某个价值认知之间的关联（图3-4）。拥有这个价值共识的人群越大，企业所能发挥的影响力就越大。例如，"怕上火喝王老吉"的案例，就是这种关联结果的呈现。虽然"怕上火"不是王老吉品牌创造的，但高明的品牌管理者将自己的产品价值利益点与这个人们心智中的认知进行关联绑定，让王老吉饮料成为"怕上火"这个问题的最佳甚至是唯一的解决方案。一个成功的价值认知关联可以让企业拥有相关的心智联想定义权。因此，这种关联是企业成功的关键之一。

图3-4　价值认知的三个关联

第四，可被联想。

价值认知的目的地是人的心智。企业的核心价值落到客户心智中，将形成一个个具体的联想。因此，**对客户而言，品牌是一组人的心智的联想集合**。这个集合包括了客户在提及这个企业或者品牌的时候，所能回想到的全部关键信息（图3-5）。联想集合是客户回应企业的行动依据。

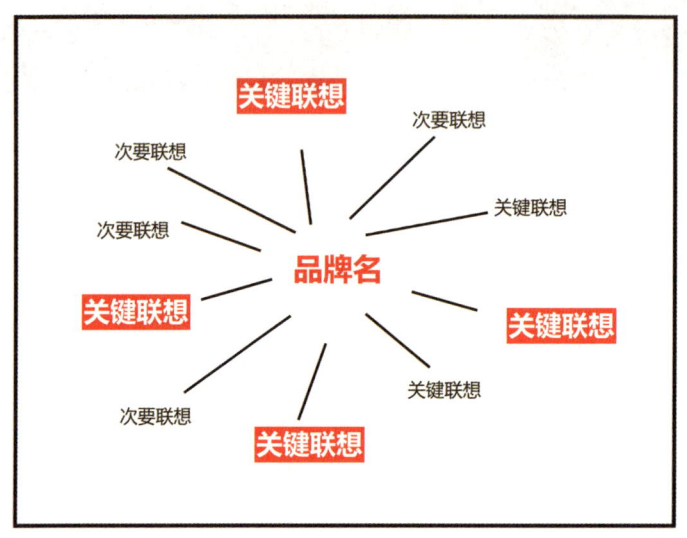

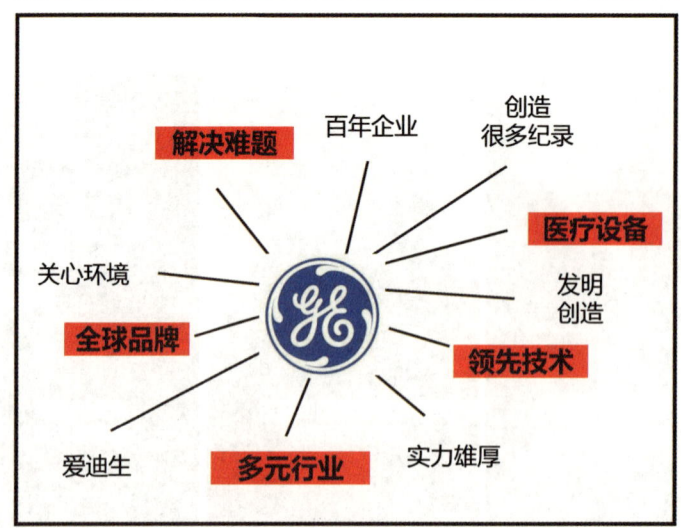

图 3-5　品牌的客户心智联想集合（以通用电气为例）

品牌帮助企业去树立别人对它的看法，对它的价值高低的判定。品牌管理的过程就是保证这个联想集合在客户心智中长期不偏不倚的过程。只有在客户心智中积极、稳定、一致的联想，才是品牌的有效资产。

第五，可被资产化。

品牌是企业的无形资产，最终可以折现，并形成企业的财务价值。

从品牌资产的角度去理解，我们可以发现企业的核心价值、围绕核心价值所创建的识别元素、客户心智中的联想集合，都是品牌资产在生成和累积过程中的不同形态。

对企业而言，品牌建设的最终商业目的是形成资产，为企业带来长期且持续的商业回报。品牌若经营得当，所形成的品牌资产具有时间上的保证和传承，那么品牌财务的估值就是以未来能产生多少利润的方式来计算的。品牌还是一种复利行为，企业在品牌活动上有意识地、有统一规划地投入，可以像滚雪球一样不断地沉淀和积累资产，从而实现这份资产的增值。

对很多企业而言，如果只是追求快速赢利，那么在品牌上做到初步的识别即可；如果企业追求领域深耕和基业长青，那么有序的品牌资产管理则是必选项。

管理大师彼得·德鲁克曾说过："企业经营成果在企业外部，企业的内部只有成本。"而这个外部其实就是品牌。企业的核心价值长存于外部人员的心智记忆中，并对企业发展的方方面面产生影响。此外，品牌所产生的识别元素，比如名字、标识等都可以在市场上被直接交易或者授权，直接产生财务价值。

企业能从品牌上转化的利益和转化方式，详见本书的第二部分。

品牌的定义：
处理价值和心智认知关系的机制

从上述章节中我们可以得到一个结论，即品牌是一个系统，不能被随意割裂。在历史演绎中，顺应时代发展而生的品牌的功能作用在不断地构建和丰富这个系统机制。基于品牌的本质是价值认知，我们可以得出品牌的定义：

"**品牌是处理价值和心智认知关系的机制。**"

为了便于企业更好地理解，我们从实践的角度出发，将这个机制进一步地拆解并描述为：

"**品牌的系统机制是将企业独特的核心价值转化成可被感知的识别元素，通过沟通和体验的连接方式植入特定群体的心智，形成稳定、积极、一致的联想，甚至成为社会共识的一部分。联想越根深蒂固，共识群体越大，品牌资产为企业带来的回报就越高，越长期和持续。**"

本章要点
Key Point

（1）品牌的本质：价值认知。

（2）品牌是企业对价值的经营。品牌是企业以价值为驱动的商业解决方案。

（3）成交和价格是价值与心智认知博弈的动态结果。

（4）价值认知有五个重要属性：可被感知、可被识别、可被关联、可被联想、可被资产化。

（5）只有被感知到的价值，才能为企业带来影响力。然而企业面临的问题通常是品牌有价值，但疏于显化而导致市场无感知。品牌是一种主动管理外界对企业价值认知的艺术。

（6）精准的需求边界可以带来高效率的人群匹配。品牌不能追求满足所有人，而应该追求让特定群体觉得他们具有特殊性和重要性。品牌能够通过价值共识形成庞大群体，并拥有强大的人心影响力。一个成功的价值认知关联可以让企业拥有相关人群的心智联想定义权。

（7）对客户而言，品牌是一组人群的心智联想集合。

（8）关于品牌的定义：品牌是处理价值和心智认知关系的机制。

（9）品牌的系统机制是将企业独特的核心价值转化成可被感知的识别元素，通过沟通和体验的连接方式植入特定群体的心智，形成稳定、积极、一致的联想，甚至成为社会共识的一部分。联想越根深蒂固，共识群体越大，品牌资产为企业带来的回报就越高、越长期和持续。

品牌是作用于消费者心智和企业价值的机制。
如果我们能清晰地认识到心智与价值的发展规律,就能科学地使用品牌机制,为消费者和企业带来切实的利益,让品牌发挥出本应具有的力量。

第二部分

品牌作用：品牌能帮我们做什么

Chapter 4　品牌作用于消费者：理解和满足心智

Chapter 5　品牌作用于企业：获得价值认知优势

第二部分 品牌作用：品牌能帮我们做什么

这一部分我们将解释品牌这个机制设计的原理，以及它是如何发挥作用的。

一言以蔽之，品牌作为机制，试图解决的问题是：企业价值与客户心智如何能更好地连接（图4-0）。

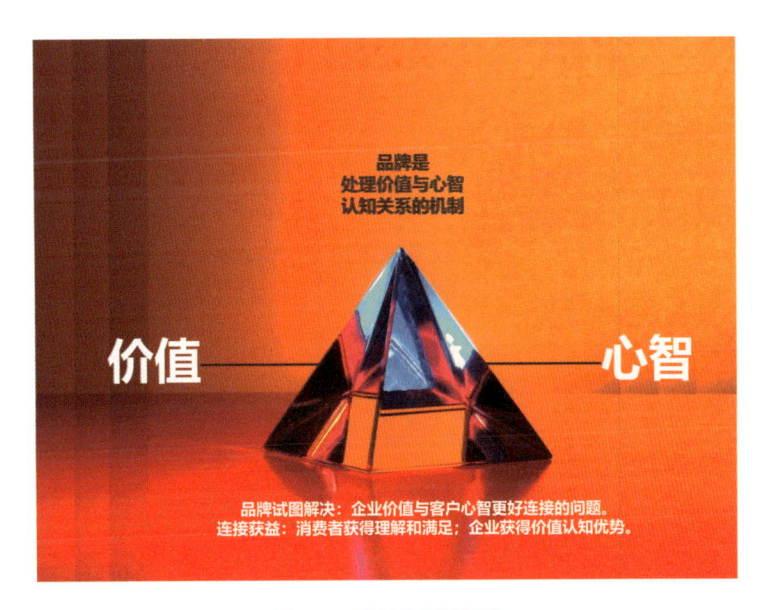

图 4-0 品牌机制的两端
（注：图片来自 Unsplash 网站）

品牌是一个双边机制，一端是消费者心智，另一端是企业价值。品牌机制将同时作用于两端。

首先澄清一个概念。我们最常听到的是品牌能为企业带来怎样的利益，但更客观地说，品牌机制是同时作用于企业和消费者心智的，能为双方带来利益。消费者或客户并非完全被动地接受企业提供的价值，而是主动参与或施加影响。他们通过注意、选择、偏好、发声、评价，甚至参与产品的设计与创造来完成反向影响。很多时候，消费者在塑造品牌上甚至比企业更为积极和主动。

只有品牌机制的双边诉求同时达到，才能让品牌发挥其应有的作用。

消费者的心智诉求是什么？是理解和满足。

企业的诉求是什么？是获得价值认知优势。

Chapter 4
品牌作用于消费者：理解和满足心智

心智，以及心智如何判断价值

提到心智这个概念，企业是又好奇又迷茫。好奇的是，企业知道了解目标消费者或客户心智对自身发展很重要，想要全盘掌握；迷茫的是，心智是如此虚无的一个词，不知道如何将其具象化。

什么是心智（mind）

史蒂芬·平克（Steven Pinker）在他的著作《心智探奇：人类心智的起源与进化》（*How the Mind Works*）中提道："心智是一个由若干计算器官所组成的系统，它是我们祖先在解决生存问题的进程中'自然选择'出来的。心智不是大脑，而是大脑所做的事情。"

E.布鲁斯·戈尔茨坦（E. Bruce Goldstein）在《认知心理学：心智、研究与你的生活》（*Cognitive Psychology*）中提及：**心智是产生和控制知觉、注意、记忆、情绪、语言、决策、思维、推理等心理机能的成分。心智是形成客观世界表征的系统，促使人们采取行动，实现目标。**认知的不同类型，比如知觉、注意、记忆等心理加工过程，皆是心智运作的结果。心智的模式不是一天形成的，而是包含了人过去所有的经历，人的心智也可以通过持续学习，形成新的认知和行为方式。

企业更关注人的心智的运作，以及如何帮助消费者或客户认知企业的价值，包括产品和服务的价值，从而做出购买决策和行动。

为了更好地理解这一点，我们可以看一个购买行为的案例。这个案例来自我们参与的一项消费者研究，研究的是一款御敏修红类护肤品品牌产品，时间跨度为2021—2022年，覆盖了3个城市，共有36名现有和潜在的目标消费者。以下是我们发现的36名消费者共同具有的行为特征。

敏感肌护肤行为洞察案例

皮肤容易过敏的年轻女孩消费者（18～25岁），在日常生活中特别关注与皮肤护理相关的话题。她们每个季度都会购买御敏系列的护肤品，特别关注产品中是否含有贵重、稀有或新科技成分。如果产品是由某位医生或专家推荐的，并且有详细的实验室科研结果证明，那她们会对产品更加放心。尽管她们可能无法理解这些数据结论，但如果产品展示中能够详细呈现原理和实验过程，她们就会更加信任该产品。

触动购买行为的开关通常发生在一系列"失控"事件之后。年轻消费者发现，皮肤过敏产生的一系列影响让她们无法忍受，例如上妆不贴合、影响工作和社交、皮肤状态持续恶化，甚至让其他护肤品无法发挥效用等。这些影响让她们感到焦虑不安，认为必须采取行动来解决问题。

在上网搜索新产品的过程中，年轻消费者会发现新品牌太多了。面对海量的信息，她们不知道如何快速做出购买决策。她们希望有一些辅助的筛选机制，比如来自朋友的推荐、过去选择的品牌等。在迷茫中，她们可能会选择看起来最安全的产品。例如，标有孕妇可用、纯天然亲肤等信息的品牌，会让她们稍微安心一些，至少不会让过敏的皮肤状态更加雪上加霜。

通过更深入的交谈，我们发现这些女孩非常关注购买过程，对产品的信息保持警惕和谨慎，风险承受度很低，害怕出错，并且不敢轻易尝试新产品。尽管她们拥有海量选择的权利，但她们的选择能力却受到限制，需要依赖身边小圈子里的"军师"进行指导。她们被称为"成分党"，关注产品的微小成分和制品工艺，这也意味着她们对生活细节的感知比常人更敏感，同时具有丰富的想象力。

观察她们的穿着打扮，我们发现她们通常留着中长发，并且头发遮住两侧脸颊。她们偏爱暗色系服装，以黑、蓝、灰为主。在沟通时，她们常常用手挡住脸，以避免引起别人的注视。这些行为表明她们对情感的敏感度很高，但也容易压抑自己，模糊自我边界，并缺乏自信，在公众场合不善于吸引人们的注意力。

对于这样的女孩子来说，理想的品牌应该是那些能够给予她们足够的关注和接纳，传递积极情绪的品牌。这些品牌应该擅于沟通，表达简洁、直接、真实，并且具有专业性强、理性、有秩序感和边界感等特点。

从以上一段消费行为洞察中，我们可以看到三个心智获得理解和满足的规律。

第一，在"下单"这个具体的行为之前，甚至很长一段时间，消费者已经开始面对自己的问题了，并着手在生活中关注和获取相关的知识和解决方案。面对海量的信息，消费者信息加工的方式和水平决定了其需求和购买决策的方向。在这些过程中，品牌如何发挥作用？**若品牌机制非常契合人的心智认知中信息加工的方式，就可在最大限度上减少大脑能量消耗。品牌提供了心智认知与决策的坐标。**

第二，我们看到人们在信息搜寻过程中有很多放弃了自我判断，转而求助他人的行为。比如听信于朋友推荐、专家背书、成分原理的演绎和实验室证明，等等。**这是心智运行的确定性规律在起作用。品牌的机制可以为心智提供一系列标准的预测，让消费者规避潜在的决策错误和风险。**

第三，支持消费者做出购买决策的背后，还有更深层的心理原因，那就是消费者想要通过品牌来解决问题。比如案例中提及的这些年轻女性消费者的性格特质：对风险的厌恶、受限制的选择能力、高感知、高敏感等。这些特质会让她们对某一种特定个性的品牌有明显的偏好。究其背后的原理，是心智的"自我叙事"规律在发挥作用。**品牌机制可以帮助消费者心智获得超越产品功能性价值的体验，从而获得一个更有意义的精神世界。**

其实，在任何一次消费行为中，我们都可以清晰地观察到心智运作的三大规律——大脑节能、确定性和自我叙事——在背后起到的推动作用。

接下来，我们将揭示心智的世界，让企业更直观地了解心智运作规律，以及品牌机制如何通过合理的设置，让消费者的心智得到理解和满足。

心智规律 1：
大脑节能——品牌赋予认知与决策坐标

在上述内容中，我们提到了人的心智在产生实际购买行为之前就意识到了自己所面临的问题。在这个漫长的过程中，大脑需要处理和加工大量的信息来应对这个问题。然而，我们知道人脑只占体重的约 2%，却要消耗 20% 的能量，因此，大脑会出于保护自身的本能考虑，尽可能地简化和高效地处理信息。

如图 4-1 所示，大脑处理和加工信息的过程分为三个阶段：信息的输入、信息的加工和信息的输出及反馈。在信息输入阶段，认知活动类型主要包括注意力与感知；在信息加工阶段，认知活动类型主要包括记忆、情感和情绪；在信息输出及反馈阶段，认知活动类型主要包括问题解决与决策。

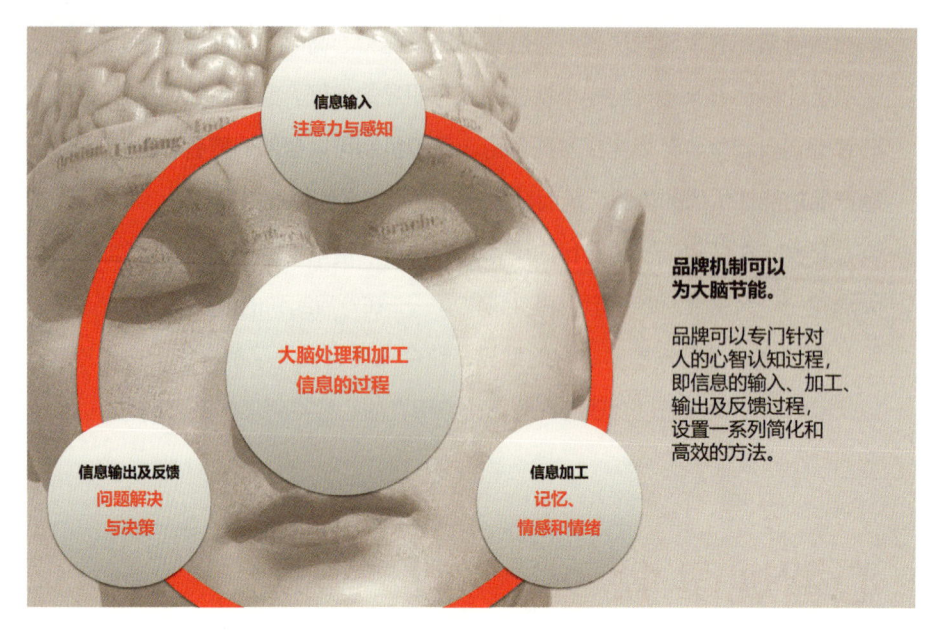

图 4-1　大脑处理和加工信息的过程

（注：图片来自 Unsplash 网站）

注意力

信息输入的第一步是引起注意。注意力是一种聚焦于特定客体、位置和信息上的能力。科学研究表明，注意力具有很强的选择性。当一个人走过一条繁华的商业步行街时，里面有成千上万的品牌信息如同海啸一般扑面而来。如果大脑为每一条信息都分配一些注意力资源，那么大脑很可能会因为信息过载而瘫痪。因此，大脑具有屏蔽信息的功能，从而让人们的注意力聚焦在一定的领域里。大脑会自动且持续地监视周围环境里的信息，并决定如何分配自己宝贵的注意力（图 4-2）。

什么信息容易引起大脑的注意

主要有三种：

第一种，新鲜、刺激、奇特的信息，尤其是在视觉上能形成强烈冲击感的信息。

第二种，与个人的自身经验相关的、符合人们偏好的信息。

第三种，性与暴力等人类具有天然敏感度的信息。

图 4-2　大脑的选择性注意力
（注：图片来自 Unsplash 网站）

短视频的崛起及其让人欲罢不能的能力，其实已经充分诠释了这三种信息的威力。

在当下，每一个企业的品牌管理者都面临着一个巨大的挑战：自己的品牌如何能在海量的同类品牌信息中脱颖而出，获得目标消费者更多的注意力。为此，品牌应有专门的应对方案。

比如，设计大而醒目的标识、审美上设计与时俱进的品牌视觉系统、采用动物作为 IP（知识产权）符号等，都是在第一种信息类型上做出的回应。不断地制造意外惊喜，是品牌管理者非常重要的工作。惊喜其实可以被看作是大脑的一种报警机制，提醒人们重点注意这个信息，并且惊喜带来的当下感受程度是寻常事物的几倍。瑞典品牌专家托马斯·迦得（Thomas Gad）说："消费者有一半的幸福感来自意外之喜。"我们常说，做品牌，就要做那种能让人"尖叫"、能带给人们超越期待的惊喜体验的品牌。

品牌应该注重与目标人群的"相关性"，因为无关的信息不会引起人们的关注。人们只会关注令他们感兴趣的事物。因此，在品牌举措上，与目标人群相关的策略更为有效。明星代言就是一个很好的例子。明星作为品牌的代言人，可以利用其本身的关注度来增加品牌的知名度。这种关注度可以在很短的时间内得到提升。虽然现在有很多种推广手段，但明星代言仍然是一种非常有效的方法。

至于第三种信息，我们看到，市面上以"擦边球"作为品牌传播信息的行为屡见不鲜。例如，杜蕾斯品牌的文案非常吸引人，但其话题属性也为品牌的知名度做出了贡献。

总之，人的注意力是非常宝贵的资源，大脑为了避免信息过载而设置了选择性注意力的防御系统。要打破这个防御系统，我们需要关注那些能够吸引消费者注意力的信息类型。

感知

感知是指人通过感官对外界环境的刺激做出反应，从而判断大脑要记住什么。无感知则无记忆；感知越多，记忆越深刻。

感知的渠道有哪些

感知的渠道包括眼识、耳识、鼻识、舌识、身识和意识，也就是我们常说的"六识"。虽然眼识承担了大部分的信息录入工作，**但如果一件事物能够同时唤起"六识"，即西方心理学中提到的"具身认知"，那么这件事物在记忆中就会留下深刻的印象。品牌应非常注重沉浸式体验的打造，这正是基于"具身认知"的原理。**

大脑如何感知信息？

大脑感知信息有两个特点：一是要求信息简单明了，二是奉行全脑思维。如果信息过于复杂，那么大脑很容易罢工，让潜意识做决策，也就是我们通常说的选某个品牌是因为"感觉好"或"喜欢"。如果有人问到底，是什么让你感觉好，具体喜欢什么，消费者常常回答不出来。

全脑思维是大脑感知信息的另一个重要特点。大脑是非线性系统，不是逐字逐句地接收信息，而是在听完全部信息后，将其作为一个整体来吸收、分类和理解的。我们可以将它称为"全脑思维"。

举个例子，一个人参加了一个行业高峰论坛，结束时他会产生一个整体印象，"这是一场干货满满的分享"。他很难细数和罗列单条重要信息，除非有那么一两句发言给他带来了醍醐灌顶的感觉（例如新鲜、刺激和奇特的信息）。消费者在品牌体验过程中的感受也是如此，当他逛完一个品牌旗舰店后，或许会得出一个整体感受，比如"这是一个高端的、值得推荐的品牌"。这就是"全脑思维"在发挥作用。

针对大脑感知信息的这两个特点：要求信息简单明了和全脑思维，品牌的应对方式是要为人的心智设计一种整体的品牌感受，我们将它称为"品牌风格或调性"（brand tone），并贯彻到品牌的体验塑造中。 当我们检验品牌工作是否获得成功时，可以请目标消费者说出他们对于该品牌的即时联想。如果消费者所表述的内容和企业试图打造的品牌调性高度一致，那么该品牌的塑造无疑是成功的。比如雪碧的"清凉、酷爽、飞扬"，七喜的"年轻、有趣、动感"等。

记忆

记忆是指人在离开信息刺激的情况下，保持、提取和使用这些信息的过程。

人的记忆有什么特点

人的记忆有三个主要特点：追求关联、有限容量和容易出错。

人的记忆的第一个特点是追求关联。人脑是一个大型的网络集成回路，它存储信息的方式是将两个以上的信息关联起来一起存放。这种方式能够帮助人们更好地分类和组织信息，像存放中药药材的格子一样，方便需要的时候调用。

品牌的信息如果不能被消费者归类，无法与他们过往的经验认知关联，那么品牌被记住的概率就很小。 很多企业喜欢设计一些新品类和新概念，但实际上，这些新概念所需要的市场教育成本非常高。在市场沟通中，企业需要通过高频次的触达来开拓消费者大脑信息接收的渠道。因此，能够占据新品类和新概念赛道的品牌，大多是"巨量资金投入、高市场传播渗透强度"的企业，我们将它称为"广告流量主"。对于绝大部分品牌管理者，我们的建议是尽可能地让品牌与人们心智中的常识连接，让已有常识成为品牌与心智的连接点。

利用人们心智中的记忆关联点来获得市场成功的品牌有很多。例如，香飘飘奶茶品牌成功地将下午 3 点和晚上 9 点的饥饿体感与自己的奶茶品牌关联在一起，让人们在饥饿时能马上想到香飘飘奶茶。这种关联点在消费者的心智记忆中非常强烈，因此品牌能够成功地占据消费者的心智空间（图 4-3）。

图 4-3　香飘飘奶茶品牌

记忆的第二个特点：有限容量。

大脑有多种记忆类型，比如短时记忆和长时记忆。短时记忆是一段较短时间内存储少量信息的记忆系统，它的容量有限，一般只有 4～9 个组块，也有不同的脑科学家认为短时记忆的容量只有 4 个组块。短时记忆的时间只有几十秒。

试想一下，当有人提问"香水行业有哪些品牌的时候"，一个非专业人士能立刻想起来的品牌数量是有限的，通常不会超过9个。在针对品牌调查的消费者访谈中，有一整个类目的问题集用来探测在消费者心智中品牌的排位顺序，我们称为"TOMA"，其全称为"Top Of Mind Awareness"，心理学上叫"第一顺位感知"，而品牌的专有名词是"第一提及率"，也就是企业口中常说的"第一品牌知名度"。

有限记忆容量的存在，使得目标消费者的心智排序在一定程度上代表了品牌建设的成功程度。品牌只要在消费者脑中占有一席之地，就意味着在消费者的购买需求被激发时，该品牌一定是备选之一。毕竟，被排在9名开外的品牌，很可能被消费者心智认定为"没牌子"。

记忆的第三个特点是容易出错。

长时记忆是指存储时间在一分钟以上的记忆，可以被理解为人的"存档"功能。短时记忆需要刻意练习才能变成长时记忆。但长时记忆中的信息未必与初始信息完全一致。人们总是会对回忆进行加工，这中间存在很多想象的空间，个人的偏好、环境、新的认知等因素也在不断地影响着人们的记忆，因此初始信息容易逐渐失真。

记忆中还包含首因效应和近因效应。首因效应是指人们常说的"第一印象"或者"先入为主"的印象，第一次感知到的关于某个事物的信息很容易给人留下最深的印象。近因效应是指最新出现的刺激物促使印象形成的心理效果。

这些现象都在告诉我们，**记忆很脆弱，容易出错，必须采取有效的行动去巩固**。

我们经常被问一个问题，即像可口可乐这样全球知名的品牌，为什么每年还要持续做广告？这是因为记忆需要不断地被巩固。对于品牌来说，每次和消费者交互时，用什么形式传达同样的信息、消费者触达频率的高低，都至关重要。因此，品牌要不断地和消费者沟通，加深消费者对自己的印象，甚至推动消费者主动去学习、记录关于品牌的新感受，就像交朋友一样，时刻保持联系。

如何做才能让信息存进长时记忆，并且容易被回想（recall）？

从上面的记忆特征中，我们可以得出两个重要的巩固记忆的办法，即"关联"和"高频重复"。除此之外，还有两个重要的方法，即"创设故事情境"和"提取线索"。

创设故事情境。**故事通常是极好的说服工具**。大脑更在意不同信息之间的因果关系，并结合过往记忆，让信息以故事的形式小心地拼凑和储存起来。人类天生就擅长把获得的信息碎片通过联想编成故事，甚至在别人讲故事的时候，大脑还会开始同步"放电影"。大脑并不在意信息的细节和准确性，在需要的时候它还可以通过自上而下的加工（top-down processing）来填补细节，从而使故事更加完整。我们看到，成功的品牌大多都是讲故事的高手，将品牌的价值深深地刻画入人的心智。而作为场景刻画工具的广告和视频，依旧是品牌价值传达最有效的媒介之一。

提取线索。人们在提取记忆时，通常围绕一个个线索展开。比如，提到铅笔的时候，我们可以接着想到钢笔、圆珠笔、毛笔……"笔"就是那个关键的线索。在人们的长时记忆中，关于品牌相关的信息，如果在决策的时候需要被提取，那么**品牌名就是品牌所有相关认知的提取线索**。因此，品牌命名的规则里包含几个非常重要的信息，比如，最好能加入产品和业务的属性、特点以及为人们带来的价值，方便人们的记忆"存档"和"回想"。

情感和情绪

德国实验心理学之父威廉·冯特（Wihelm Wundt）在他的心理学著作《认知心理学：成长路上不可或缺的心理学》（*Psychology*）中提到，情感是一种特殊的认知，情感使认知具有目的性，并且能够按照人的价值需要进行发展。情感的价值属性让人们在面对某个事物时，可以将其与其他的价值属性区分开来。

从品牌机制的角度来看，找到能与品牌建立情感联系的元素非常重要。当这两者相互关联时，品牌就成了情感的象征，并被大脑存储在记忆中。**人们在未来需要选择一个品牌时，那些与强烈情感相关的品牌选项通常会被优先考虑。这也解释了为什么成功的品牌通常具有丰富的情感内涵和情感想象，而不仅具有实用功能。**

在信息加工过程中，大脑中的情绪会影响记忆的形成。因此，当回忆起某件事情时，人们会再次感受到当时的情绪波动，仿佛重新经历了一遍。大脑的杏仁核是情绪处理的中心，而在成年人的大脑中，额叶处于主导地位，因此人们能够相对理性和保持克制。然而，对于青少年来说，他们的大脑额叶发育尚未成熟，因此更为情绪化，同时也更渴望回应情绪。因此，成功地吸引年轻人的品牌通常会给人以情感上的激动和张力。品牌可以帮助年轻人表达内心中的情感和冲动。

人们在面临威胁和希望的情况下，很容易产生情绪反应。其中，积极情绪可以激发趋近行为，而消极情绪则会引起回避行为。积极情绪包括感官愉悦和心理享受。感官愉悦源于身体平衡状态的维持，例如放松、自在、释放和宁静等。心理享受则来自自我平衡的突破和超越，包括快乐、兴奋、自豪和希望等。

在品牌机制中，品牌附着的情感和情绪通常是积极和正面的。比如强生品牌（图4-4）倡导的"因爱而生"理念，凸显了母爱的伟大。

图 4-4　强生的品牌表达符合积极和正面的情感和情绪

（注：图片来自强生天猫旗舰店）

问题解决

在问题解决的过程中，大脑会利用已有的知识和信息。当现有的知识不足以解决问题时，大脑还需要针对问题主动去寻找新的信息并加工。问题从产生到解决，过程可长可短。

整体而言，人在解决问题的时候有两个重要特征，对品牌机制的理解和满足消费者的心理需求具有重要意义。

第一，当人们发现自己面临问题时，并不一定会直接进入问题解决阶段。有时候，人们可能会回避和忽视问题，直到他们学到了新的知识并有能力解决问题。需要明确的是，问题先于需求。虽然人的心智可以很容易发现自己有一个问题，但这并不意味着能够很快地识别和定义问题并正确归因。能够明确提出自己的需求，等于问题已经解决了一半。

例如，我们曾经为某著名药品销售平台进行过一项消费者研究。研究发现，当人们发现身体不适时，并不一定会直接就医或者去家门口的药店购买有助于缓解症状的非处方药。在问题不足以威胁日常生活的情况下，很多人会选择忽略它，甚至回避它，尽管他们会因此而持续产生焦虑情绪。而那些擅长主动管理身体健康的人，则可能会先通过百度搜索进行自我诊断，然后再决定是否需要采取进一步措施。

品牌机制在这个被忽视和回避问题的环节中可以发挥重要作用。它可以直接将消费者的心智从"问题"导向品牌提供的"方案"（业务或产品），从而帮助消费者省去反复学习和获得认知的过程。

企业容易有一个误区，即过分关注"成交"这一单个环节，而忽视了识别和解决消费者心智问题的重要性。优秀的企业会早一步通过分析消费者需求来设计产品。**真正卓越的企业善于识别和定义心智问题，并会根据问题去设计解决方案，从而用品牌引导人们找到获得最佳需求的方向。**杜国楹和他做过的几个品牌的崛起就是很好的案例，例如背背佳和小罐茶，它们能够在消费者产生问题时就立即切入，而不是基于消费者具体的需求和产品优化再做出反应。

因此，在品牌进行表达时，直接呈现问题场景将有助于消费者理解企业所提供方案的有效性，这也强调了品牌机制在引导消费者认知和购买决策中的重要作用。

从识别和回应心智问题的过程中，品牌可以得出一个非常有效的表达公式：

"问题场景"+"方案"+（行动）

比如，"怕上火喝王老吉"（图4-5）。

图 4-5　王老吉品牌应用行动链表达公式

问题场景："怕上火"。

方案："王老吉"。

行动："喝"（动词可以增加人们的行动力）。

王老吉的广告语"怕上火喝王老吉"之所以广为人知，不仅是因为语言本身的吸引力，也不完全是广告频繁播放的结果，而是因为它直接呈现了大脑在面对问题时需要采取的整个行动链，从而帮助大脑节省了能耗，因此得到了人的心智的认可。这个公式对于新品类和新产品的品牌建设会更加有效。

第二，问题背后一定有动机，问题背后的动机是促使人行动的内在驱动力，它指导心智为解决问题提出需求。动机从解决问题的角度切入，可以划分为两种：争取成功和避免失败。

在了解消费者的内心世界前，我们必须先了解他们那些难以言说的动机。在品牌建设过程中，我们非常强调，**品牌一定要连接人的真实动机，因为只有这样才能满足消费者的真实需求。**

2021年，我们曾为一个高端电动摩托新品牌进行了市场投放前的消费者研究。研究结果表明，消费者最希望产品具有的特点是"颜值和科技"。品牌管理者对此感到困惑，因为市场上所有的产品都尚有很多基础功能需要提高，而消费者却更加关注华而不实的部分。

为了解决这个问题，我们采用了一些特别的研究设计。例如，我们拍摄了大量电动摩托车停放的照片，收集了消费者关于"骑车最享受一刻"的场景和心情等相关信息，从而去挖掘和洞察消费者的潜在动机。此外，我们还进行了焦点小组访谈和定量问卷调查，以获取更准确的消费者洞察。

研究结论是，"颜值和科技"是消费者讲得出来的需求，他们讲不出来的却是"颜值和科技"能带给他们的意义：阶层隔离。

在他们的实际生活中，成本或者实用性（如短途、停车困难、拥堵交通等）的限制使得许多人无法购买第一辆或者第二辆轿车。于是他们寻求一种过渡性解决方案，一辆高端电动摩托车就成了他们的选择。他们真正想要的，是在马路边几百辆灰扑扑的电动摩托车里，让别人看一眼就认为"你和他们不一样"。"颜值和科技"是彰显自我、与他人区别的标志，也是对妥协的自我补偿。这辆高档电动摩托车让他们觉得自己的未来是可期的，生活是鲜亮的，自己绝对不是那些在大街上为生计不断奔波的洪流中的一员。

这个案例中的消费者动机偏向"避免失败"，因此他们选择了"一辆有颜值且高科技的高端电动摩托车"作为解决方案。而"一辆拥有工艺细节和更大储物空间的电动摩托车"则更适合那些他们想要逃避的洪流大军。差之毫厘，谬以千里。品牌在表达上必须加以区别，只有这样才能真正理解和满足目标消费者的心智。

决策

识别了问题之后就需要行动。在众多方案里，人的心智是如何做出最终决策的呢？

消费者的心智决策是一个极其复杂的机制，未来我们计划用另外一本书来深入探讨心智决策的具体过程。在本章节里，我们主要讲述心智决策的重要特点，以便可以阐述清楚品牌机制设计的合理性。

第一，心智的决策趋向感性，而非理性。

人类大脑分为左脑和右脑，其中左脑主要负责理性思考，而右脑主要负责感性思考。在信息处理和决策的过程中，人类更倾向于使用感性、直觉和情感，而尽量避免使用理性逻辑。这是因为感性思考是一种探索机制，人类可以通过已有的经验和知识快速地做出决策，是最节省脑力的方式。

相比之下，理性思考则是一种严谨、缓慢、有逻辑地寻找真相的过程。理性思考通常会导向"什么是正确的"这个问题。

品牌机制可以帮助消费者进行感性决策，避免理性决策。

在我们的咨询服务中，我们发现企业常常有一个误区，即认为消费者在购买时是理性的，他们会经过深思熟虑、多方比较后才做出决策。这种误区导致企业将品牌价值的表达直接理解为生产过程的详细拆解，例如便宜、性价比高、用料货真价实等，试图给消费者心智传递一堆碎片信息，以辅助心智进行理性的比较和思考。

实际上，消费者很难做到有效的信息搜集和充分认知。此外，消费者的心智也会拒绝接收细节和繁杂的信息。

那些卓越的品牌是如何做的呢？

首先，它们会用消费者的语言直接告诉消费者能得到的最大利益点是什么。这需要将品牌与消费者面对的问题联系起来，例如一双酷酷的运动鞋子可以让一个学生在穿一样校服的人群中脱颖而出。

其次，它们会运用移情的技巧。移情是将主观情绪和情感转移到客观事物上的方式。以耐克品牌为例（图 4-6），耐克一直致力于向消费者传达运动员的"赢的精神"，其广告通常是一群激进亢奋的运动员在球场上拼搏的画面。当消费者想要拥有同样的精神状态时，他们很容易将耐克从一堆产品中识别出来并进行购买，即使它的价格更高。

图 4-6　耐克广告

（注：图片来自百度和 Unsplash 网站）

　　如果企业在消费者面前只展示一堆产品参数，例如材质、工艺、产地等，那就等于逼迫消费者直接进行理性决策。这些信息的背后指向的是产品的成本，消费者很容易将注意力放在性价比、哪个产品更划算、如何省钱等方面。如果企业想要从中获得品牌溢价，就会变得很困难。

　　因此，引导消费者进行感性决策是品牌机制满足心智需求的重要方式之一。

第二，高卷入购买流程需要理性。

　　决策的另一个维度是高卷入和低卷入的购买过程。高卷入是指价格高、决策流程长、参与决策人数众多、购入后潜在风险较大的产品的购买过程，例如，企业并购、购买汽车或房子、装修等。相比之下，低卷入购买过程则比较简单，例如：购买厕纸、数据线、书等。

　　在高卷入购买过程中，决策者需要更多的理性思考，需要搜寻大量信息并进行横向比较和客观评估。品牌机制可以通过信任背书的方式来推进这个决策流程，促进不同参与决策的人员达成共识（图 4-7）。

第三，心智喜欢回避决策。

　　我们从上述两个特性可以得出结论，心智通常不喜欢投入过多脑力做决策，即便是在低卷入的购买过程中。决策回避是常见的行为，尤其是在脑中"存档"的信息不足却要面对问题场景的情况下。

　　企业的另一个误区是，喜欢给消费者更多选择，且提供很多产品的信息。其实这种方法会增加心智的决策难度，不讨喜且有害。

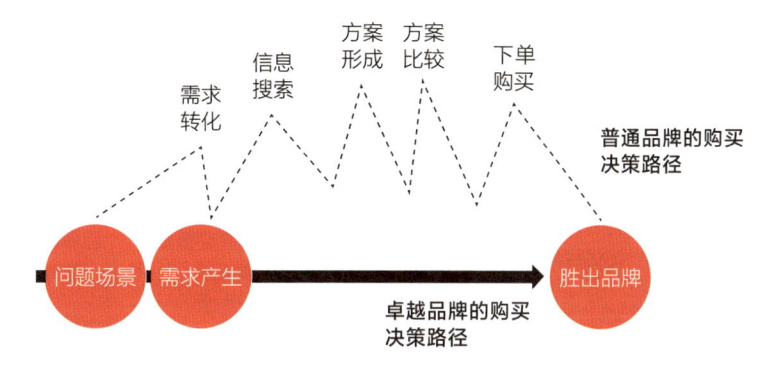

图 4-7　品牌可以缩短高卷入购买流程

为降低决策难度，企业可以采取减少选择、解释针对性问题场景、与心智已有知识关联、让品牌成为某个需求的代名词等方法。

我们经历过一个真实案例，一家高端的国际课程培训公司为了提升品牌形象和推动业务开展，计划在爱马仕等奢侈品品牌的隔壁开设旗舰店，通过心智归类的方式提升客户对新业务的认知，降低决策难度。

品牌的底色一定是"自信"，自己自信，同时带给消费者自信。

在上述内容中，我们介绍了心智处理和加工信息的六个重要环节，包括注意力、感知、记忆、情感和情绪、问题解决和决策。每个环节都有其独特的运行规律，而品牌机制则应根据这些规律进行相应的设计（表4-1）。

因为心智的规律之一是在信息处理和加工过程中节省大脑资源，所以品牌可以提供认知与决策的坐标，从而使整个过程更加有效率。

表 4-1　大脑节能——品牌赋予认知与决策坐标

信息处理	心智寻求大脑节能的方式		品牌满足心智的方式	品牌举措举例
信息输入	注意力	选择性注意	品牌是处理价值与心智认知关系的机制	新鲜、刺激、奇特的信息 相关和偏好信息	醒目的标识 惊喜体验 明星代言
	感知	无感知、无记忆 "六识" 回避复杂信息 全脑思维		提供简单信息 保持风格和调性	关键联想词设计 品牌调性设计

续表

信息处理	心智寻求大脑节能的方式		品牌满足心智的方式	品牌举措举例
信息加工	记忆	关联记忆存储 有限记忆容量 记忆容易出错	关联已知 关键信息少于4个 关键信息高频重复 故事情景 提取线索	品牌知名度最高 广告反复播放 品牌故事 品牌名
	情感和情绪	情感使认知按照价值需要进行发展 情绪在回忆里重现	饱满情绪 情绪投射	凸显品牌的情绪和情感价值
信息输出及反馈	问题解决	忽视和回避问题 问题背后的动机决定需求	从问题入手，定义需求和方案 连接人的真实动机	"问题场景+行动+方案"的行动链 足够好的方案
	决策	感性决策先于理性决策 高卷入和低卷入决策机制 决策回避	感性 给予决策自信 成为需求的代名词	情绪和情感沟通 品牌的信任背书 自信表达

（中间列：品牌是处理价值与心智认知关系的机制）

心智规律2：
确定性——品牌帮助消费者规避风险

英国社会学家齐格蒙特·鲍曼（Zygmunt Bauman）曾说过："不确定性是人类生活的自然栖息地——尽管逃避不确定性的希望驱动着人类一切的追求。"

当人处于不确定的情况下，大脑就会开始动员，对信息进行优先级划分，并发出指令让人去应对这种威胁。人们在任何时候都希望明确：我的选择是正确的，我没有风险。

诺贝尔经济学奖得主理查德·塞勒（Richard Thaler）教授提出了禀赋效应：人们在做决策时更加考虑"避害"因素，而非"趋利"因素。当一个人拥有某样东西时，他对这样东西的评价会高于在没有拥有它时。这一现象可以用"损失厌恶"来解释。

在消费心理学中，消费者在购买产品前就会考虑购买后的风险，评估得失，以免失望。**品牌给人的心智提供帮助的重要方式之一就是规避风险。**

随着与品牌互动体验的增多，消费者可以从品牌名称和包装上获得越来越多的心理安慰。这是因为**品牌为人的心智提供了一系列标准预测**。消费者相信品牌产品能提供更高水平的品质输出承诺，而当问题出现时，品牌往往需要承担更严重的名誉损失。这些因素让消费者能够放下心来，交付自己的偏好和信任。

人们通过以下 5 个方面来规避风险：从众 / 模仿、权威、熟悉、理解和习惯化。其中，"从众 / 模仿"和"权威"是他人建立的可预测的标准，而"熟悉、理解和习惯化"则源自自己对标准的预测（图 4-8）。

图 4-8　人的心智规避风险的 5 个方面

从众 / 模仿

从众是一种群体影响效应。根据刘惠军主编的《动机心理学》一书的定义，从众是指因为群体或个人真实或想象的压力，导致一个人的信念或行为发生改变。

个人主动的行为则被称为"模仿"。人类天生喜欢模仿，这是由大脑中的镜像神经元发挥作用所致。例如，孩子们的某些行为会模仿家里大人的样子，而一个人的消费行为和品牌选择也很容易受到亲朋好友的影响。

人们为什么会从众或者进行模仿呢？主要有两个原因：

第一，人们认为他人的信息非常有用，可以帮助自己做出更好的选择。这就是"口碑"这个概念出现的缘由。人们将他人对某个产品的评价作为自己购买决策的重要参考之一，这也造就了"大众点评网"几百亿美元的市值[1]。喜茶门口长长的购买队伍所营造的"受欢迎"的景象，也是依据人们习惯从众或者模仿这个心理规律而设的。

第二，人们想要与群体保持一致，以获得他人的赞许或避免遭到他人的反对。例如，在送礼时，产品本身的价值和适配性或许在购买者的考虑中并不是最重要的，人们通常觉得如果这个产品本身是全民皆知的品牌，那么它出错的概率就很低。因此，我们经常看到，过年期间走亲访友的礼包大部分都有一个共同特点，那就是它们很可能都是在中央电视台广告中反复出现的品牌，比如金典牛奶、特仑苏牛奶等。

为了满足人们习惯从众和模仿的心理，品牌机制可以通过多种方法在同一个圈层人群中形成共识，让一个特定群体对于某一个品牌有相似的认同和偏好，从而使得这个品牌可以扮演类似"社交货币"的作用。

---

[1] 上市后，大众点评网的市值一度飙升，升至309亿美元。但是，随着市场的变化，其市值也出现了波动。截至2021年4月，大众点评网的市值为约165亿美元。
——编者注

权威

人在很多情况下都期待权威的指引。

第一个原因是，让专业的、地位高的人代替自己思考，给出标准答案或行动指引，让自己保持一种安心和安全的状态。

第二个原因是，个体无法获得某个事物客观和周全的信息，从而无法在决策时感到自信。求助于权威，是相信权威者在信息搜集和知识储备方面可以为其带来客观的指导和建议。这就是"权威暗示效应"，是一种规避风险的有效方法。

很多品牌在树立权威上都不遗余力。很多企业认为，消费者选择自己的产品是因为自己比他人优秀，但实际上，消费者之所以会更多地选择更权威的品牌，是因为他们无法面对做出错误决定的自己。品牌可以通过树立一种"高位和自信"的感觉，让消费者感到安全、不出错、避免潜在的风险。

品牌可以采取多种措施来建立"权威"。比如：成为领域内第一的联想品牌，强调自身的"强者信息"，请专家推荐和接受第三方机构评测。

成为领域内第一的联想品牌，就是让某个品牌成为一个行业细分品类、一项专属功能、一个特定需求或一个特定群体选择的代名词。比如儿童矫正背部姿势器——背背佳，高端抽油烟机——方太，办公软件——微软等。

强调自身的"强者信息"，是一种企业或产品"秀实力"的行为，比如在广告中加入"全国销量遥遥领先""连起来绕地球十圈"等信息。

请专家推荐，通过软文、新闻或视频的形式进行传播，可以强化品牌的权威感。意见领袖（KOL）也是专家推荐的延伸，尤其是提供亲身体验的结论。目前，小红书在意见领袖的培养上为品牌提供了很大的沟通平台。

接受第三方机构的评测，即通过权威机构为品牌背书。比如，在企业并购时请英图博略（Interbrand）品牌咨询公司为企业的品牌做估值。

熟悉

人们不会轻易购买自己不熟悉的产品。换句话说，人们更愿意相信那些出现在自己身边的东西，哪怕不那么了解，甚至是不那么喜欢。在人类漫长的进化历程中，越是常常出现的事物、越是在身边长期存在的事物，越给人安全和低风险的感觉。

这个心智规律在商业上有很多应用。比如，电视里有一些人们认为很"洗脑"的高频播放广告，比如脑白金、王老吉等，尽管消费者感觉自己不堪其扰，但站在超市里，面对堆满货架的同类产品时，他们的手很可能不受控制，鬼使神差地伸向它们。因为对于消费者心理来说，与"一无所知"相比，熟悉意味着更少的风险。

品牌的机制支持品牌信息的"重复和高频"，从而让人们快速获得"熟悉感"。这也是品牌知名度如此重要的原因。为了保持品牌的知名度，品牌的管理者要与目标消费者保持长期、持续的沟通。值得一提的是，由于人的记忆容量有限，企业在与消费者沟通时，一定要保证那些关键识别元素的优先曝光量，因为关键识别元素是让人们感到该品牌很熟悉，从而唤醒记忆的重要线索。

理解

在上文中，我们提到了人的心智对事物感知的程度越深，记忆就越深刻。进一步深化感知的过程就是对事物加深认知和理解。感知类似"知其然"，而理解则更像是"知其所以然"。当人们对某个事物有了深入的理解，这些理解就会重构心智中的认知体系，从而让人们对该事物拥有更多的信任。

当两个品牌摆在一个人面前时，他会偏向那个能唤起他更多联想的品牌。因为消费者对该品牌的理解越深，他面临的选择风险就越小。

举例来说，如果消费者对脑白金的联想是"成名多年的保健品，适合老人，能让老人更年轻，适合送礼，很多人都知道的产品"，那么他选择脑白金的概率就会远高于那些仅知道一个名字或只了解一两个信息的品牌。

品牌在获得一定知名度后，下一步应该立即加深消费者对品牌的理解。卓越的品牌通常能够同时提高自身知名度和人们的认知度这两个方面。然而，遗憾的是，企业经常忽略了品牌认知度的重要作用。

由于消费者越来越成熟，能够选择的同类产品也越来越多，因此，企业不能仅仅说自己好，而是要给出扎实的支撑理由。

章子怡代言的飞鹤奶粉就是一个很好的例子。飞鹤奶粉的品牌价值主张是"更适合中国宝宝体质"，它给出了以下理由（图 4-9）。

- "黄金"奶源带：北纬 47°、扎龙湿地。
- 专属产业集群：专属农场、自由牧场、智能化工厂、从挤奶到加工 2 个小时。
- 新鲜品质：新鲜生牛乳制作、易吸收。
- 宝妈心选：呵护中国宝宝、一年销售超 2 亿罐。

图 4-9　飞鹤品牌的品牌价值主张和支持理由

（注：图片来自飞鹤品牌官网）

其实在十几年前，一线城市的消费者已经开始要求品牌给出"好品牌"背后的合理性，并要求出示具体的证据和提供解释。品牌发展至今，消费者的要求更甚，不仅在品牌价值主张上要求做到差异化，甚至在理由上也要求有足够的差异化。这就意味着消费者的注意力更加稀缺，而企业想渗透人的心智则需要投入更多。

习惯化

大脑会将日常事物习惯化，使得人们可以直接做出行动决策，从而减少脑资源的占用。当人们沿着既定的轨道行动时，他们对风险的感知就会减弱。当消费者经常使用某一个品牌时，他们与品牌的交互越多，拥有的品牌相关信息就越多，与品牌的情感就会发展得越深，再次选择该品牌的可能性就越大，其他竞争品牌想要介入并获得成交机会的概率就越小。

人的心智也很少质疑以前做出的决策是否正确，相反，人的心智还喜欢捍卫过往的选择，并将第一次获取的信息作为日后行动的"锚点"。那些已经被消费者所拥有过的"老"品牌，与其竞争者相比，拥有在消费者心智中的持续优势。在消费者需求较为稳定的情况下，除非老品牌疏于与消费者沟通，或者品牌留给消费者的印象和情感转向负面，否则，竞争品牌想从老品牌手中分走蛋糕是一件非常难的事情。

为了满足人的心智的"习惯化"诉求，品牌需要向消费者提供稳定、一致的体验，甚至是超越期望的惊喜。企业可以采取一些必要的品牌举措来维持既有消费者的忠诚度，比如忠诚客户计划（会员制度、积分、特供等），目标客户的社群运营，简化已有客户的购买流程等。

总的来说，"不出错、无风险"，这对于人的心智来说至关重要。品牌机制顺应了人的心智想要获得确定性的规律，从"从众/模仿、权威、熟悉、理解和习惯化"五个方面，为人的心智提供了规避风险的方法，让人的心智的实际获得与预期相符。

人的心智之所以会对某些品牌形成偏好，其中一个重要的原因便是消费者认为已知的品牌在他们心智中有了稳定、一致的联想。品牌能让消费者选择自己，是因为它能持续输出稳定、一致的价值承诺，并可信任地交付结果（表4-2）。

表4-2 确定性——品牌帮助消费者规避风险

标准预测	人的心智寻求确定性的方式		品牌是处理价值与心智认知关系的机制	品牌满足心智的方式	品牌举措举例
他人建立的标准预测	从众/模仿	群体影响效应 镜像神经元		共识	口碑 第三方点评 "受欢迎"景象 全国知名度
	权威	权威暗示效应		高位和自信	领域内第一的联想 强者信息 专家背书/意见领袖 推荐机构测评
自我建立的标准预测	熟悉	常常出现		重复和高频	知名度 持续传播、投入 保证识别元素的持续曝光
	理解	偏向有更多联想的品牌		信任	给予选择理由和信任证明
	习惯化	交互越多，偏好越强烈 捍卫过往的选择		稳定、一致的体验	忠诚客户计划 社群运营 简化客户购买流程 偶尔的惊喜

心智规律 3：
自我叙事——品牌为心智世界赋予意义

什么是自我叙事

美国心理学家西奥多·R. 萨宾（Theodore R. Sarbin）在叙事心理学领域提出，每个人都是自己人生故事的叙述者和创造者。人们通过叙事提供了一个框架，可以以理解过去、构建未来，并从中获得存在的意义。

简单来说，**叙事构建了自我，人们在叙事中构建了自己人生的意义**。人们依赖自我理解来回答"我是谁，我想成为谁、我不想成为谁"的问题，不同人有不同的人生叙事方式。生命是一个持续不断的"意义构建"的过程。**人所有的行为，包括消费选择行为，都经由自我叙事的诠释而产生。**

自我叙事对人的影响方式

第一，人们自我叙事的方式影响着所有外来信息的加工、解释和反应。如果一个品牌所承载的信息符合人的自我叙事，那么人们就会更容易接受和接纳这个品牌，反之则会忽略和抵制。例如，一个小女孩的自我叙事告诉她，粉红色是她的颜色，与她有关联。这时候，如果一个品牌的外包装上采用的是粉红色，那么就会触动小女孩的选择偏好，并引导购买行为，而一个小男孩则可能更喜欢蓝色外包装的品牌。

第二，自我叙事会持续影响人们所选择的生活方式，并进一步指引和激励人们做出特定的选择，把自己变成一个预设中特定的人。例如，品牌咨询公司主要由视觉设计师和战略顾问两类职位构成。视觉设计师可能会追求特立独行，留长发、穿着裁剪奇特的休闲服装，并只用苹果电脑。而战略顾问则可能会显得严谨且一丝不苟，选择深色西装，并用华为或者惠普电脑。尽管这两类人隶属于同一家公司，在同一张桌子上开会，却泾渭分明。这是由于设计师在职业上的自我要求是创意和非凡，而战略顾问在职业中的自我要求是严谨和富有洞察，这是由他们不同的自我叙事所导致的。

第三，人的自我叙事不是单一的，而是多线、多维度的，因此人在做决策时会考虑多重特征。人的主观和客观、理性和感性、从众和自主等矛盾可以同时存在于一个决策中。不同的事物对应的自我叙事的维度不同，因此人在面对不同的事物时会使用不同的评判标准和展现出选择的优先级。例如，有一些消费者在购买家庭必需品时会选择最便宜的，而在购买奢侈品时却会选择较贵的，这是由于家庭必需品和奢侈品所触动的自我叙事的维度不同。

自我叙事对品牌的影响

消费者的自我叙事是品牌机制的重要组成部分，它直接反映在产品品类和功能上，并与消费者进行感性交流。品牌之所以能够以情感和意义连接消费者的心智，是因为消费者的自我叙事在背后默默推动。

消费者花的每一分钱都关乎自我。消费者愿意去花时间、注意力、金钱，甚至投入情感并身体力行，这不是因为产品，而是为了满足自我。消费者的选择性偏好，就是自我叙事的整个过程。

因此，产品的好坏不是由产品的生产和设计者决定的，而是由消费者的自我叙事判断得出的。消费者认为好就是好，认为不好就是不好。如果产品不能与消费者的自我产生联系，那么产品再好对消费者来说也是无意义的。让产品（商业）与消费者的自我产生联系是品牌的职责。

我们认为，现在企业家面临的第一个且最大的品牌工作挑战，不是消费者能否看见你，也不是品牌能否占据某个品类，而是这些都做到了，但消费者就是觉得你和他们没关系。曾经红极一时的时尚品牌如达芙妮、百丽、杉杉西服，或者电子产品品类中的波导手机和诺基亚手机都是如此。正如诺基亚手机退市的时候所说："我们并没有做错什么，但我们输了。"若仅从产品的角度来看，诺基亚的手机无论是功能、材质、系统应用都是同类中的佼佼者，但它们在消费者的生活中却不再重要，因为它们无法帮助消费者实现自我叙事。

企业的第二个挑战是，如何理解和满足年轻人心智中的自我叙事。三浦展在《第四消费时代》一书中提到，每个人都有自我探索的倾向。对于成年人来说，心智趋向于统合和稳定，因此企业在打造品牌时更多的是帮助消费者表达他们独特的自我。然而，青少年的情况并非如此，他们的自我尚不明确，仍在不断探索中，具有更强的自我寻求倾向。因此，年轻人可能在短时间内出现多重自我，这也是青少年经常尝试新品牌并缺乏品牌忠诚度的原因之一。

三浦展认为，年轻人可以通过品牌实现一部分的自我，并通过与不同品牌的互动接受多个自我，直至他们的自我叙事越来越具有统合性和稳定性。对于品牌方来说，正是因为"多重自我"的存在，不同风格的竞争品牌即便面对同一群消费者，也可以有自己的立足之地。同时，每个品牌都需要投入精力去洞察自己的品牌与年轻人心智中的哪个"自我"相呼应。

我们注意到市场上有很多品牌为了迎合年轻人，用"做真我、做自己"作为品牌的价值主张。我们认为这种做法有失偏颇，这些品牌看似主张替年轻人表达对父辈和权威的对抗，但这只是表面上在讨好年轻人。**真正有力的品牌应该更愿意与年轻人一起探讨，帮助他们体验和感受生命力，探索更多内在价值创造的可能性，并帮助他们构建正向、积极的自我叙事。**

自我叙事的四张面孔

心智中的自我叙事规律拥有四张面孔。

如图 4-10 所示，消费者自我叙事的思考框架有两条轴，一条是"我和我们"（横轴），代表个体和群体；另一条是以时间来分割的主观感受轴（纵轴），代表当下的自我主观感知和未来理想中期望获得的主观感受。两条轴分成四个象限，每个象限代表一张面孔。

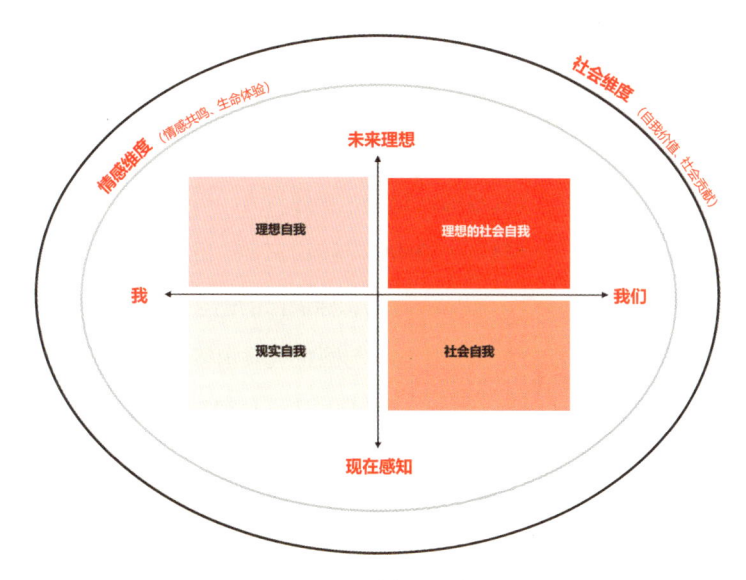

图 4-10 UP·toma 消费者自我叙事思考框架

我们采用了美国弗吉尼亚州立科技大学教授 M.J. 舍奇（M. Joseph Sirgy）自我的四张面孔的定义诠释，即现实自我（Actual Self）、理想自我（Ideal Self）、社会自我（Social Self）、理想的社会自我（Ideal Social Self）。

自我的四张面孔的定义和品牌案例如下。

现实自我： 当前所达到的实际自我状态，主观中的自我形象。比如，"我认为我的主要身份是中小企业家"。

品牌案例："小饿小困喝香飘飘。""小饿小困"是一种当下状态的自我感知，"喝香飘飘"是解决方案。香飘飘回应的是白领的"现实自我"。

理想自我： 理想中的自我想要达到的目标，即未来设想中的自我。比如，"我期望我是一个博学儒雅、有领导力、有前瞻洞见的企业家"。

品牌案例：宜家家居，致力于为大众创造更美好的日常生活。以"生活大梦想"为品牌核心，对应的是普通大众的"理想自我"。

社会自我： 在别人心中的自我形象，即周围人反馈的对我的印象和认知。比如，"我在别人眼里是平和的、总是在开会的企业领导人"。

品牌案例：QQ 的标识语为"弹指间，心无间"，鼓励人们多与周围的亲朋好友通过 QQ 工具交谈，哪怕远隔万里。QQ 对应的是"社会自我"。

理想的社会自我： 人们期望在别人心中建立一个被关注的理想形象。比如，"我期望我在别人眼中是人人都想共事，能开创新局面的合作伙伴"。

品牌案例：中国建设银行的标识语"善建者行，成其久远"不仅将"建行"两字嵌入其中，更将自身的 DNA（基因）——"立身国家经济建设主战场"的业务和政治任务放入其中。同时，标识语的创意灵感出自老子的《道德经》，隐含了中国文化的博大精深，与国企气质相符。更重要的是，这是一种"国家队"对自己的更高要求。因此，建行品牌对应的是"理想的社会自我"。

我们可以发现，奢侈品品类的品牌大多作用于理想自我和理想的社会自我。无论是梅赛德斯-奔驰的品牌价值主张"尊贵传承"，还是奥迪 A6L 的"别人看到你的成就，我们看到你的奋斗"，都无时无刻彰显着成功人士的社会地位。

在《动机 10.0》一书中，作者指出人类处于群体社会中，具有强烈的关系建立需求和欲望，因此需要给外界留下良好的印象。为了实现这一目标，人们需要塑造良好的形象，从而形成消费的隐性动机。人们追求多样化的人际关系，以促进自身的生命成长。此外，当现实与理想相差悬殊时，人的心理状态容易出现问题，因此人们会努力弥补这种差距。在更高层次的作用上，品牌对于人的心智来说，是帮助接近"理想自我"和"理想的社会自我"的一个过程，也就是形成身份认同的过程。

自我叙事的两个维度：情感维度和社会维度

为了与消费者自我叙事相连接，品牌需要与人的心智认为的有价值的元素进行绑定。品牌在消费者的选择中起到了重要的作用，选择是自我向外投射的表现，因此品牌必须与人们内在的自我身份（四张面孔中的一个或几个）相呼应，它们之间通过一个或数个心智价值点进行连接。

卓越的品牌之所以能够深入人心，是因为它们在目标人群的心智中具有可连接的意义，让消费者可以利用品牌来投射自我。这个投射结果的接收对象可以是自己，也可以是他人。如果投射接收对象是自己，那么心智的价值连接点位于自我叙事的"情感维度"上。情感维度又分为"情感共鸣"和"生命体验"两个细分维度。如果投射的接收对象是他人，则心智的价值连接点就位于"社会维度"。社会维度又可以分为"自我价值"和"社会贡献"两个细分维度。

在不同的细分维度上，我们总结了品牌可以连接的 60 个价值点，并通过现有的知名品牌来举例，说明它们在心智的哪些价值点上成功地与消费者进行了连接。

情感维度之"情感共鸣"

"情感共鸣"对应的是消费者心智中的情感和情绪。在关于大脑信息加工的阐述章节中我们曾经提及，情感和情绪主要由感官愉悦和心理享受两类特性构成。

在品牌机制上，我们总结和归纳了 16 个与情感共鸣相关的人的心智价值点。

（1）健康。　　（7）友谊。　　（13）归属/融入。

（2）安全。　　（8）勇敢。　　（14）愉悦/快乐。

（3）释放。　　（9）雄心。　　（15）亲密/浪漫。

（4）轻松。　　（10）诚实。　　（16）平实质朴。

（5）无忧。　　（11）幸福感。

（6）关爱。　　（12）被理解。

在快消品领域，与情感共鸣相关的心智价值点的确应用广泛。江小白就是其中一个很好的案例（图 4-11）。

- 江小白的"平实质朴"，广告语：我是江小白，生活很简单（回应"现实自我"）。

图 4-11　江小白的品牌表达

品牌可以在不同的人的心智价值点上加入独特的"调味料"，以突出自己的特点和产品特性。比如，同样说"愉悦/快乐"，玛氏（M&M's）、趣多多和巴黎贝甜三个品牌表达的角度就不尽相同（图 4-12 和图 4-13）：

- M&M's 的"妙趣挡不住"（All hands love M&M's，回应"理想的社会自我"）。
- 趣多多的"一定吃到逗"（回应"理想自我"）。

图 4-12　M&M's 巧克力豆和趣多多品牌用不同的方式诠释"愉悦/快乐"

第二部分 品牌作用：品牌能帮我们做什么

永无止境
巴黎贝甜探索美味新边界咖啡轻餐理念

巴黎贝甜不仅追求规模上的扩大，将烘焙文化分享给更多人，还致力于探索美味的可能性与新边界，传递更幸福的美食体验。

图 4-13 巴黎贝甜的品牌理念，通过"日常幸福感"诠释"愉悦/快乐"

— 巴黎贝甜，致力于展现"日常幸福感"（回应"理想自我"）。

情感维度之"生命体验"

"生命体验"是指消费者希望通过购买品牌来获得相对新奇和刺激的体验，从而拓宽对生命的感受宽度。这种心智价值点的存在，基于人们追求让生命更加充实和有意义的消费体验。尤其是在个体意识纷纷崛起的今天，如何有质量地度过每一天，成为每个消费者都面临的日常问题。

在这个领域，人们追求一系列比日常更为极致的感受，比如超越常规、打破惯性、拓展人体极限、唤醒五感等。常见的行业包括旅游业、运动业、科技业和休闲业等。

在"生命体验"维度下，品牌机制可以呼应的人的心智价值点是 14 个。

（1）舒适。　（6）激情。　（11）灵感/想象。

（2）宁静。　（7）流畅。　（12）梦想成真。

（3）富足。　（8）惊喜。　（13）激动人心。

（4）自律。　（9）巅峰。　（14）变强/进步。

（5）探索。　（10）人性化。

我们举几个品牌的例子来说明。

- 星巴克的品牌价值主张为"家和办公室以外的第三空间"，对应的是"舒适"（回应"现实自我"。对于中国白领来说，还回应了"理想自我"和"理想的社会自我"，如图4-14所示）。

图 4-14　星巴克的品牌传播广告

- 宝马集团"迷你"品牌汽车（MINI Cooper），价值主张定位是"激情"（Excitement）。目标人群是卓尔不凡的年轻人，品牌角色是都市夜晚出行的时尚配件（回应"理想的社会自我"，如图4-15所示）。

图 4-15　MINI Cooper 的品牌传播广告
（注：图片来自百度）

- 迪士尼乐园的价值主张为"神奇"（Magic），对应的是"梦想成真"。每个女孩心中都有一个公主梦，每个男孩心中都有一个英雄梦。迪士尼的品牌氛围创造了让人们获得电影中的沉浸式体验，让人身临其境地感受梦中的童话世界（回应"理想自我"，如图 4-16 所示）。

图 4-16　迪士尼的品牌传播广告
（注：图片来自百度）

社会维度之"自我价值"

自我价值是个体对自身的重要性和价值的主观判断和感受。自我价值之所以归于社会维度，是因为人无法单独创造价值，必须基于个体所在的社会框架才能实现。而价值或者是价值观，更多的是一种内外反馈回来的信息，人们只能进行选取，或者做重要性的排序。

自我价值植根于身份认同，每个人都希望别人能理解、接受、尊重和承认自己，同样，每个人也为成为这样的人而努力着。人们努力建立的友好社会关系会进一步促进个人的发展，并获得更好的自我价值感。

安东尼·吉登斯（Anthony Giddens）的《社会学基本概念》（*Essential Concepts in Sociology*）和多米尼克·戴泽的《消费》（*La Consommation*）两本著作里给出了一个重要观点：消费即交换，是建立社会联系的过程。消费给人们提供了构建个人身份的各种机会，人们通过购买品牌获得各种身份标识。这种标识能帮助人们更快地融入不同的圈层。

我们发现，不同类型的人对于"自我价值"判断的侧重有所不同。

例如，早年华通明略市场研究公司曾分享过一个市场洞察：女性更注重如何在多个角色中平衡生活和事业，以及优雅地获得成功。她们非常看重精神的自主和独立，同时也希望获得家庭成员和社会的认可。她们既想偶尔能放飞自我，又想在问题出现时能力挽狂澜，成为他人的坚强后盾。而男性则更注重权力和地位的彰显，想知道如何成为专家并通过智慧给更多的人提供安全和保障，以及偶尔释放自己的竞技性。

年轻人处于他们特定的青春期，自我价值的彰显需要通过一些中介途径。他们关注自己的聪明才智是否被充分发挥，是否探索到新奇和与众不同的事物和视角，在小群体中是否有优秀的表现，并被接受和认可。

基于"自我价值"，我们归纳了17个品牌可以呼应的人的心智价值点：

（1）胜任。　（7）赞赏。　（13）吸引力。

（2）智慧。　（8）超越。　（14）自我效能。

（3）潜能。　（9）创造。　（15）独立自主。

（4）审美。　（10）掌握。　（16）名望/权威。

（5）尊重。　（11）出众。　（17）保护、保障。

（6）认同。　（12）成就感。

品牌案例如下。

- 王者荣耀:"不是一个人的王者,而是团队的荣耀。"对应的是"赞赏"和"认同"(回应"理想的社会自我",如图 4-17 所示)。

图 4-17　王者荣耀的品牌传播广告

- 知乎:"发现更大的世界。"对应的是"潜能"(回应"理想自我",如图 4-18 所示)。

图 4-18　知乎的品牌介绍

(注:图片来自百度)

社会维度之"社会贡献"

"社会贡献"的价值层面,对应的是人们心中的"社会稳定""家国天下"和"人类命运共同体"等宏观价值。

通常,这类价值点更适用于大型的组织机构。从社会学的角度来理解商业,

品牌通识：科学系统的品牌全景

商业组织的终极目标不是追求利润最大化，而是要追求社会整体效益最大化。

当一个品牌拥有一定规模时，它不再是一个单纯追求赢利的机构，而是一个富有影响力、能够改变人们意识和思维的"价值观和意识形态输出者"。此时，人们对"有能力的人和组织"的期望会上升到社会责任的层面，期望它能展现"达则兼济天下"的格局。

"社会贡献"维度下，有13个人的心智价值点：

（1）合理。　　　　（6）美好社会。　　　（11）提高人类福祉。
（2）普惠。　　　　（7）良性平衡。　　　（12）应对和解决难题。
（3）利他。　　　　（8）理性秩序。　　　（13）释放人的积极性。
（4）推动进步。　　（9）自由价值。
（5）公平、平等。　（10）共生共荣。

几个知名的集团或组织机构的品牌例子如下。

— 微软：品牌价值主张为"生产力"，品牌使命为"以赋能为使命"，予力全球每一人、每一组织，成就不凡，对应的是"释放人的积极性"和"推动进步"（图4-19）。

图4-19　微软的品牌介绍
（注：图片来自微软公司官网）

082

第二部分 品牌作用：品牌能帮我们做什么

- 国际商业机器公司（IBM），品牌价值主张为"四海一家的解决之道"，对应的是"应对和解决难题"（图4-20）。

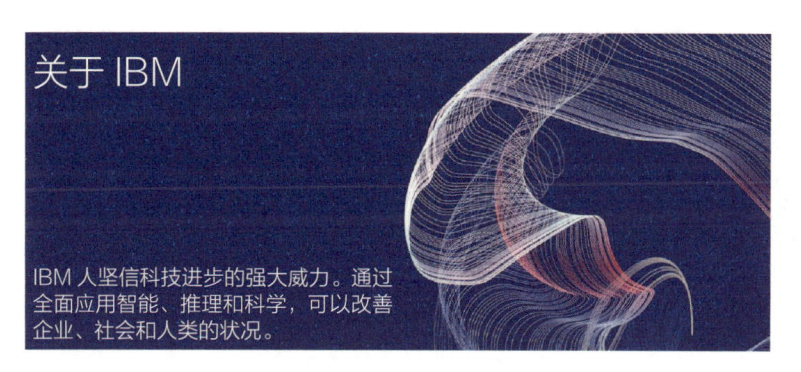

图4-20 IBM的品牌介绍
（注：图片来自百度和IBM官网）

- 世界自然基金会（WWF），标识语为"创造人类与自然和谐相处的美好未来"，对应的是"良性平衡和美好世界"（图4-21）。

图4-21 WWF的品牌传播广告
（注：图片来自百度）

总的来说，人们需要品牌，是因为品牌可以赋予商业丰富的情感和想象（图 4-22），这让人们能获得一个更有意义的心智世界。

情感维度	情感共鸣	生命体验	自我价值	社会贡献	社会维度
	1.健康	1.舒适	1.胜任	1.合理	
	2.安全	2.宁静	2.智慧	2.普惠	
	3.释放	3.富足	3.潜能	3.利他	
	4.轻松	4.自律	4.审美	4.推动进步	
	5.无忧	5.探索	5.尊重	5.公平、平等	
	6.关爱	6.激情	6.认同	6.美好社会	
	7.友谊	7.流畅	7.赞赏	7.良性平衡	
	8.勇敢	8.惊喜	8.超越	8.理性秩序	
	9.雄心	9.巅峰	9.创造	9.自由价值	
	10.诚实	10.人性化	10.掌握	10.共生共荣	
	11.幸福感	11.灵感/想象	11.出众	11.提高人类福祉	
	12.被理解	12.梦想成真	12.成就感	12.应对和解决难题	
	13.归属/融入	13.激动人心	13.吸引力	13.释放人的积极性	
	14.愉悦/快乐	14.变强/进步	14.自我效能		
	15.亲密/浪漫		15.独立自主		
	16.平实质朴		16.名望/权威		
			17.保护、保障		

图 4-22　UP·toma 消费者自我叙事——60 个心智价值点

品牌的作用不仅是满足消费者的需求，还要超越简单的物质欲望刺激，超越取用模式，建立人与自己、人与人之间的纽带关系。品牌应该让消费者从中获得情感共鸣、拓展生命体验、提升自我价值，并投入社会贡献，从而不断构建他们自己的人生意义。

如果没有品牌存在，商业世界将会回到一个由供需和交易构建的黑白世界，人、产品和商业都将变得功能化，缺乏感情色彩。我们通常用"性感"这个词来评价一个品牌所带来的感受，这个词讲的是产品或商业是否是立体的、饱含生命力的，甚至是有自己特质的。这些感受都来自人们心智中的想象世界。品牌是人们心智中对一个更有意义的世界的向往和投射，而这个向往和投射的中心则是人的自我。

企业常说要了解消费者或者"连接心智"，更准确地说，是要了解人心智的自我叙事（表 4-3），从而使企业所提供的品牌价值能与人心智中的价值判断相连接，让彼此"心意相通"。

表 4-3　自我叙事——品牌为心智世界赋予意义

自我的 4 个面孔		心智自我叙事的方式	品牌处理价值与心智认知关系的机制	品牌满足心智的方式——心智价值点连接	品牌举措举例——功能之上赋予情感和社会价值
现实自我与理想自我	情感维度之情感共鸣	感官愉悦：身体平衡状态的保持 心理享受：自我平衡的打破和超越		健康、安全、释放、轻松、无忧、关爱、友谊、勇敢、诚心、幸福感、被理解、归属/融入、愉悦/快乐、亲密/浪漫、平实质朴	哈根达斯 "亲密/浪漫"
	情感维度之生命体验	追求新奇和刺激的体验，拓宽对生命的感受宽度，从而让生命更充实		舒适、宁静、富足、自律、探索、激情、流畅、惊喜、巅峰、人性化、灵感/想象、梦想成真、激动人心、变强/进步	MINI Cooper "激情"
社会自我与理想的社会自我	社会维度之自我价值	个人期待别人理解、接受、尊重、承认，同样，个人也为之努力，融入社会并促进个人发展		胜任、智慧、潜能、审美、认同、赞赏、超越、创造、掌握、出众、成就感、吸引力、自我效能、独立自主、名望/权威、保护、保障	王者荣耀 "赞赏"和"认同"
	社会维度之社会贡献	人们心中的"社会稳定"、"家国天下"和"人类命运共同体"等宏观价值		合理、普惠、利他、推动进步、公平、平等、美好社会、良性共生、理性秩序、自由价值、共生共亲、提高人类福祉、应对和解决难题、释放人的积极性	IBM "应对和解决难题"

085

心智判断品牌的 18 个标准

消费者认定的好品牌应符合以下三个心智运行规律。同时，这也解答了消费者为何需要品牌。

心智规律 1：大脑节能——品牌赋予认知与决策坐标。

品牌的机制可以与人的心智处理和加工信息的方式相契合，从而为消费者提供认知和决策的坐标。这使得消费者能够在市场上充斥着大量同质化产品的情况下变得游刃有余，在冗长的消费购买决策链中轻松应对。

因此，消费者在从外部角度评价品牌是否卓越时，其标准包括：

- 相关。
- 独特。
- 饱含情感／感性。
- 容易理解。
- 有立体体验。
- 新奇和惊喜。

心智规律 2：确定性——品牌帮助消费者规避风险。

品牌可以使消费者获得与预期相符的产品，从而为人的心智带来确定性，降低风险。

品牌在长期的存续和与消费者的互动中，逐渐在消费者心智中形成一系列相关的标准，包括品质、价格、服务流程、负责任的态度、售后保障、外部人员对品牌拥有者的看法等。这使得消费者较少承担预期之外的风险和损失。

在确定性规律下，消费者从外部角度评价品牌是否卓越时，其标准包括：

- 交付稳定、一致。
- 存续时间长/随处可见。
- 知名度高。
- 圈内口碑好。
- 权威。
- 自信。

心智规律 3：自我叙事——品牌为心智世界赋予意义。

品牌机制可以连接人心智中的自我叙事，从而让产品或商业本身在人的心智中承载丰富的想象，并且让人的消费行为变得更有意义。为事物赋予意义也是人心智的本能。

在自我叙事的心智规律的作用下，消费者从外部的角度去判断一个品牌是否卓越时，他们的标准有：

- 极致/非凡体验。
- 代表我的独特风格。
- 契合价值观。
- 有社会价值观的/有精神内涵。
- 理想实现/造梦。
- 被我创造或成就。

这三个心智规律在创造品牌上是层层递进的（图 4-23）。

遵循大脑节能的心智规律，品牌可以使沟通更加高效；遵循确定性的心智规律，品牌可以在建立信任关系方面取得显著成效；遵循自我叙事的心智规律，品牌可以受人喜爱、尊敬，获得影响力。

心智规律 1：大脑节能

什么是心智中的好品牌？

相关
独特
饱含情感 / 感性
容易理解
有立体体验
新奇和惊喜

心智规律 2：确定性

什么是心智中的好品牌？

交付稳定、一致
存续时间长 / 随处可见
知名度高
圈内口碑好
权威
自信

心智规律 3：自我叙事

什么是心智中的好品牌？

极致 / 非凡体验
代表我的独特风格
契合价值观
有社会价值观的 / 有精神内涵
理想实现 / 造梦
被我创造或成就

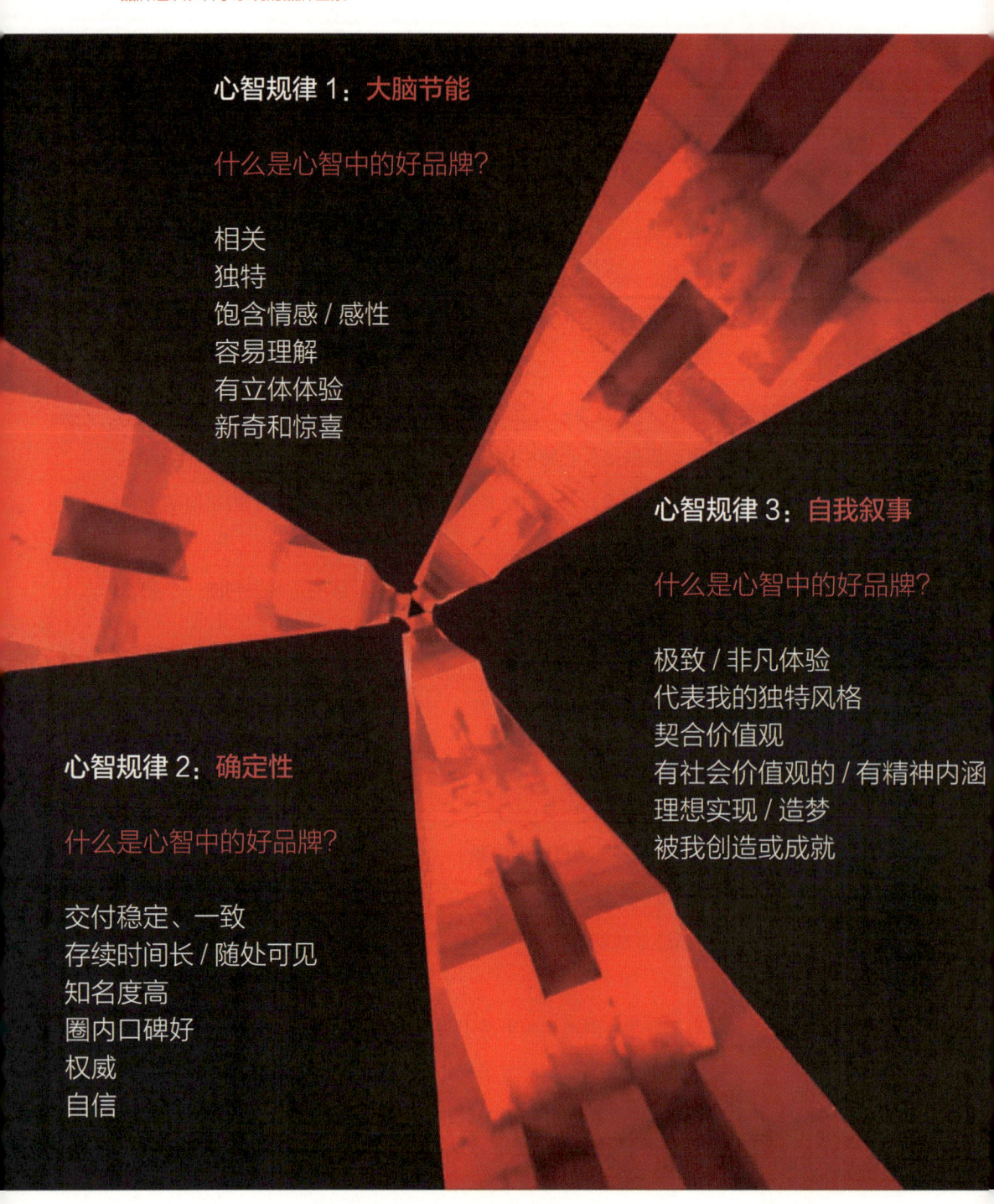

图 4-23　消费者心智判断品牌是否卓越的 18 个标准

（注：图片来自 Unsplash 网站）

本章要点 Key Point

（1）心智是产生和控制知觉、注意、记忆、情绪、语言、决策、思维、推理等心理机能的成分。心智是形成客观世界表征的系统，促使人们采取行动，实现目标。

（2）心智有三大运行规律。心智规律1：大脑节能——品牌机制非常契合心智认知中信息加工的方式，可以最大限度减少大脑能耗。品牌赋予认知与决策坐标。心智规律2：确定性——品牌帮助消费者规避风险。心智规律3：自我叙事——品牌机制可以帮助心智获得超越产品的功能性价值，获得更有意义的精神世界。品牌为心智世界赋予意义。

（3）针对大脑感知信息的两个特点：简单明了和全脑思维。品牌机制的回应方式是，为人的心智设计一种整体的品牌感受，我们称为"品牌风格或调性"，并贯彻到品牌的体验塑造过程中。

（4）品牌的信息如果不能被人的心智归类，并且被判定为是与目标消费者过往经验里的事物认知无法关联的东西，那么它被记住的概率就很小。新品类和新概念所要付出的市场教育成本非常高。

（5）有限记忆容量的存在，使得目标消费者的心智排序在一定程度上就代表了品牌建设的成功程度。品牌若能在消费者脑中占有一席之地，那么在消费者的购买需求被激发时，该品牌一定是备选之一。

（6）记忆很脆弱，且容易出错，必须采取有效的行动去巩固。故事通常是极好的说服工具。"品牌名"就是品牌所有相关认知的提取线索。

（7）当人们选择品牌时，那些与强烈情感相关的品牌选项通常会被优先考虑。这也解释了为什么成功的品牌通常具有丰富的情感内涵和情感想象，而不是只具有实用功能。

（8）叙事构建了自我，人们在叙事中构建了自己人生的意义。人所有的行为，包括消费选择行为，都经由自我叙事的诠释而产生。消费者花的每一分钱都关乎自我。

（9）青少年的心智有更强的自我探索倾向，与成年人相比，还不够统合和稳定。真正有力的品牌应该更愿意与年轻人一起探讨，帮助他们体验和感受生命力，探索更多内在价值创造的可能性，并帮助他们构建正向、积极的自我叙事。

（10）在更高层次的作用上，品牌对于人的心智来说，是一个帮助其接近"理想自我"和"理想的社会自我"的过程，也就是形成身份认同的过程。

（11）品牌的作用不仅是满足消费者的需求，还要超越简单的物质欲望刺激，超越取用模式，建立人与自己、人与人之间的纽带关系。品牌应该让消费者从中获得情感共鸣、拓展生命体验、提升自我价值，并投入社会贡献，从而不断构建他们自己的人生意义。

Chapter 5 品牌作用于企业：获得价值认知优势

企业价值闭环 = 价值创造 + 价值实现

这一章，我们将具体阐述品牌机制如何作用于企业的诉求。

首先，需要说明的是，**企业的价值由两个部分组成：价值创造和价值实现**（图 5-1）。

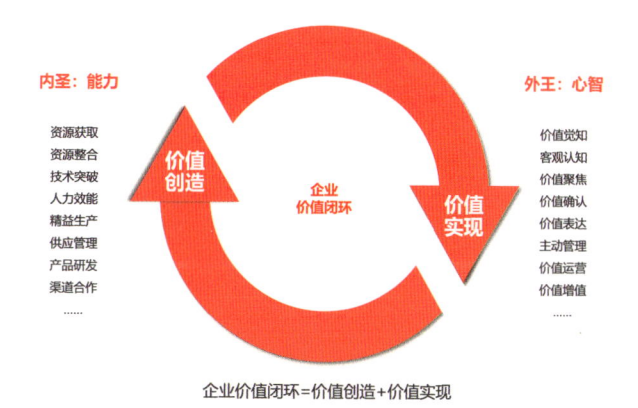

图 5-1 UP·toma 企业价值闭环思考框架

价值创造

若问及企业存在的意义和企业家精神，我们相信绝大部分企业家都会认同价值创造的重要性。企业如同社会的一个细胞，它的存在是为了创造社会价值，不断改善和提升人们的生存和生活状态。

价值创造是中国的企业家，尤其是制造行业的企业家非常熟悉的领域——如何多快好省地通过企业的组织和管理来解决社会问题。这其中包括了一系列的举措：资源获取、资源整合、技术突破、人力效能、精益生产、供应管理、产品研发、渠道合作等。

价值实现

企业价值还有另外一端，即价值实现。企业所创造的价值需要得到消费者、市场、行业和社会的认可和接受，他们是否愿意为此付费，甚至是溢价支付，愿意合作，建立长期忠诚的关系，这些都是价值实现的过程。

价值实现是企业对自身价值进行主动管理的过程，使之能够有效地被认知，让企业的商业愿景得以真实地实现。

企业常常存在一个误区，即只要真实呈现自己的价值，消费者心智就能够准确地理解。企业认为只要向消费者展示产品的功能特点、材质等方面，消费者就会认可其价值。然而，如果企业发现自己的产品在市场上不受欢迎，那么它们的第一反应往往是"降价"，或者强调自己的产品拥有更高的"性价比"。这种行为表明企业的价值实现端受挫，同时也会降低自身的价值。

价值的实现取决于消费者心智对价值的综合反应。消费者心智通过感知、识别、评估、反馈等环节，对价值产生认知，并最终形成连接。每个消费者都有自己的判断标准，如果企业不会用消费者能听懂的语言"翻译"自己的价值，那么这个价值可能无法在消费者心智中立足，甚至企业的品牌信息都无法引起消费者的注意。因此，企业需要用消费者能够接受的方式去传递自己的价值，以真正实现价值。

价值实现需要一个长期且持续的过程，它涵盖了价值觉知、客观认知、价值聚焦、价值确认、价值表达、主动管理、价值运营、价值增值等多个方面。价值并非静止的概念，也不是一个不变的结果。相反，价值可以被创造、生长和消亡，就像一个生命体一样。

品牌最核心的作用，就是帮助企业实现其价值。

价值闭环即"内圣外王"之道

企业的价值创造和价值实现是相互依存、不可分割的两个环节，它们共同组成了一个完整的价值闭环。可以借用中国哲学中的"内圣外王"来类比，价值创造代表着企业内在的硬实力和素质，价值实现则是企业的外在表现和影响力。只有内圣外王兼备，企业才能够实现持续的发展和成长。

举个例子，小米的商业愿景是改善商业世界中常见的低效率运作。在价值创造方面，小米采用了"投资+孵化"的竞争战略，通过风险投资建立生态系统，与小型硬件创业公司共同满足市场需求和承担风险，并不断提高供应链效率。就这样，小米建立了能力优势上的竞争壁垒，以一流的品质和紧贴成本的定价来优化其业务。

小米在价值实现方面擅长连接消费者的心智。它们采用了"为发烧友而生"的品牌标识语，将消费者转化为"米粉"，并让他们参与产品的设计和推广。此外，小米还强调产品的"高性价比"，并将品牌使命表达为"始终坚持做感动人心、价格厚道的好产品，让全球每个人都能享受科技带来的美好生活"。这种"高性价比"的品牌价值聚焦与表达使小米创造了一个庞大的商业帝国。

显然，小米的价值闭环是清晰且完整的。**品牌的作用力可以帮助企业在外部心智中落实企业的核心竞争力，形成加强回路**（图5-2）。

图 5-2　小米的价值闭环
（注：图片来自百度和小米公司官网）

　　小米的例子表明，企业在创造价值和实现价值方面都需要付出努力。然而，很多企业存在一种错误的想法，即只要创造出价值，实现价值就会自然而然地发生。这种想法常常表现为"酒香不怕巷子深""路遥知马力，日久见人心""只要我们足够诚信、产品足够好，市场就会认可我们"。如果这些想法未能实现，企业家就会感叹，因为我们不会做"花活"，不会做广告，所以"劣币驱逐良币"了。

　　其实这种感叹是由于忽略了"价值实现"而造成的。我们在品牌上常说的"核心价值定位"和"价值主张定位"就是用来贯穿两端的工具。具体的定位工具将在本书的下一个部分详细讲解。

　　在这里，我们希望企业能够明确一个重要观点：**凡有价值，必须表达；凡有价值，必须确认**。企业的价值必须要向目标群体进行有效的沟通和表达，并且得到他们的确认。**只有被表达和确认后的价值，才能算作品牌资产**。这就好比买了一套房子，投入了巨款，必须取得了房产证才能确立资产所有权一样。前面的过程只是准备，真正的资产是通过房产证来明确的。

　　企业的价值是非常重要的，如果不由企业自己去定义、表达和确认，就会被竞争对手代为传播，导致企业的价值被贬损。因此，企业必须自己定义自己的价值,并不断向市场进行有效的表达和确认,以获得价值共识。

人的心智如何认知企业的价值是企业自己的事情,定义权理应在企业自己手中。

在企业的价值实现过程中,一个非常重要的概念是心智的关键联想定义权。

那些成功在市场上建立独特甚至不可替代品牌的企业,本质上是赢得了目标群体对其核心价值的认同,甚至在某个关键联想(通常是一种价值认知)方面拥有了定义权,使品牌与该关键联想紧密联系,成为别人价值叙述的方式。这种心智特权对人心的影响力非常大。

例如,当人们对汽车最看重的需求是"安全"时(特别是孕妇、老人和幼儿家庭等群体),他们最先想到的汽车品牌是"沃尔沃"。这说明沃尔沃品牌已经成功地定义了这些群体心智中与"安全"相关的关键联想。"安全"是沃尔沃汽车品牌的价值认知与价值共识。怎么才算是"安全的车"?沃尔沃曾经给出过"从未死过人"的定义,这个概念已经牢固植根于人们的心智,几十年里一直影响着目标消费者的购买决策(图 5-3)。

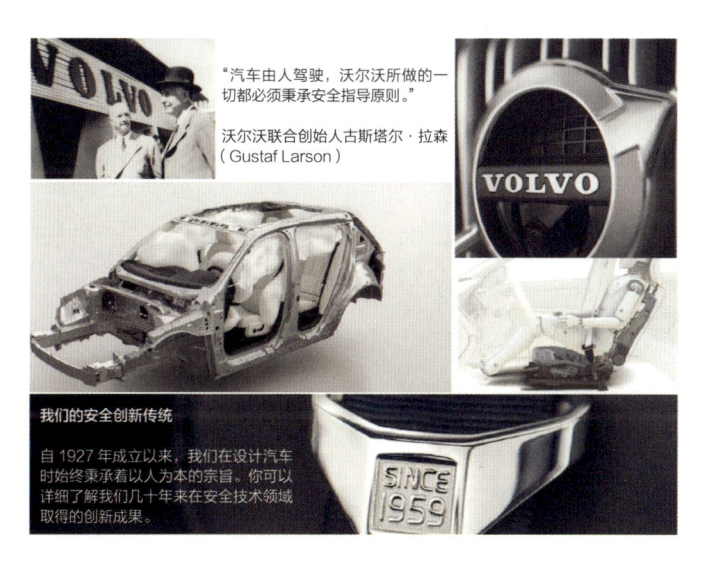

图 5-3　沃尔沃的品牌表达

(注:图片来自沃尔沃官网)

另一个例子是蒂芙尼（Tiffany&Co.）珠宝品牌。在几十年前，人们在购买婚戒时普遍采用的标准是"货真价实"。然而，蒂芙尼通过定义什么是高端婚戒，在中国市场上取得了成功。它们的六爪镶嵌钻石戒指成为许多女孩子梦寐以求的结婚戒指。此外，蒂芙尼的品牌主题色"蓝色"也成为"纯爱"的象征，这一定义已经深深植根于人们的心智，并且使许多其他领域的女性品牌都在争相模仿（图5-4）。

图5-4　蒂芙尼的品牌表达
（注：图片来自蒂芙尼官网）

当人们目睹许多珍稀动物被残忍杀害和贩卖时，他们是否会自然而然地想起国际公益组织"野生救援"（Wild Aid）所传达的一句话"没有买卖，就没有杀害"？在此之前，人们对于动物保护的认识仍然停留在一群不畏艰难的保护者在可可西里无人区寻找藏羚羊的印象上。然而，这句话的出现让人们意识到，动物保护和我们每个人的消费息息相关。通过不吃鱼翅，不购买虎制品、象牙制品等方式，我们也可以保护野生动物。这是一种被群体共享的叙事方式，也就是一种价值共识。

价值通常是一个抽象的概念，例如"安全""纯爱""动物保护"等。将价值具象化，使其能够被人们所感知是非常重要的。**那些能够将价值概念具象化的人，就有机会为其定义**。一旦这个价值被确立，其他人想要推翻它就会非常困难，成本也会非常高。卓越品牌的叙事方式可以影响整整一代人。从商业的角度来看，这是一种影响人心的竞争力，也是我们迄今为止发现的品牌存在的最高形式。

品牌作用力：
让企业创造的价值得以实现

我们之所以采用更多的篇幅来详细阐述价值闭环理论，是因为价值闭环是企业正确理解品牌作用力的重要思考框架，企业必须站在品牌思维的角度去理解品牌，否则品牌能发挥的作用是极其有限的。与品牌思维相对应的是我们看到的一个普遍现象，即企业擅长价值创造，但常常忽略了价值实现。

很多企业投入大量的时间、精力和资金，在设计和生产出令自己满意的产品后，却在推广时遇到了难题。他们非常清楚产品的构成和使用功能特性，但是在向消费者或客户介绍品牌时，却不知道如何表达才更具吸引力。有些人甚至认为，好的品牌表达已经被竞争对手用完了。在投入销售并获得实际销售数据之前，产品设计者一直担心产品是否是伪需求，或者在市场上是否能够有足够的差异化，能不能获得立足之地。也有许多制造型企业完全将产品流通的环节交给渠道商，自己则被动地等待市场的反馈结果。

很多企业先有产品，再思考如何销售，即使在那些领先的、知名的大型消费品集团中，这种情况也非常普遍。我们在咨询工作中发现，绝大部分的新品牌建设案例都属于这种情况。这个现象暗示着一个问题，即企业倾向于用制造思维来看待品牌。

不同思维下的品牌作用力呈现

在制造思维下，品牌被理解成了为"销售"服务，是形象包装、卖点提炼、渠道投放等短期动作，被视为市场投放环节的高额费用。企业与消费者之间的关系被视为买卖方的博弈关系。制造思维下的企业期望着将一款产品卖给尽可能多的人（图5-5）。

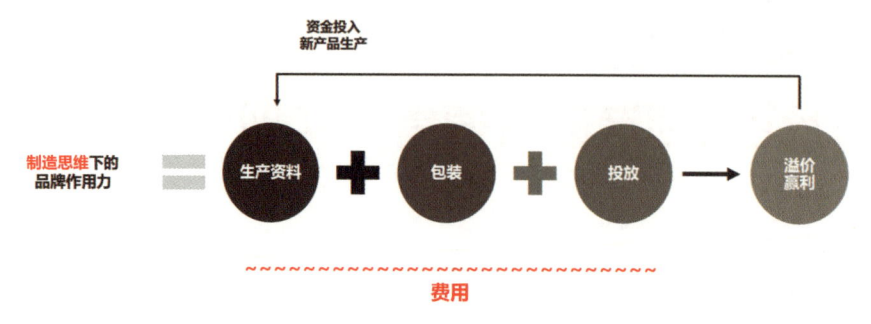

图 5-5　制造思维下的品牌作用力

制造思维下的品牌作用力 = 生产资料 + 包装 + 投放

如果企业站在品牌思维的角度去理解品牌时，我们可以看到另外一种完全不同的影响力发挥方式（图 5-6）。

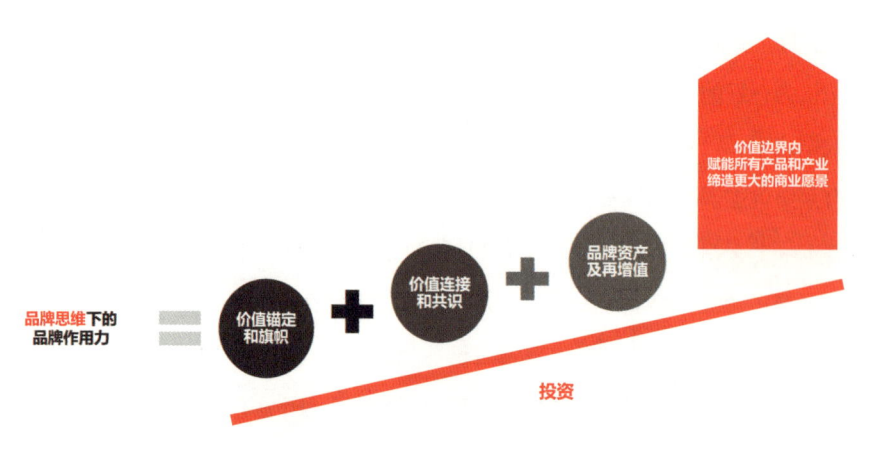

图 5-6　品牌思维下的品牌作用力

品牌思维下的品牌作用力 = 价值锚定和旗帜 + 价值连接和共识 + 品牌资产及再增值

这个等式的具体解释是，企业通过确认自身内在价值，并在市场上树立鲜明的价值旗帜，吸引、筛选、匹配一群能与之建立价值共识的目标人群。在明确的边界内，企业不断重复这个动作，强化与目标群体的价值共识，最终在消费者心智中形成积极、稳定、一致的联想，从而沉淀品牌资产。品牌资产可以不断赋能企业的价值发展，实现再增值。品牌资产是企业可以穿越时间的商业方案之一。

凯度大中华区首席执行官王幸女士在每年的排行榜发布会上都会反复强调一个观点：品牌是一项投资，而不是费用！她之所以这么强调，是因为尽管"品牌很重要"的观点在商界已经得到广泛共识，但在日常管理中，很多企业家却仍然把品牌的投入当成是一笔"费用"而非"投资"，使得品牌的力量很难被完全发挥。

拼多多的创始人黄峥在《透视黄峥：用价值投资思维做公司》的采访文章中，给出了一个关于资产和费用的解释："资产和费用的区别在于，随着时间流逝，对加深生意的护城河有利的是'资产'，而那些时间越久、消耗越大的则是'费用'。如果把创业过程中的各种决策都当作投资决策，那么我们需要去分辨，我们用时间和钱换来的东西哪些是资产，哪些是费用。"

拼多多在 2018 年拿下了央视世界杯直播赛前广告位，赞助了热门综艺节目《极限挑战》、《快乐大本营》和《奔跑吧，兄弟 2》等，这些投资被管理层视为长期投资。通过持续的投资积累，拼多多在消费者心中建立了一个稳定、积极、一致的品牌形象。虽然这些投资在报表中显示为费用，但实际上它们是拼多多购买的无形资产。

黄峥的这个说法就像在一线城市生活时租房和买房的区别。租房是"费用"，而买房则需要每月还贷款，同样也有一笔支出，但最终会得到一份"资产"。

许多企业认为，通过将大量的资金投入传播领域，品牌可以在短时间内快速建立。然而，这种做法只能让品牌知名度暂时爆发，却无法构建真正的品牌资产。要形成品牌资产，除了知名度，还需要有品牌的认知度、信任推荐度、独特性等多个方面的构建。因此，企业必须在核心价值上不断积累，让每一个和消费者沟通的触点、每一个活动、每一项成本支出，都构成品牌资产的一块砖。这种行动叫作品牌的有序积累，品牌资产需要被细致、有规划地管理，类似金融资产。

与单利行为不同，品牌是复利行为。交易达成后，品牌资产还能继续沉淀，不断增值。有序和无序之间存在天然的资产鸿沟，品牌的规划和管理，以及品牌工作的细致程度，是考验品牌是否能够跨越这道鸿沟的关键因素。

基于品牌思维，我们在理解企业价值创造和价值实现的时候，会有不一样的视角。比如：

- **价值创造始于人的心智所盼**。一个未满足的生活需求、一个急需解决的社会问题，以及企业可以让什么成为可能。企业最高的发展方向是品牌愿景。
- **核心价值**。企业所有的业务发展、投资、能力积累、运营管理都是围绕"核心价值"展开的。
- **以果为因**。品牌工作（价值实现）是前置的，为企业的价值创造提供人的心智的需求依据。
- **价值对话**。企业的内外部始终处于一种价值对话的模式。消费者和客户不仅是价值的获益者，同样也是价值创造的参与者。同时，员工不仅是价值的创造者，也是最重要的价值表达者和传递者。

我们并不是否定制造思维，而是倡导企业应当具有多元思维。在品牌管理这件事情上，我们只有用品牌的思维方式去管理品牌，才能发挥品牌的真正价值。

品牌为企业带来价值认知优势

制造思维是基于企业内部的能力来解读商业的方式，它可以为企业建立竞争优势。而品牌思维是基于企业外部人的心智来解读商业的方式，它可以为企业建立竞争优势。尽管两者都可以为企业构建竞争优势，但它们却是从不同的层面进行，因此有本质的不同（图5-7）。

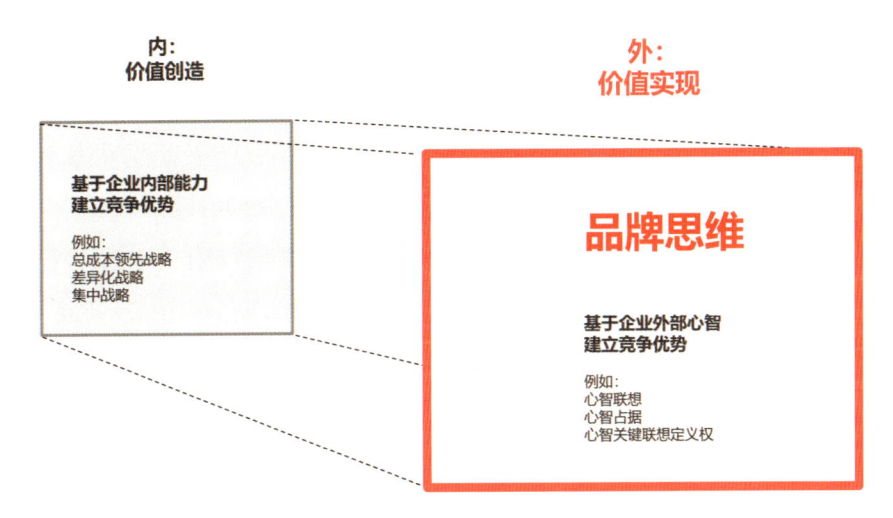

图 5-7 企业竞争优势的两个来源：内部能力和外部人的心智

关于依靠企业内部能力建立竞争优势，我们可以从迈克尔·波特（Michael Porter）的三个竞争战略中获得更多的理解。《竞争战略》（Competitive Strategy）中提到的三种战略：总成本领先战略、差异化战略和集中战略。

- 总成本领先战略，即通过建立大规模的高效设施来严格控制成本和管理费用，并避开次要客户，在诸如研发、服务等领域实现成本最小化，从而保证价格优势。
- 差异化战略则是通过提供独特的产品或服务，包括独特的技术、功能、形象等形成竞争壁垒。实行差异化战略，通常需要企业在营销、产品工程、创新、基础研究、渠道合作等多方面有突出能力，同时也意味着企业部门之间的协作性更强，有更高水准的劳动力和创新人才。
- 集中战略则是避开实施大布局战略的竞争对手，转而服务较小、具有特定目标的对象，兼具低成本和差异化这两种优势。

然而，依靠能力所建立的竞争优势很容易陷入瓶颈。

总成本领先，在消费端的表现为低价或是高性价比。市场里的竞争者最擅长的就是"价格战"，平台补贴、节假日红包、尾货清仓、双十一促销、大牌平替、直播间特价、团购价……玩法五花八门，不断提高消费者的价格敏感度。长此以往，容易伤害企业的创新力度，进而伤害企业的可持续性发展。

差异化战略同样如此。差异到什么程度，单点功能极致到什么程度，消费者才有明确的差异化感知？同质化竞争一直都是企业在市场上面临的最大挑战。

2011年，杨元庆在《致联想集团员工的一封信》中曾说过一句话："你真的只有把自己锻炼成火鸡那么大，小鸡才承认你比它大。当你真的像鸵鸟那么大时，小鸡才会心服。只有赢得这种心服，才具备了在同代人中做核心的条件。"然而，在一个充满市场竞争的环境里，真正能成为"鸵鸟"的比例有多少？或许不足1%，那么剩下的99%的企业都属于"小鸡"，它们应该如何获胜？

兵法有云：攻城为下，攻心为上。在企业采取的市场竞争战略里，能够真正建立竞争边界的，不仅能依靠企业能力，还可以依靠外部人的心智。人的心智中包含更广阔的市场空间，我们称为"心智战场"。

企业创造的价值可以与人的心智所需进行连接，从而创建一些关键联想并占据这些关键联想，甚至可以在心智中对这些关键联想进行定义，从而获得人的心智对价值判断的影响力。

我们将以农夫山泉、百岁山和元气森林三个品牌为例，阐述价值认知优势的具体表现。

1998年，农夫山泉崛起之时，早已有娃哈哈、康师傅、乐百氏等品牌，其中娃哈哈已经占据了瓶装水市场的半壁江山。农夫山泉从一个成立仅两年的小厂，短短几年内便跻身瓶装水市场的前三名。这其中最关键的一步是将"味道"——"农夫山泉有点甜"——深刻植入消费者的心智认知中。尽管这句话只作为标识语且使用的时间非常短，但即便过了二十多年，它依然被那一代人铭刻在心中。实际上，农夫山泉的水是否真的甜呢？并不一定。

2000年，农夫山泉转型为天然水品牌，将目标对准了纯净水市场，将水的认知划分为"健康"和"不健康"两个维度,提倡"好水喝出健康来"。2007 年,农夫山泉用同样的认知划分手段攻击了"矿物质水"。自此以后,农夫山泉一直是中国瓶装水市场的"领头羊"。品牌的标识语从"我们不生产水,我们只是大自然的搬运工"升级为更高层次的理念,"什么样的水源,孕育什么样的生命"。尽管品牌内涵不断优化升级,但"健康天然水"这一价值认知支点从未改变,反而不断得到强化(图 5-8)。

图 5-8　农夫山泉广告
(注:图片来自百度)

很多人误认为农夫山泉的成功仅仅是因为好的文案或广告创意,但实际上,农夫山泉的成功源于消费者对瓶装水认知的转变。随后出现的品牌,例如"水中贵族"百岁山,也采用了类似的策略。百岁山在品牌调性和中高端定位上做了区分和升级,但在人的心智认知维度上,没有像农夫山泉那样成功地扭转认知。近年来,元气森林在消费者的心智认知中找到了一个新兴的空白细分市场,推出了一款"0 糖 0 脂 0 卡"的果味气泡水,成功解决了消费者的痛点,从而成为一个估值百亿元的品牌。

从认知的角度来看，元气森林之所以成功，是因为它们成功地划分出了年轻一代消费者心智中的"有味但不长胖"的认知，颠覆了人们心智中的"好喝的会胖，不胖的不好喝"的刻板认知。这个认知同时也是一个痛点，而元气森林的解决方案就是推出了一款符合这种认知的果味气泡水（图 5-9）。

图 5-9　元气森林产品

什么情况下，品牌作用力更大

当企业受限于能力发展时，品牌作用力在价值实现端的投入更为重要。以下情况下，品牌作用力更大：

- 市场同质化严重，竞争压力大。如矿泉水、果汁、可乐等饮料品牌。
- 决策重大、流程长。如医疗设备。
- 购买需要谨慎，风险大。如婴幼儿相关产品、非处方药品等。
- 有关产品的服务和经验易于在消费者或客户之间传播（口碑）。如护肤美容产品、餐饮等。
- 在下单前，消费者很难评价质量的信用产品。如金融类产品。

这些特性的产品在价值创造端的投入对外部的感知度较弱，需要在价值实现端通过品牌的作用去强化。

价值生长的逻辑：扎根、成长、缔造

上文中我们提道：

品牌作用力 = 价值锚定和旗帜 + 价值连接和共识 + 品牌资产及再增值

这三个步骤揭示了企业价值生长的逻辑。

经过多年的学习、探索和实践，我们发现企业是一个动态的、目标导向的、产生结果的生命体。企业的价值也是如此。只有将企业价值视为一个生命体，我们才能知道品牌在企业的不同价值成长需求中可以起到哪些具体作用。

企业价值的生长分为"扎根、成长和缔造"三个需求（图5-10）。

图 5-10　企业价值实现的路径

（注：图片来自 Unsplash 网站）

在"扎根"需求下，企业最大的诉求是生存，也就是满足生命体的本能需求。企业需要将自身的能力作用于需求端，形成价值转化，从而才有获得赢利的可能性。品牌在这个需求下的作用力是"价值锚定和旗帜"，也就是说，品牌机制帮助企业和企业价值找到最适合的土壤去扎根、发芽，让企业在目标心智认知中获得一个生态卡位（也叫心智卡位），并通过树立鲜明的旗帜，将自身的价值对外宣告，让那些可以共建价值共识的人被主动吸引过来。因此，品牌其实是一种"吸引力"，而不是单纯的推广力。

价值生长的第二个需求是"成长"，从个人的角度来理解就是发展社会关系。在这层，企业最大的诉求是连接一切相关利益方，吸取更多成长所需的能量，从而拓宽生长空间，让自己置身于或构建一张更大的价值网络。

企业需要向外界传达自己的价值观，与相关利益方建立"价值连接和共识"。这些相关利益方不仅包括目标消费者，还包括员工、合作伙伴、供应商、渠道商、资本方、公众、媒体和政府等，甚至还需要跨越不同行业，开创全新的价值链。

需要强调的是，品牌并不适用于所有人，它有着明确的价值边界和区隔。品牌通过深度的价值连接，经由长期主义的积累，以此来对抗时间的冲刷。

价值生长的第三个需求是"缔造"，从个人的角度来理解就是寻找和践行意义，并找到更长时间停留的可能性，对社会留下更多的影响。企业在这个阶段也需要追求最高的可能性，实现商业理想和为社会做贡献，并实现基业长青。在这个过程中，"品牌资产及再增值"的作用力显得尤为重要。企业需要找到企业内部不变的、随着时间增值的软性力量，以在更长的时间里赢得力量，并对市场、社会和时代产生影响。

价值生长的三个需求并非独立存在，而是同时存在的。不同发展阶段的企业，品牌力发挥的作用有所侧重。企业规模大小也不是决定因素，即使是万人规模的企业，也可能面临生存危机，而有一些小而美的企业，商业闭环清晰且完整、赢利能力强、市场和社会号召力大，它们在缔造一个个牢固的商业城邦，并追寻更好的商业表现力。在"缔造"需求下，品牌应该帮助企业进入良性的价值再增值过程，不断巩固价值创造的核心逻辑。因此，理解企业目前价值生长的需求方向，可以帮助企业更好地制定战略，实现长期可持续发展。

下面我们将阐述在三个需求和品牌作用力下，品牌带给企业的价值认知优势。我们将明确回答企业建设品牌具体有哪些好处。

扎根：
"价值锚定和旗帜"带来的 7 个优势

我们之前提到，价值实现中非常重要的工作之一就是价值聚焦。也就是说，帮助企业、某一个业务或产品在目标受众心智中找到可以形成共识的锚点，从而树立起核心价值的发展方向。企业需要对外宣告价值主张，以吸引和号召那些志同道合的人。品牌作用力的"价值锚定和旗帜"是企业实现价值的第一步。

在价值还未被确认和宣传的阶段，企业从品牌机制上获得的竞争优势转化，通常更多地起到提升价值创造效率的辅助作用。

品牌作用力的"价值锚定和旗帜"可以为企业带来以下 7 个优势：

- 聚焦能力。
- 指导产品生产和设计。
- 突破现有实力。
- 品牌重塑——焕发商业新生机。
- 可被识别即可被选择。
- 消费吸引力和预定。
- 溢价。

聚焦能力

要塑造卓越品牌，企业需要聚焦内部能力，集中资源办大事。在品牌认知方面，也应遵循聚焦原则，不必在产业链的所有环节上全面开展工作，而应更注重局部打穿，让价值创造和实现贯穿于一线，保持人的心智认知与内部能力支持的一致。

继续以农夫山泉为例，该品牌在确定"天然水"这一认知后，不仅通过广告来强化印象，还在内部能力上做了大量强化工作。例如，启动了"寻源活动"并重点将长白山作为品牌水源地的形象代表，以强化消费者对"天然水"的品牌认知。其内部能力和品牌认知相辅相成，因此市场对其的喜爱和信任程度都非常高。

指导产品生产和设计

品牌思维中最重要的一点是以目标消费者的心智为中心。企业应该先确定目标群体，然后了解他们的需求、动机、偏好、感受，以及接收和学习产品信息的方式。以此为基础，企业可以反向推导出能满足目标消费者需求的产品特点，如产品的功能、外观、包装风格和品牌信息的传递方式。因此，产品是品牌的一个重要触点，且必须以目标消费者为中心。

这些信息应该在产品被设计和规模化生产之前就被聚焦和明确，只有这样才能更有效地保证投放市场的产品是符合消费者真实需求的。

举个例子，有一个创业者想开一家高端民宿，他圈定的目标消费者是一线城市高净值人群。那么他做的第一件事情就应该是亲身体验一下这群人的生活习惯、出行习惯，只有这样他才能知道洗漱台做成多大才能放下他们所有的护肤品和化妆品，房间里应该有专门的茶台对着窗外，顾客携带的名牌包包有专门的摆放位置……他只有反复推敲和设计必备的、充满惊喜的品牌体验环节，才能有足够的竞争力去面对即将到来的市场竞争。

突破现有实力

品牌可以帮助企业突破现有实力，赢得更大的发展机遇。

人的心智认知是企业给予目标消费者的价值承诺，内部能力必须为此做支撑，并践行这个承诺。品牌在市场上有认知，但若品牌所属企业的内部能力很弱，就等于客户价值承诺与实际交付不符，会加速品牌的死亡。反之，若企业有内部能力，但没品牌认知，品牌就很容易沦为别人供应链上的成本环节，任人宰割，最后被迫卷入价格战。

综上，企业良好的状态是，内部能力和认知动态相符，但是内部能力暂时落后没有关系。品牌对外认知塑造是强调"未来可实现能力"的，可以先表达、再积累、后实现。

在品牌思维方面，企业家应该抛开一个误区，即认为自己的能力不足就不应该"大声说话"。这种想法可能是受到了儒家文化中"君子耻其言而过其行"和"君子执仁立志，先行后言"价值观的影响。

事实上，企业可以说多少就做多少，甚至可以表达自己未来可实现的志向和价值。人们关注和喜欢一个品牌，是因为品牌所代表的理念、态度和行为是线性的、动态发展的，而不局限于眼前。因此，我们经常听到有一种企业是"产品驱动型"，另一种是"愿景/使命驱动型"。后者发布的"概念产品"同样能吸引市场的关注和获得消费者的喜欢，增强消费者对品牌的好感度，甚至为实现这个概念而付诸行动。

因此，企业家应该勇敢地表达自己的品牌理念和愿景，并通过不断提升自己的能力来实现这些愿景。这样做可以增强消费者对品牌的信任和好感度，进而促进品牌的发展和壮大。

品牌重塑——焕发商业新生机

无论是企业、商业、产品还是业务，它们都有自己的生命周期。当它们处于衰退期时，品牌重塑就是一种有效的方式，可以让品牌焕发新的生机。品牌重塑是重新定位衰退期品牌主体的价值，以一个新的面貌重新回到市场。

品牌重塑可以有效地解决品牌形象老化、目标消费者群体流失等问题。常见的现象是，资本市场会低价购入衰退期的品牌主体，通过重塑的方式让该品牌获得更高的估值，然后再将其重新出售赚取差价，或者长期持有以获得持续的现金流。

可被识别即可被优先选择

一个好的品牌必须具备高度可识别性。只有被识别，才能被选择。卓越的品牌可以在与消费者互动的瞬间引起他们的注意、唤醒情感、激发联想，从而形成认同并激发购买意愿。当消费者能够从众多类似产品中选出某个特定的产品时，就意味着他们已经认知、理解并喜欢该品牌的产品。

高度可识别性主要指视觉和语言的设计。在与消费者的沟通中能有效地传达产品的功能、特点、目标人群、价格等信息，让消费者迅速形成判断：这与我相关。高度可识别性并不仅是指好听的名称、优美的文案或漂亮的包装，而是与消费者有足够的相关性。

除了视觉上吸引消费者超 75% 的注意力外，卓越的品牌还可以通过激发消费者的"六识"来强化识别，包括"眼耳鼻舌身意"。例如一款网红蛋糕品牌（图 5-11），将撕开包装时的"气泡声"作为一种识别记忆点，彰显了其与众不

图 5-11　广莲申蛋糕包装

同的特点。类似的例子还有当年红极一时的"来一桶"方便面，将气味做到极致，泡开时的香味足以让一层楼的人垂涎三尺，从而迅速扩大市场。

可识别性是品牌塑造中一个非常重要的观点：与其更好，不如不同。

消费吸引力和预定

当企业产品拥有品牌时，消费者会主动来找你。品牌的目的是"引诱"消费者接近自己，而不是让企业费尽心机地去寻找消费者。

我们从百度指数（图5-12）中可以看出，消费者会主动搜索品牌相关的信息，并想要了解更多。因此，我们可以通过搜索量来判断品牌在特定时间段内的受欢迎程度。

图5-12　5个品牌在2021—2023年三年内百度日均搜索指数
（注：数据来自百度指数）

当消费者清晰地知道某个品牌的价值，并且与该品牌产生了丰富的联想感知时，这意味着在他们的心中，对该品牌的选择是优先于其他品牌的。这就相当于在消费者的心智中完成了一次品牌预定，使得他们更倾向于购买该品牌的产品或服务。

溢价

品牌的溢价效应是企业追求的重要品牌效果之一，因为它可以带来更高的利润率和更高的市场份额。

举个例子，一杯星巴克咖啡和一杯不知名的咖啡，即使在质量和口味相同的情况下，部分消费者仍然愿意支付更高的价格去购买星巴克咖啡，因为他们认为这个品牌具有独特的价值和品牌形象。这种消费者对品牌价值的感知差异就是品牌溢价的基础。

很多企业认为溢价来自附加价值，但我们认为更准确的说法是，溢价首先来自人的心智，也就是对需求场景的判定，人的心智决定了消费者愿意支付的价格区间。

举个简单的例子，如果一个杯子只是用来喝水，消费者愿意出价10~30元；如果一个杯子用来送领导或师长，消费者愿意出价100~300元；如果一个杯子具有纪念意义，被放在纪念馆里，那么它有可能是无价的。

很多企业存在一个误解，即认为只要换个漂亮的标识或包装，就可以轻松地将产品卖到更高的价格。然而，这种想法忽略了品牌溢价效应的复杂机制。虽然好看的包装确实可以提高产品的价值感知，但要获得巨大的溢价空间，还需要从多个方面入手。

奢侈品品牌的高昂价格常常难以被普通消费者所理解，甚至引起了他们的不满和愤怒。但是对于那些高收入的群体来说，他们需要一些能够帮助他们强化自己身份和地位的产品，这些产品的价格对于他们来说是合理的。这种圈层区隔是他们心智需求中的一部分，品牌则为他们提供了一个明确的价格区间。

奢侈品品牌采用的是品牌思维，而不是采用"货真价实"的制造思维。我们再次强调，企业不能用制造思维来建设品牌。

第二部分　品牌作用：品牌能帮我们做什么

成长：
"价值连接和共识"带来的 6 个优势

当企业价值快速提升时，企业需要实现价值的阶段性目标，这要求企业与更多数量、更多类型的相关利益群体建立联系，以建立更高层次的价值网络，从中获取所需的快速成长的养分。通过价值实现连接和共识，企业可以在与多个相关利益群体建立联系的情况下快速获得发展的力量。因此，企业需要注重与各方进行沟通，建立良好的合作关系，以实现自身的价值成长和发展。

品牌作用力"价值连接和共识"，可以帮助企业获得以下 6 个优势：

- 传播杠杆带来降本提效。
- 长期自有流量/客户忠诚度。
- 市场权力。
- 主动交易和定价权。
- 价值链联结。
- 品牌联合增加交易机会。

传播杠杆带来降本提效

为什么企业要做品牌？毕竟，做品牌需要先投入资金去建立与外部人员的价值连接和共识，而这种连接和共识并不能直接转化成收入。大多数企业更愿意采取保守的销售模式，即成单才有销售分成，销售分成是企业看得见、可掌控的成本。

其实，没必要将销售和品牌对立，**销售是推动力，而品牌是拉动力**。它们是企业可以同时拥有的两股不同方向的力量。至于企业在特定时间里想要侧重哪种策略，完全取决于企业自身的条件和情况。本文罗列了销售和品牌在市场效力上的不同表现。

品牌是企业增长的拉动力。

品牌的第一个市场拉动力，是一种"守株待兔"的方式。品牌沟通是表达自己，然后让同频共振的人来主动找自己，这也是很多企业认为有品牌自己就能动销的背后逻辑。

品牌的第二个市场拉动力是品牌的市场沟通效率远远高于销售。

销售更多的是依靠渠道的自然跑量、促销让利，或者销售人员的一对一说服。在销售效率上是小范围的、有管理半径的。

销售靠人际的强关系、强沟通。这就产生了很高的沟通、时间和维护成本。比如，在县城或农村的便利店铺货，企业销售员得准备海报、整理货架、和店主聊天，此时讲究情分到了，才能优先推荐企业的产品。销售人员要付出职能以外的情绪价值、陪伴价值。

单个销售要同时承担顾客的吸引、开发、甄别、推荐说服、维护等一系列工作。这对销售人员的职业技能和素养要求非常高。对于企业而言，培养、提升和留住一个优秀销售的成本也随之水涨船高。

相比之下，品牌是弱关系，它可以做到更快、更广泛地覆盖和吸引消费者，所跨的区域和空间越大，人群基数越大，品牌的效率就越高。企业可以将品牌视为一种传播杠杆，在特定情况下，品牌能起到明显的降本增效的作用。

品牌承担了吸引、甄别和说服消费者购买的工作。在以品牌为驱动的销售场景下，消费者在见到销售人员之前就已经完成了对产品的了解和认同，这时候的消费者本身就是具有很高购买倾向的目标消费者。在这种情况下，销售人员承担的工作是展示产品的参数、服务细节以及后续的安排，这对销售人员的要求大大降低。

互联网实现了一个端口面对全国的目标消费者，这也使得品牌获得了空前的重视。由于品牌带来的信任感，消费者对某些高投入决策的产品，比如冰箱、电视机等，也逐渐改变了线下"眼见为实"的习惯，转而通过线上购买，仓库直接配送，进一步降低了企业关于自建门店、渠道铺货和销售人员培养管理等重资产的投入。

对于无实物产品或者 B2B 服务，最大的成本来自沟通和获取信任，供应方需要提供很多证据链才能证明没有交付和售后风险，显然，品牌就是最好的证据链。

品牌第三个市场拉动力是在数字化和无限供应经济时代，品牌已经成为商业要素之一。

长江商学院金融学教授周春生在他的文章《数字经济时代，商业的底层逻辑变了》中提道："数字经济是继农业经济、工业经济之后的一种新的经济社会发展形态，已成为转型升级的重要驱动力，也是全球新一轮产业竞争的制高点。"

在数字化和互联网作为基础设施的经济里，技术、数据一旦产生就永远存在，就可以长期重复使用，没有损耗，没有折旧，这就是要素的无限供给。在无限供给下，供给端不再是制约企业增长的瓶颈，决定企业规模和增长速度的核心因素落在需求端。因此，品牌，尤其是品牌的推荐度就成了新用户能否呈现快速增长的突破口。

也就是说，处于无限供应经济的企业，比如腾讯、阿里巴巴、拼多多等，其品牌本身就是构成商业的要素之一，是核心资产。而处于农产品、制造业等传统的经济模式的企业，其品牌倾向于扮演辅助销售的角色，成为企业"流通和交易"活动的助力。

长期自有流量 / 客户忠诚

在互联网时代的商业世界中，品牌是企业自有的流量，可以长期获得稳定的客源，即忠诚客户。流量思维在商业中变得特别重要，因为获客是成交的前提。在互联网的作用下，获客从过去由销售员和门店主导的方式升级为超越时间、空间和人力的海量且高效的方式。

流量在商业中确实有红利，但它是一个套利模型。当流量便宜时，企业可以无限引流，但问题在于这部分流量并不属于企业，而属于平台。

获取流量的第一个局限性在于转化能力匹配不上。如果无法充分盘活流量，企业就会一直陷入引流的状态。因为提供流量是平台的一项生意，所以企业的成本会不断上涨，这也会不断蚕食企业的利润。

获取流量的第二个局限性在于即使引流和转化非常有效，但用户的留存能力也未必会更强。例如，在网红人员的直播中，顶尖网络红人几个小时就可能为企业带来几万元、几十万元的成交金额。然而，直播平台最重要的选择标准是性价比，越是成功的网络红人要求就越苛刻。企业的投入大多是亏本赚吆喝，有时甚至连赚吆喝都算不上，因为消费者关注的是主播本身，而不是品牌。在直播过程中，消费者对品牌的印象很浅，因此重复购买的概率就很低。

解决这个问题的方法在于建立品牌。品牌可以让企业成为"网红"，成为信息发布的核心，从而吸引更多人前来。品牌必须注重消费者的认同感和忠诚度，通过消费者的重复购买来发挥品牌作用，并贯穿整个消费者生命周期，这样才能从根本上减少对流量的依赖。

流量和品牌应该相互配合，以品牌为出发点和终点。企业在市场中传播的信息应该是规划和规范过的品牌关键信息。而引流过后，这些信息应该在消费者脑中长期留存，并得到进一步加强，从而形成品牌资产，为持续发展做好准备。**品牌是企业长期的、自有的流量密码。**

市场权力

这一项优势主要适用于那些在行业中具有影响力的企业。市场权力是指企业在行业生态中具有决策、影响和引领能力。**拥有市场权力的企业通常也**

是行业规则的制定者和领先者。如果品牌构建有效，那么可以采用高打低的竞争方式，在战略上占据制高点，通过"权力"感的展现获得市场信任，优先获取行业资源并在谈判中获得议价能力，最终获得竞争制胜权。

市场权力不局限于排名前列的企业，较落后的企业也可以通过品牌塑造获得市场权力，占据行业领先地位。

品牌市场权力的获取方式主要有两种类型：规模地位型和生态模式型。

规模地位型企业通过不断推出新产品和领先技术，进入新的相关市场和领域，输出管理经验和品牌理念，向市场持续发声，最终形成一个"行业引领者"的品牌形象。

许多企业喜欢标榜自己的行业地位，采用"行业领导者""世界500强""更正宗"等标识语。此外，还有强调自己是某细分领域第一品牌的打法，这些都是品牌市场权力的体现。

格力便是规模地位型企业的典范，其品牌发声更多集中在专利、新技术研发带来的产品创新等方面。格力的形象代言人董明珠也是一种权力感的象征，她在公开场合的形象塑造集中体现其"女霸总"的个人品牌定位。

另一种品牌市场权力的获取方式是生态模式型，以满足消费者某一需求和体验为核心，整合不同行业的合作伙伴，共同打造独特的价值。例如：西西弗书店集合了图书、咖啡、文创产品、玩具等产品，结合商业地产的双向引流协作，使其于广泛亏损的书店品牌中独树一帜，在八十多个城市拥有三百多家连锁店（图5-13）。

由于生态的复杂性，竞争者很难模仿，因此生态模式型是一种获得竞争优势的市场权力拓展方式。许多大型企业，如阿里巴巴、腾讯、京东和小米等，都采用了这种市场权力的获取方式。

在生态模式中，由于跨界合作伙伴的存在，企业不再局限于自己的细分领域，而是不断开拓边界，扩展价值网。品牌的差异化往往来自创新的商业模式，这种模式的核心逻辑是要不断扩大价值网。价值网的边界越大，连接越紧密，市场权力就越大。

西西弗书店 矢量咖啡 不二生活 七十二阅听课

图 5-13　西西弗书店品牌
（注：部分图片来自西西弗书店官网）

周文艺在《生态战略》中提出了价值网理论，针对复杂的供应商，企业应与其开发和共创出"共生、平衡、共赢"的方案。品牌需要帮助企业传递其独特的生存与发展范式、跨行的合作者和多边市场的连接方式，以及它们共同创造价值的方式等信息。

因此，品牌可以帮助企业获取生态中多方协同作战的力量，彼此抱团建立更大的价值网，并获得更大的市场权力。

主动交易和定价权

有卓越品牌的企业通常可以拥有主动交易和定价的权力。

经济学领域有一个概念叫"内循环"，指的是国内的供需形成内在循环，减少外部依赖，改善受制于人的局面。自 2006 年以来，无数生产厂家开始寻求转型，从外贸定点生产（OEM，俗称"代加工""贴牌"）转变为国内定点生产，然后考虑成立自己的品牌以获得更高的溢价空间。确实，国家的经济增长方式已经发生变化，生产要素如人力成本、本地成本等已经逐渐丧失成本领先的优势。企业家已经意识到无法再将成本优势作为竞争力，自主品牌成了新的非常重要的驱动增长因素。

在我们的观察中，厂长和决策者主要关注工艺质量和包装质量，一个图形化的标识可能都暂时不在考虑范围之内。在江浙等地，私人投资成为一种趋势，企业尝试以小成本进入快消品领域，但由于商业闭环不完整，品牌诞生的第一步"价值锚定"就很难建立，更不用说"价值的连接和共识"。

总之，企业家需要重视品牌建设，建立完整的品牌机制，与消费者直接沟通，实现品牌的长期、稳定发展。

从品牌机制的角度如何思考这个问题？

中国企业家擅长生产和管理，却不擅长流通和交易。可如今，大环境更鼓励企业家直接面对市场，与消费者直接沟通，否则就只能做定点生产，成为别人供应链上的一个环节，从而受到利润压制。

品牌在流通交易环节发挥着重要作用，包括主动交易和定价权。有了品牌，就意味着你具备了直接和市场、消费者对话的能力。如此，企业家可以通过洞察市场需求去发现空白市场，从而向供应端定制产品。

品牌可以让企业具备直接面对市场和消费者的能力，从而发现空白市场，定制产品满足消费者需求。目前，很多快速崛起的品牌，如小米、三只松鼠、江小白等，正是因为它们抓住了消费者的心智需求，让成熟的工厂为它们定点生产，从而掌握了交易的主动性和定价权。

作为生产型企业，品牌是长久之计。在市场需求端话语权更强的情况下，企业家应该与市场需求端建立关系、建立品牌桥梁，从而在供需关系中获得更多的资源，避免陷入价格竞争。

品牌界有一个经典案例，就是英特尔（Intel）通过 B2C[1] 弯道超车，成功提升了自己在 B2B 价值链的地位。英特尔曾是电脑供应链上的处理器供应

---

❶ B2C，即 Business to Customer，指企业直接面向消费者提供商品或服务。——编者注

品牌通识：科学系统的品牌全景

图 5-14 英特尔的品牌表达
（注：图片来自百度）

商，后来通过品牌沟通直接面对消费者，获得了主动交易和定价权。这让所有主流电脑品牌都不得不在机身上打上"Intel Inside"（"内置英特尔产品"）的标识。由于拥有了强大的品牌资产，英特尔不再局限于提供处理器产品，而是转型成为以数据为中心的公司，成为涉足半导体和计算创新领域的厂商品牌（图 5-14）。英特尔的品牌资产在英图博略（Interbrand）全球品牌价值排行榜上一直名列前茅。

价值链联结

价值链的概念是迈克尔·波特于 1985 年首次提出的，他认为：企业内部、上下游关联企业、企业所在地区相关部门等都是构成价值链的一部分。

品牌可以帮助企业获取资源和社会支持力量，从价值链的角度来看，企业内部、上下游关联企业、企业所在地区相关部门等都构成了价值链的一部分。企业品牌的影响不仅局限于消费者，还包括员工、合作伙伴、资本市场、政府和公众媒体等，它们都是价值链上的重要环节。企业参与社会分工的广度越深，所需要的社会支持性力量就越大。**价值链上各环节的连接深度决定了企业的综合竞争力，而市场对品牌的认可就隐藏在企业的综合竞争力中。**

当品牌代表的企业外在表达信息足够清晰时，价值链上的资源就会精准匹配到企业，让企业在构建关系的过程中源源不断地吸取养分和能量。这里的品牌信息指的是企业创造价值的方式，包括企业想要解决的问题、企业发展的目标、满足哪些人的需求、构建核心能力的方式等。品牌在这里代表的是价值链上的连接深度，旨在降低沟通和交易成本，同时汇聚资源、强化协作体系、增强核心竞争力。

另外，我们相信**企业是社会力量的集合体，并且是价值链上所有参与者共同创造的事业发展旅程。品牌通过创造价值共识来实现所有人的同频共振**。如果企业不仅是为了赢利，更是为了做一个有意义的事业，让所有的参与者都能从中受益，那么企业和它的事业参与者就是一个创造共同体，为了美好事业而共同努力。品牌的意义是把商业变成一个大家共建美好事业的过程，让每个参与者都成为这个意义的一部分。如此，每个环节对于价值链贡献的力量将更大。

我们有一个互联网创业企业客户，同时被 A 和 B 两家巨头企业邀约纳入其生态体系。尽管这位企业家和 A 巨头接触较早，谈论也很深入，但是当 B 巨头抛出橄榄枝的时候，这位企业家迅速做出了最终决策，果断选择了 B 巨头。因为无论是蓝图设计、商业理念还是发展步骤，这位企业家都深受 B 巨头领导者的影响，他们使用着非常相似的语言体系，可谓是同频共振。他相信自己的企业若纳入 B 巨头的体系，可以更完整地接入 B 巨头的价值链，从而扩大影响圈，创造更大的价值。

品牌联合增加交易机会

品牌联合是指通过与"门当户对"品牌的合作，提升品牌影响力、带来新鲜感、扩大目标人群，从而获得更多的交易机会。跨界联名是品牌联合的常见方式，许多知名品牌之间都在进行此类合作。品牌联合可以成为品牌的价值载体，特定品牌之间的合作也可以基于某些标准进行，从而让合作更容易实现（图 5-15）。

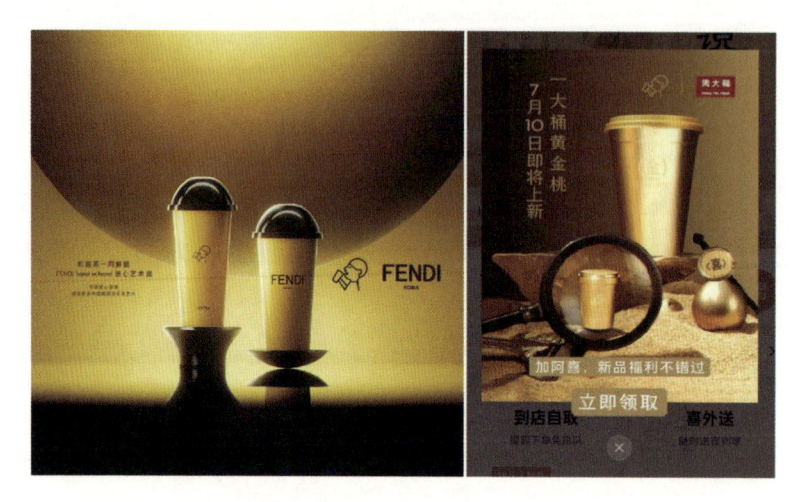

图 5-15　品牌联合：喜茶联合芬迪（Fendi）和周大福推出的饮品
（图片来自喜茶品牌微博和微信点单小程序）

缔造："品牌资产及再增值"带来的 7 个优势

在企业价值的"缔造"需求下，企业家最关注的内容是：寻找企业增值的最大可能性、实现商业理想和社会影响。与之相符的品牌作用力通过以往积累的品牌资产和再增值，帮助企业进一步实现其价值。品牌作用力主要通过辅助企业创建和巩固软实力来促进企业的发展。

在"品牌资产及再增值"的作用下，品牌机制为企业带来了以下几个具体的优势：

- 商业延伸带来增长。
- 企业凝聚力和向心力强。

- 危机中的定力强。
- 人才市场吸引力大。
- 资本市场信心足。
- 基业传承力强。
- 品牌授权赢利。

商业延伸带来增长

企业可以通过商业延伸的方式获得增长，商业延伸的本质是既有品牌资产（关键联想）的重复利用。

在增长过程中，企业可以通过增加新产品、新业务、新品类，甚至进入新产业和新行业来实现这一点。基于已经建立的"价值共识"，即在品牌资产的基础上进行商业延伸，可以事半功倍。新品牌和成名品牌越是统一，企业能获得的资产就越多，商业效率也就越高。当然，品牌资产的分享需要全面考虑和慎重评估，这一点将在后续的"品牌架构"中详细解释。

以云南白药为例。云南白药是一家创立于1902年的老字号企业，也是广为人知的大众品牌，品牌价值超过300亿元。该企业分为6大版块，涵盖36个品类、390个品种。云南白药目前有十余个单品销售额超过1亿元，其中牙膏、气雾剂、创可贴、膏贴等产品在其品类中均排名前列。

云南白药的品牌资产与跌打损伤中成药的"止血、止痛"功效联想有关。因此，其最畅销的产品都与这两个联想有直接关系。牙膏和创可贴是云南白药品牌延展最成功的两个品类，也是大众对该品牌的最新记忆。因此，正确的品牌应用可以帮助企业实现更好的商业增长（图5-16）。

品牌通识：科学系统的品牌全景

图 5-16　云南白药品牌家族和牙膏产品

（注：图片来自云南白药官网）

企业凝聚力和向心力强

品牌不仅是企业对外沟通的方式，更是内部创造共同语言、统一行动和共识的重要工具。 品牌可以增强企业内部的向心力和凝聚力，这是企业竞争力的重要构成部分，可以帮助企业持续成长。

品牌的对内沟通工作同样重要。**员工应该是品牌影响的重要群体。** 拥有卓越品牌的企业，不仅可以让员工将品牌作为自己的信仰并践行，更能让员工每天都活在品牌价值中。只有这样，员工才能起到品牌沟通和影响客户的作用，进而推动企业发展。品牌就像一座无形的桥梁，连接企业和员工，同时连接企业外部的客户。企业通过员工将内在的价值更清晰、直接地传递给客户，在这一过程中，品牌的能量是双向流动的。因此，品牌可以为企业的竞争力做出更大的贡献。

需要特别强调的是，尽管企业文化也可以起到统一行动共识的作用，但是与品牌文化有所不同，**企业文化是一种内部的管理文化，而品牌文化则是一种以客户或社会效益为中心的"价值承诺兑现"文化。品牌文化是内外结合的、以客户或社会所得利益，即以结果为导向的、反向指导企业内部活动和员工行动的文化。**

例如，特斯拉的品牌理念是"让世界更早地摆脱对化石燃料的依赖，向零排放迈进，人类的前景就会更美好"。因此，特斯拉的品牌使命是"加速世界向可持续能源的转变"。为了实现这个价值，特斯拉需要集中车型规模化生产，不断迭代更新，并降低价格，让更多人能够使用新能源汽车。

有了这个品牌内涵作为指导，特斯拉的员工选择标准变得更加明确了。相信品牌力量的企业也相信一句广为流传的话：卓越的品牌不只是雇用需要工作的人，更是选择了那些拥有共同理念和信仰、能够共享价值观、同频共振的人。

特斯拉需要雇用更多科技型工程师来攻克技术难题，因此其内部非常重视"工程师"文化。在特斯拉的招聘信息中，我们可以明确地看到，其企业行为准则是"拒绝墨守成规，拒绝官僚作风，开放式沟通，创建安全、创新和包容的工作环境，迎接并解决新一代工程、制造和运营的挑战"。

在以"价值承诺和兑现"为核心的品牌文化指导下，每个员工都更清楚地知道自己应该做什么，以何种方式更好地服务于企业的理念和使命。当员工面临不同的选择时，企业价值观决定了做事的优先级，品牌文化则能够消除每个人的文化和价值差异，让所有智慧和力量都集中在一个准则之下，从而实现企业的持续创新和成长。

品牌价值内涵决定了企业内部的理念、使命和价值观，进而形成了统一行动的共识。

危机中的定力强

品牌是企业在遇到危机时最好的定心丸。

企业面对的危机，通常有意外、周期波动和形象受损三种。

先说第一种。关于在意外情况下的品牌表现，可口可乐提供了一个很有说服力的案例。美国可口可乐公司前任董事长罗伯特·士普·伍德鲁夫（Robert Winship Woodruff）曾说："即使有一天，公司在大火中化为灰烬，凭着品牌也可以快速恢复生产，达到以前的规模。品牌价值是大火烧不掉的财富，并且世界各大银行都会争着要给可口可乐提供贷款。"

2023年可口可乐在英图博略全球品牌排行榜上位列第8，其品牌价值一直远远高于其竞争对手百事可乐（见图5-17）。

图5-17　可口可乐的品牌价值

（注：数据来自英图博略（Interbrand）2023全球最佳品牌排行榜，图片来自可口可乐官网）

第二种危机，在周期波动的情况下，品牌应该如何表现？品牌对企业来说是一种无形的资产，可以帮助企业穿越产品周期、行业周期和经济周期。品牌资产可以在非常短的时间内让新产品、新业务被市场所接受，从而应对不同时期、不同区域的市场需求，分散市场的周期风险。当品牌资产足够丰厚并且运用得当时，就能承载足够多的相关产品一起向前走，从而分散市场的周期风险。

卓越的品牌通常具有很高的品牌内涵、社会意义和精神，超越了产品和目标消费群体的范畴，鼓舞着更大范围的人群。比如，乔布斯的极简人性化设计和不同凡响的颠覆精神，使苹果品牌成为一种信仰，信仰的力量本身就具有时间价值。即使乔布斯已经去世多年，其创建的品牌内涵和精神依旧影响着新一代的年轻人。

第三种危机是企业形象受损，品牌的资产可以抵御一部分名誉受损。

2021年H&M因抵制新疆棉花事件，引发群众不满并升级为政治敏感事件。仅一周，H&M就关闭了6家店，签约明星、商场和电商平台也纷纷取消了合作。除了H&M，耐克等几家国际品牌也参与其中，导致耐克鞋被烧、店员被打等一系列问题。

企业危机公关不可避免，以往主要由经营性问题引起，如质量问题或承诺不兑现等。现在则出现了道德性问题，如领导层或高管人员的言辞不当、作风问题、负能量作品等，甚至还出现了意识形态问题，如用女性话题剑走偏锋、用阴暗画作当儿童教材或儿童衣服图案等。不知道什么时候就触发了公众舆论。

总体而言，当下社会对商业的道德标准要求越来越高，品牌的形象危机事件的发生也愈发频繁。然而，卓越的品牌在此类事件中具有稳定作用，人们对它们的容忍度较高。这是由于往年的信任积淀，不太容易因一次事件而毁于一旦。因此，如果出现问题的品牌能够诚恳地承认错误并道歉，勇于承担责任，只要这件事情不触及品牌所承诺的核心利益，那么大众往往还是会选择原谅。

以奥迪拍摄的刘德华广告中涉及的"小满"文案抄袭事件为例。社会舆论对于刘德华的评论保持了极大的理性和克制，并没有对他个人进行人身攻击。这和刘德华几十年来兢兢业业、礼貌低调的个人品牌塑造有很大关系。

而奥迪第一时间道歉并下架广告，也得到了原作者的谅解和无条件授权，舆论总体相对宽容。这再次证明了品牌"攒人品"的重要性，品牌的积极处理方式可以帮助企业抵消部分不良影响。

人才市场吸引力大

品牌可以提高企业在人才市场上的关注度来降低成本，提高效率。

品牌在人才市场上是一张行走的名片，代表了企业的发展图景、价值观和文化氛围，让人们了解了未来与企业一起工作的方式，也展示了企业对员工的价值承诺。 如果企业的理念和价值观与求职者相近，那么很多人才甚至会愿意降低自己的待遇加入这家公司，并对企业保持长期忠诚。

对于很多优秀人才和年轻一代求职者来说，他们在选择企业的时候，不仅看重企业的实力、规模、薪酬体系，还看重企业要做的事情，也就是愿景、使命和价值观。谷歌认为自己的竞争对手不是同类企业，而是美国航空航天局（NASA），因为后者更明确地体现了一个感知场景：一群有意思的人一起做有意义的事情。

根据一些人力资源管理者的观点，如果新员工在三个月内离职，那较大的原因是与企业的调性不合；如果在六个月内离职，那通常是因为在价值观上有较大冲突；如果在一年内离职，那通常是与企业的理念有较大关系。品牌内涵本身就是筛选人才的准则。

在企业众多的辅助性品牌中，有一个叫"雇主品牌"（employer brand），这个概念源于20世纪90年代。与企业品牌、产品品牌不同，雇主品牌是企业在人才市场上的定位，体现了品牌在人才市场上的竞争力。每年相关机构也会推出排行榜来展示企业在人才市场上的品牌价值。

资本市场信心足

品牌能够帮助企业获得来自资本市场的信心。

第一，品牌能够展现企业未来的潜力，加强与投资者的共识。

在金融领域，投资者注重用未来的视角看待现在的投资，他们关注的是企业的价值增长空间和变现能力。他们需要看到企业能够持续创造价值的可能性以及溢价能力。此外，他们也需要看到企业的创始人团队在事业上拥有的由原生性、内生动力、基因和能力特性所构建的理念愿景。

私募股权投资（PE）或者风险投资（VC）投资人在关注一个项目的时候，最关心的4个问题包括：你是谁？有什么独特能力？为了谁？提供什么价值？这4个问题恰好是品牌战略定位的核心问题。因此，创始人需要充分准备，清晰表达自己的想法和计划，以便吸引投资人的眼球和获得资金支持。

第二，品牌是投资人判断消费品前景的核心商业要素。

品牌在消费品行业中扮演着至关重要的角色，不仅是消费者购买决策的核心因素，也是投资人判断企业前景的重要商业要素。在大消费领域，品牌通常是企业竞争的核心，因此投资机构往往会优先考虑品牌属性，然后根据商业模式的要素来选择投资的品牌。

第三，品牌可以快速提高估值。

在投资后的管理中，品牌费用的投入是必不可少的。通过重新梳理品牌定位和视觉形象，企业可以焕发光彩，吸引更多的关注和获得更多的信任，从而快速提高品牌价值，尤其是在下一轮融资的推广时。企业在准备上市之前（至少提前两年），应当重新梳理品牌定位和建立对外的价值表达体系，以便更好地连接更广阔的市场和更多元的人群。

第四，品牌为投资带来稳健感。

股票市场的投资者通常也会从品牌的角度来评估企业的存在感和持续行动能力，从而建立信任感和关注度。因为大品牌通常具有较高的市场抗风险能力，所以也更加稳定。因此，品牌在企业的发展和投资决策过程中扮演着不可替代的角色，需要得到足够的重视和投入。

基业传承力强

进入成熟期的企业，更关注如何延续百年辉煌。作为一种价值总结、提炼和传承工具，品牌可以帮助企业继承者传承上一辈掌舵者的核心思想。

中国的现代化商业社会发展时间不长，一家企业的以往掌舵者常常只有一两个。不可否认，企业创始人以其"领袖思想和为人"深刻地影响着企业的方方面面。甚至可以说，企业的成长基因基本等同于创始人的基因。因此，企业成长基因是品牌价值总结和提炼的重要部分。品牌战略顾问通常需要充分了解创始人的各个方面，观察其言行，阅读其著作、文章，听取其演讲和讲话，进行深度访谈，这样才能从中总结出几条重要的品牌价值信息。

企业的老员工和合作者能够忠诚于公司并与其深度合作，很大程度上是因为创始人的个人魅力、领导思想及其为人处事的方式。这种无形的品牌资产包括品牌元素性资产，如洞察、愿景、使命、价值观、理念、人格、精神、形象、社会角色、价值主张和商业定义等。这些都是多年来经过验证并在内外达成共识后沉淀下来的"立身之本"。除非企业的业务范围、市场环境和发展战略发生了根本性改变，否则，继承者应该继续守护和传承这些资产。

每一代经营者都可以拥有自己的思想、个性和管理风格，但品牌是跨越时间的重要资产，可以帮助每一代经营者持续获得积累，从而让品牌不断发展壮大。每一代经营者都会留下自己的贡献，这些贡献就像雪球一样越滚越大，为品牌的发展提供了源源不断的动力。每一代继承者都可以从这些积累的资产中获得发展的红利，而不是依靠自己的管理行为获得收入。

以精神和风格的传承为视角，我们可以以"香奈儿"为例进行解释。香奈儿品牌历经百年，拥有过三代设计师，始终保持着在全球时尚圈中的地位。这得益于该品牌的精神和风格的传承，让每一代设计师都能够在此基础上进行创新和发展，从而让品牌更加强大。

提起香奈儿，人们可以很快联想到双C标识、小黑裙、斜纹软呢套装、山茶花、珍珠配饰、5号香水等经典元素。而创始人嘉柏丽尔·香奈儿（Gabrielle Chanel）的传奇故事更是激励人心：从一名孤儿逆袭成著名设计师，几经起伏、多次重回时尚巅峰，展现了品牌精神中的坚韧、勇气和独立精神。

即便跨越百年，香奈儿一直坚持高端奢侈的名流定位，为女性发声，它用设计告诉女性应该抛弃保守社会对女性的限制，追求独立、优雅和自由。它的设计刚柔并济、突破性别，唤醒女性意识，在其诞生的年代具有划时代和颠覆性革新的意义。香奈儿为社会创造了一个雅致的女性自由世界。

第二代设计师卡尔·拉格斐（Karl Lagerfeld），更追求自由、任性和轻松，但这并不妨碍他完美地传承了创始人的品牌精神和风格。他将香奈儿的元素放大成时尚标识，融合时代前沿适度改良，增加活泼趣味和丰富性，将香奈儿品牌推向全球，进一步强化了香奈儿的品牌精神。

第三代设计师维吉妮·维亚德（Virginie Viard）是拉格斐的得力助手，目前接手不过几年，但从几场大秀的风评来看，香奈儿品牌的忠实粉丝并没有提出太多质疑。她从前两代设计师的作品里吸取灵感和养分，更将简单、优雅和活泼的品牌个性进一步发挥了出来。

香奈儿品牌传承的资产的力量在于，品牌精神和风格在不同设计师手中得到不断传承和发展，每一代设计师都为品牌增添了新的元素和灵感，让品牌更加丰富和多元化，但同时也保持了品牌的独特性和一致性。这种资产是无形的，但却是品牌发展中不可或缺的重要因素。

中国本土品牌也有许多类似的历史故事。那些能够成为时间的朋友的品牌，都拥有强大而一脉相承的精神内核。

品牌授权赢利

品牌授权是指品牌所有者将品牌名称、商标、图形、知识产权形象等识别元素授权他人使用并收取相应费用的行为。通过品牌授权加盟的方式，许多品牌能够在短时间内出现在全球各地。授权方把控品牌资产的创建和运营，而加盟商来实现落地开花。这种商业模式的成功关键在于先有品牌资产，然后才有授权加盟的形式。品牌授权可以直接产生现金流，是典型的通过现有品牌资产获得赢利的方式。

我们可以举两个具体的案例来说明品牌授权获得现金流的方式。

首先是一家卡游公司，该公司经营儿童游戏卡，凭借奥特曼的形象授权成为中国卡牌行业的领导品牌（图5-18）。

另一个有趣的例子是"南极人"品牌。1998年"南极人"品牌创立，凭借保暖内衣成为一代人的记忆。如今，该品牌在很多品类都有销售，但实际上，自2008年起，"南极人"开始转型，成为一家品牌综合服务及经销商品牌授权服务的公司。根据"南极人"的电商2022年年度报告，该公司授权

品牌通识：科学系统的品牌全景

图 5-18　卡游品牌旗舰店

供应商总数为 1 752 家，授权经销商 9 143 家，授权店铺 11 512 家，涵盖了几十个产品类别。因此，有人戏称"南极人不生产商品，只是吊牌的搬运工"（图 5-19）。

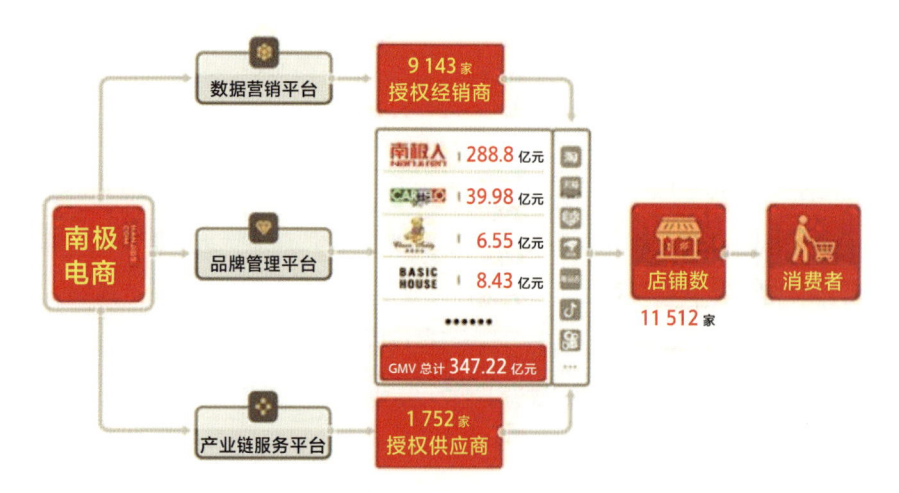

图 5-19　"南极人"电商 2022 年营收情况和"南极人"品牌授权产品类目

观看"南极人"的电商 2022 年年度报告，我们可以发现经销商品牌授权业务每年都为该公司带来可观的收入，且毛利率高达 97.62%（表 5-1）。

表 5-1 "南极人"电商 2022 年品牌授权业务营收

细分类目	营业收入/元	营业成本/元	毛利率/%
分行业			
移动互联网业	2 800 230 138.01	2 658 693 196.91	5.05
现代服务业	446 137 296.21	30 087 246.86	93.26
分产品			
移动互联网媒体投放平台业务	2 794 742 244.55	2 655 317 934.48	4.99
品牌综合服务业务	315 454 701.16	27 052 067.68	91.42
经销商品牌授权业务	73 414 575.16	1 748 002.80	97.62
分地区			
内销	3 309 661 306.36	2 734 477 022.57	17.38
分销售模式			
直销	3 309 675 440.52	2 734 481 185.96	17.38

总结一下，价值是一个有机成长的生命体。企业不仅要创造价值，同时要对价值进行主动管理，两者相辅相成。价值生长有三个需求方向：扎根、成长和缔造，在每个需求下，品牌帮助企业获得的优势不同。品牌所获得的竞争优势有别于价值创造时经由内部能力所获得的竞争优势，品牌是通过外部人的心智获得价值认知优势。我们在此为企业罗列了 20 个价值认知优势（见图 5-20），除了部分可以直接带来现金流的优势，如"溢价"和"品牌授权"，其他优势会通过长期和间接的方式帮助企业获得竞争优势。品牌是一项投资，一旦成立将会为企业带来长期、持续和丰厚的回报。

品牌通识：科学系统的品牌全景

企业价值实现的路径		品牌作用	价值认知优势
缔造 追寻意义	寻找企业增值的最大可能性 实现商业理想和社会影响 实现基业长青	品牌资产 及再增值	⑳品牌授权赢利 ⑲基业传承力强 ⑱资本市场信心足 ⑰人才市场吸引力大 ⑯危机中的定力强 ⑮企业凝聚力和向心力强 ⑭品牌延伸带来增长力
成长 社会关系	被更多相关利益群体赋能 构建更高、更大的价值网络	品牌 处理价值与心智 认知关系的机制 通过价值实现 连接和共识	⑬品牌联合增加交易机会 ⑫价值链联结 ⑪主动交易和定价权 ⑩市场权力 ⑨长期自有流量／客户忠诚 ⑧传播杠杆带来本降本提效
扎根 生存本能	完整的商业闭环 抓住单个需求，实现价值转化	价值锚定 和旗帜	⑦溢价 ⑥消费吸引力和预定 ⑤可被识别即可被选择 ④品牌重塑——焕发商业新生机 ③突破现有实力 ②指导产品生产和设计 ①聚焦能力

图5-20 品牌作用力和20个价值认知优势

134

本章要点
Key Point

（1）企业的价值由两个部分组成：价值创造和价值实现。

（2）企业的商业愿景是价值创造的起点，企业通过多快好省地组织生产方式来解决社会问题，不断改善和提升人的生存和生活状态。

（3）价值实现是企业对自身价值进行主动管理的过程，使之能够有效地被认知，让企业的商业愿景得以真实地实现。价值的实现取决于消费者心智对价值的综合反应。消费者心智通过感知、识别、评估、反馈等环节，对价值产生认知，并最终形成连接。品牌最核心的作用就是帮助企业实现其价值。

（4）凡有价值，必须表达，凡有价值，必须确认。只有被表达和确认后的价值，才能算作品牌资产。

（5）价值实现需要一个长期且持续的过程，涵盖了价值觉知、客观认知、价值聚焦、价值确认、价值沟通、价值表达、主动管理、价值运营、价值增值等多个方面。价值并非静止的概念，也不是一个不变的结果。相反，价值可以被创造、生长和消亡，就像一个生命体一样。

（6）心智关键联想定义权。那些成功在市场上建立独特甚至不可替代品牌的企业，本质上都是赢得了目标群体对其核心价值的认同，甚至在某个关键联想（通常是一种价值认知）方面拥有了定义权，使品牌与该关键联想产生了紧密联系，成为别人价值叙述的方式。这种心智特权对人心的影响力非常大。

（7）制造思维下的品牌作用力＝生产资料＋包装＋投放。品牌被理解成了为"销售"服务，归属于"费用"。在真正的品牌思维指导下,品牌作用力 = 价值锚定和旗帜 + 价值连接和共识 + 品牌资产及再增值。品牌是一项投资,是复利行为,如此才能完全发挥品牌的全部力量。

(8) 什么情况下,企业应该注重价值实现端(品牌)的投入?主要有5种情况:市场同质化严重、决策复杂且流程长、风险大、产品体验靠口碑,以及购买前很难评价质量的信用产品等情况。

(9) 消费者心智认知是企业给予目标消费者的价值承诺,内部能力必须为此做支撑,并践行这个承诺。若品牌在市场上有认知,但品牌所属企业的内部能力很弱,就等于客户价值承诺与实际交付不符,会加速品牌的死亡。企业良好的状态是,内部能力和认知动态相符,但是内部能力暂时落后没有关系。品牌对外认知塑造是强调"未来可实现能力",可以先表达、再积累、后实现。

(10) 很多企业认为溢价来自附加价值,但我们认为更准确的说法是,溢价首先来自消费者心智,也就是对需求场景的判定,心智决定了消费者愿意支付的价格区间。

(11) 销售是推动力,而品牌是拉动力。它们是企业可以拥有的两股不同方向的力量。销售是靠人际的强关系、强沟通,相比之下,品牌是弱关系,它可以做到更快、更广泛地覆盖和吸引消费者,所跨的区域和空间越大,人群基数越大,品牌的效率就越高。企业可以将品牌视为一种传播杠杆,在特定情况下,品牌能起到明显的降本增效的作用。品牌承担了吸引、甄别和说服消费者购买的工作。在以品牌为驱动的销售场景下,消费者在见到销售人员之前就已经完成了对产品的了解和认同，这时候的消费者本身就是具有很高购买倾向的目标消费者。

（12）对于无实物产品或者B2B服务，最大的成本在于沟通和获取信任。供应方需要提供很多证据链才能证明没有交付和售后风险。在这种情况下，品牌就是最好的证据链。

（13）品牌是企业长期的、自有的流量密码。品牌是企业对抗平台流量绑架的有效武器。

（14）价值链上各环节的连接深度决定了企业的综合竞争力，而市场对品牌的认可就隐藏在企业的综合竞争力中。企业是社会力量的集合体，是价值链上所有组成企业共同创造的旅程。品牌通过品牌创造的价值共识来实现其影响圈的共振。

（15）品牌不仅是企业对外沟通的方式，更是内部创造共同语言、统一行动共识的重要工具。员工应该是品牌影响的重要群体。

（16）企业文化是一种管理文化，而品牌文化则是一种以客户或社会效益为中心的"价值承诺兑现"文化。品牌文化是内外结合的，以客户或社会所得利益，即以结果为导向的，反向指导企业内部活动和员工行动的文化。

（17）私募股权投资或者风险投资投资人在关注一个项目的时候，最关心的4个问题包括：你是谁、有什么独特能力、为了谁、提供什么价值。这4个问题恰好是品牌战略定位的核心问题。虽然有人将这些核心问题称为"会讲故事"，但在品牌定义中，它是商业价值构建和表达的方法，是企业和投资人达成共识的前提条件。

品牌体系分为一轴三层，以"核心价值"为轴心，还包括品牌创建层、品牌运营层和品牌管理层三道工序。企业通过对品牌整体体系和工序的认知，可以避免因局部缺失而导致品牌作用低效或失效。

第三部分

品牌体系和工序：
如何构建一轴三层的品牌体系

Chapter 6　战略定位：核心价值轴如何聚焦

Chapter 7　品牌创建层——识别表达：

　　　　　　建设一套具有差异化、可被识别的品牌元素体系

Chapter 8　品牌运营层——交互界面：

　　　　　　品牌如何在市场互动中成长，形成势能

Chapter 9　品牌管理层——资产管理：

　　　　　　品牌工作的量化和管理，有序沉淀品牌资产

品牌机制可以通过细致的拆解，为企业提供一整套完善的工序，使企业能够在具体的品牌工作中找到方向，简化品牌建设的流程。

在品牌咨询工作中，我们发现很多企业虽然拥有完整的品牌岗位和团队，但仍然觉得品牌建设很难，效果很慢。我们深入研究后发现，这类企业中大部分是因为缺少某些品牌建设的工序，使得品牌建设工作陷入无序、无效的境地。以下是常见的几个场景：

第一个场景：广告公司为企业的新品牌做推广，让企业提供品牌的定位信息，但企业无法提供，甚至认为这属于广告公司的服务范畴，从而导致两者间的衔接出现了问题，影响了品牌推进效率。

第二个场景：企业有自己的设计师和文案，但在市场推广中不同场合和物料之间的风格存在较大差异，无法统一。

第三个场景：企业每年进行丰富的品牌推广活动，然而对于品牌所产生的实际效果却并不显著，缺乏衡量标准，做年终复盘和开年计划时不知道从哪里开始和如何提升。

以上三个场景中，第一个场景缺少"品牌定位"工序，第二个场景缺少"识别元素"工序，第三个场景缺少"资产评测和管理"工序。

简单来说，品牌构建的过程可以概括为"一轴三层"，包括四道主要工序：

（1）品牌轴心：战略定位。

（2）品牌创建层：识别表达。

（3）品牌运营层：交互界面。

（4）品牌管理层：资产管理。

在品牌构建的四道主要工序中，战略定位是贯穿三层的核心环节。在此基础上，品牌创建、品牌运营和品牌管理三个层次需要逐层递进（图6-0）。

品牌通识：科学系统的品牌全景

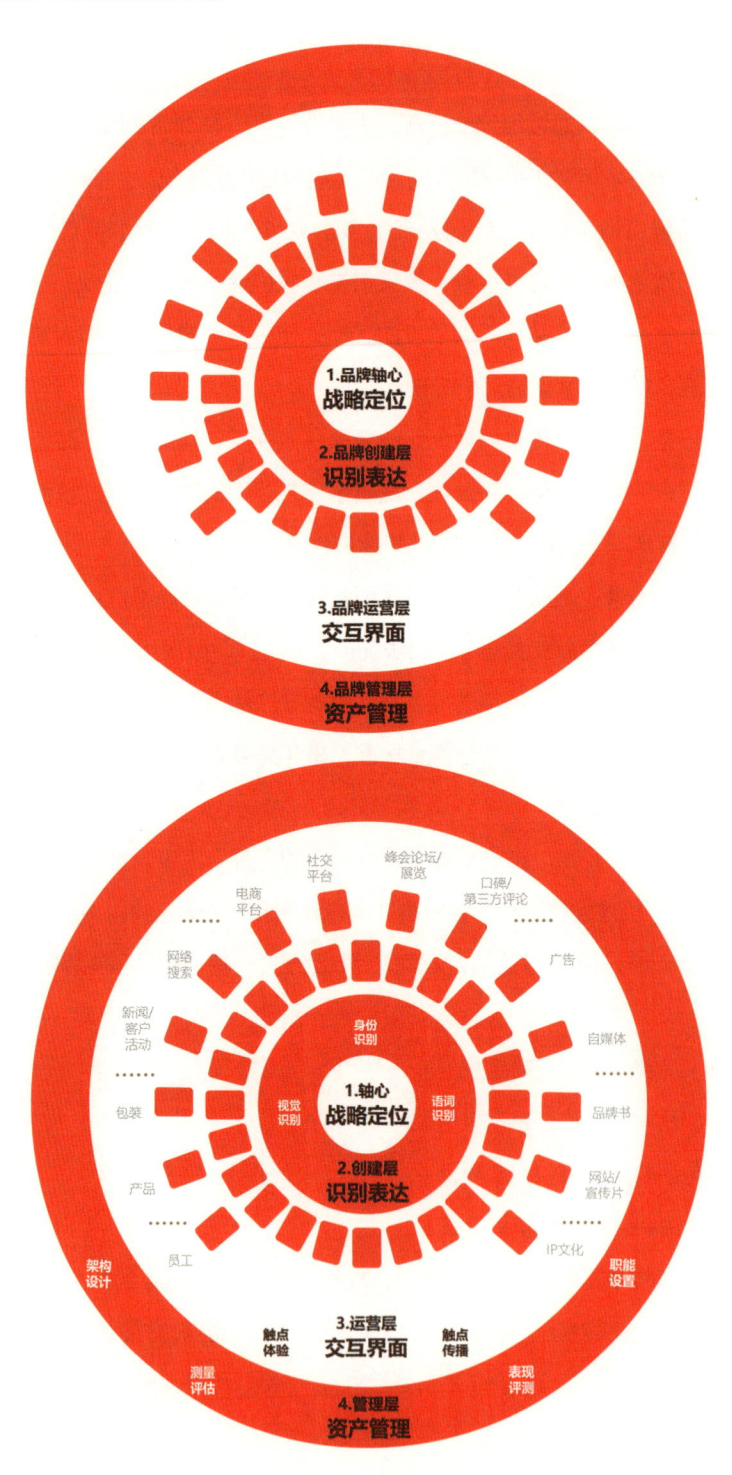

图 6-0　UP·toma 品牌体系和工序：一轴三层

Chapter 6 战略定位：核心价值轴如何聚焦

什么是品牌定位？
——企业内外协同的聚焦点

在讨论品牌定位之前，我们需要澄清两个关于"定位"的概念。

定位和品牌定位

虽然定位（positioning）是商业领域里的常用词语，但不同的企业对它的理解不尽相同。有些企业认为定位只是关于价格的区分，比如中档、中高档、轻奢等；有些企业认为定位是关于产品的特点，比如颜值、功效、性价比等；有些企业认为定位是关于目标人群和市场的划分，比如一线市场、二线市场、下沉市场等；还有些企业认为定位是指风格，比如柔美的、韧劲的、童真的，等等。

从广义上来说，无论是价格档次、产品特性、人群划分、市场区域划分还是风格，都是定位的组成部分，只是应用的场景不同。定位是商业运营中一系列判定和划分维度聚焦的坐标点，被广泛应用于商业和业务战略规划、营销、产品服务设计等领域。

不管是什么样的定位，其核心目的只有一个，那就是"聚能和聚势"。 品牌定位也是如此，企业内部聚拢资源主攻一个点，使之对市场形成强大的穿透力，这股无形的力量若在市场上获得正向反馈，就会自动形成势能，进一步促进企业发展。**品牌定位是让企业的价值创造和价值实现在一个价值连接点上形成内外协同效应**（图6-1）。

图6-1 定位的作用本质：企业内外协同的聚焦点

许多人对于"品牌定位"这个概念感到困惑。这是因为"品牌"经常被用于不同的管理场景，如指代某个具体产品时，"品牌定位"指的是产品定位；指代客户人群时，"品牌定位"指的是客户群体划分。

然而，**在品牌领域，"品牌定位"是"品牌战略定位"和"价值主张定位"的综合体。** 品牌战略定位聚焦企业的内在核心价值，价值主张定位则帮助这个核心价值找到清晰且准确的价值声明，用以植入外部的人的心智。

在下一章节"识别表达"中，我们将详细探讨品牌的价值主张。而在本章节中，我们将聚焦于品牌战略定位的解释。

品牌战略定位的本质和作用
——聚焦核心价值

什么是核心价值

品牌战略定位，即企业核心价值的定位，旨在找到企业在人们心中的价值坐标。它是从人心的角度来理解商业的本质、意义和生态卡位，以及由此构成的企业可创造和实现的最大价值边界。

品牌战略定位是通过定义企业在生态交换关系中所能发挥的意义，确定其商业或业务战略的过程。在这一过程中，企业需要确定自己在目标群体中的价值坐标和影响力边界，以便将商业势能和影响力最大化。

品牌战略定位的确立建立在品牌观的基础之上，即企业的意义不是由自身的业务特性或产品功能所决定的，而是由外部人眼中的认同所决定的。因此，品牌战略并不改变商业或者是业务发展战略的本身，企业需要通过使用人的心智能接收和理解的语言，向客户、相关利益人群和社会介绍和表达自身的价值，以形成价值共识。

为什么要寻找核心价值

企业为什么要做品牌战略定位，并寻找核心价值呢？

作为社会创造价值的载体，企业的核心价值是企业经营的轴心。只有明确了核心价值，企业才能在经营过程中找到明确的附着点，逐渐形成资产。如果企业没有明确的核心价值，那么在经营过程中的每一分传播投入就都是散沙，都是成本和费用（图6-2）。

图 6-2　UP·toma 企业的品牌建设路径图

通过核心价值的聚焦，企业可以从以下几个方面来获得发展的势能：

（1）核心价值能够简明扼要地说明企业与客户、利益相关者和社会的联系，避免外部信息过载导致连接失效或变得脆弱。

（2）通过人的心智领地的划分，企业可以在明确的价值领域内实行长期主义战略，构建护城河，确立未来产品或业务的发展方向，避免战略执行偏离。

（3）持续有效地输出价值，积累资产，并成为时间的朋友。

（4）核心价值指向人们认可的价值方向，帮助企业践行商业理想。

（5）聚焦和保持一致性可以提高企业的发展效率和实现基业长青的可能性。

聚焦核心价值的误区

在我们的咨询实践中，企业经常把"创造价值"挂在嘴边，但需要明确的是，价值并不等同于核心价值。核心价值是企业顶层设计的战略取舍，就像

业务战略需要回答"做什么，不做什么"一样，品牌战略定位需要回答"说什么，不说什么"。

确定核心价值并非易事，因为企业能提供的价值非常多，所以必须做出取舍并聚焦在一个点上。此外，价值具有主观性且因人而异，对不同的人群连接的核心价值点也不同。在寻找核心价值的过程中，企业最容易出现的问题是，凭借主观臆断和直觉来确定核心价值，或者无视核心价值而凭本能发展，再或者因认为自己无所不能而缺乏差异化，又或者认为自己没有价值而导致员工"求财"并与客户形成博弈关系，甚至造成人才流失。企业必须明确自己的核心价值，以确保内部共识和战略执行的一致性。

品牌战略定位方法论可以给企业的核心价值判定提供科学的方法论支持。

品牌战略定位方法论：寻找 4 个关键领域的动态平衡点

提出品牌战略定位方法论的目的在于帮助企业确定其内在的核心价值。由于核心价值是人们心智中的概念，其结论通常比较抽象，具有一定的创意性。为了企业更好地理解，我们可以先阐述核心价值的输出结论，然后再解释方法论的原理和使用方法。

核心价值可以用一句话表达

品牌战略定位（核心价值的找寻，下文中仅采用"核心价值"来表达）的结论是一个词或者一个句子，它的拓展解释可以用一句话来表达：**我未来是谁，有什么能力、优势，为谁，提供什么样的差异化价值**（图 6-3）。

品牌战略定位：

企业的核心价值定位，
是从人心的角度来理解商业的本质、意义和生态卡位，
以及由此构成的企业可创造和实现的最大价值边界。

我未来是谁	有什么能力、优势	为谁	提供什么样的差异化价值
企业的理想我和社会理想我	企业可长期积累的、持续输出的、可被客户认知的、能有效解决客户问题的那部分核心竞争力	核心品牌受众，以及他们特定的需求动机和信念共识	位于竞争空白或较少竞争的区域，并在品牌受众心中具有显著独特性的价值利益点

图 6-3　UP·toma 品牌战略定位定性描述框架

对于大部分企业来说，为自己的企业确定这样一句话存在挑战。常见的企业语言模式是：我们做什么产品、什么档次、卖给什么企业或者消费者、适合什么场合使用……例如："我是做外贸灯具的，偏金属类灯具，卖给欧美的代理商，针对家用市场"。企业以"生产商或供应商"的身份，向他人展示"我有什么"。然而，品牌战略定位应该是经由客户心智理解和连接后的价值，是企业价值创造的基础原则。因此，品牌战略定位需要从企业和客户连接的角度出发，表述企业能够为客户提供什么，以及自己为什么能够比其他企业做得更好。

以下用迪士尼和阿里云公司两个品牌来举例（图 6-4）。

迪士尼如果从"我有什么"的角度来表达自己，它可以说：我们拥有影视制作、电影发行、迪士尼主题公园、旅游，以及卡通任务周边产品……然而，从品牌战略定位的角度表达核心价值，它可以说：迪士尼是全球人类的幻想世界。

从"我有什么"的角度，阿里云可以这样表述：我们提供云服务器、云数据库、云存储、企业应用及行业解决方案。然而，从品牌战略定位的角度表达核心价值，表述则应变成：阿里云是数字经济时代的基础设施（图 6-5）。

第三部分　品牌体系和工序：如何构建一轴三层的品牌体系

The WALT DISNEY Company

品牌战略定位：
全球人类的幻想世界

我未来是谁	有什么能力、优势	为谁	提供什么样的差异化价值
全球首屈一指的娱乐公司	拥有数个标志性品牌、创意思维和创新技术，以及独一无二的故事叙述能力	全球人类（父母和孩子）	娱乐、引导和给予灵感（满足人们逃离日复一日的辛劳，进入一个充满奇妙、温馨和欢乐世界的愿望）

图 6-4　迪士尼公司品牌战略定位

阿里云

品牌战略定位：
数字经济时代的基础设施

我未来是谁	有什么能力、优势	为谁	提供什么样的差异化价值
全球领先的云计算及人工智能科技公司	致力于以在线公共服务的方式，提供安全、可靠的计算和数据处理能力	为二百多个国家和地区的政府机构、企业和开发者提供服务	构建面向未来的新型基础设施（客户）让计算和人工智能成为普惠科技（行业和社会）

计算，为了无法计算的价值

图 6-5　阿里云公司品牌战略定位

（图片来自阿里云官网，品牌宣传片视频截图）

品牌战略定位的分析模型

虽然市场上有许多不同的定位方法，适用于不同的场景，但大多数方法都着重关注市场需求和竞争视角。然而，企业核心价值的挖掘、聚焦和确立只有把内部和外部两个视角聚焦在一个平衡点上，才能实现价值的最大化和持久化。

品牌战略定位分析框架从内部和外部两个视角出发，可以分成四个关键领域来推导出企业的最佳品牌战略定位（图6-6）。

- 企业基因（我未来是谁）。
- 能力优势（有什么能力、优势）。
- 客户心智（为谁）。
- 竞争区隔（提供什么样的差异化价值）。

品牌战略定位：

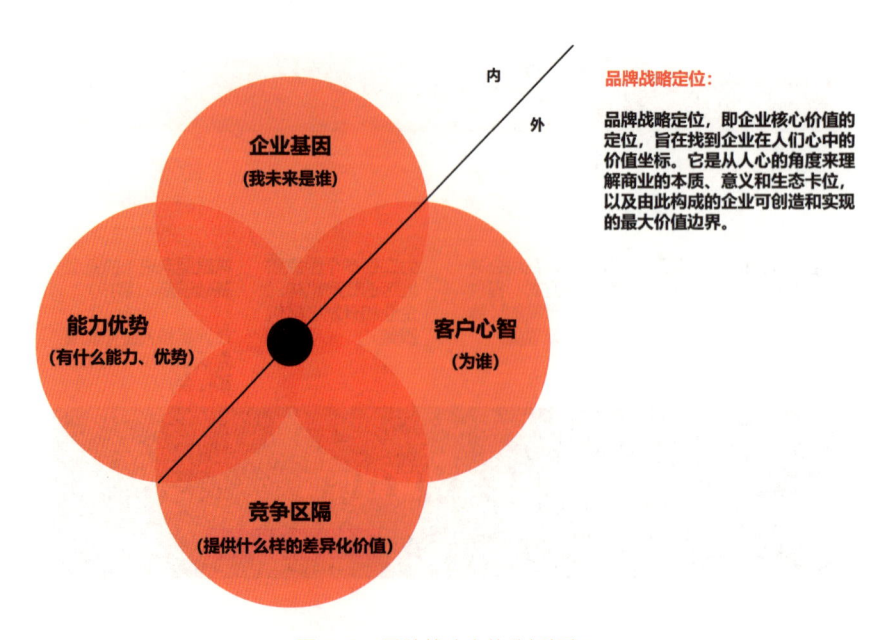

品牌战略定位，即企业核心价值的定位，旨在找到企业在人们心中的价值坐标。它是从人心的角度来理解商业的本质、意义和生态卡位，以及由此构成的企业可创造和实现的最大价值边界。

图6-6　品牌战略定位分析框架

企业可以根据实际情况对这四个关键领域进行全面分析，也可以根据企业的重点领域进行有所侧重的分析。

举例来说，快消品品牌关注的重点领域应该是"客户心智"，而在竞争激烈的行业中，"新进入者"品牌则需要将"竞争区隔"领域视为最重要的领域。对于独角兽或行业领导品牌来说，应该重点聚焦于内部视角，即"企业基因"和"能力优势"两个领域的分析，而减少外部维度的分析。这是因为它们所提供的价值是具有开创性和引领性的，是行业规则的制定者，它们需要更完整地表达自己的价值和意义，而不是仅仅回应市场竞争。

战略定位机会分析
——关键领域：企业基因

在企业基因的关键领域，我们致力于寻找企业核心价值的最高形态，即定义"我未来是谁"，也就是品牌需要帮助企业打造的"理想我"和"社会理想我"。

通常来说，企业想做的事情有很多，并兼顾长短期目标。企业或许有很多的业务和产品规划，但是品牌是需要聚焦的，品牌的核心价值通常指向困难但正确的事情，它在时间维度上能为企业带来复利增长，同时也是企业有意愿长期坚持投入的领域。

企业基因的分析主要从三个维度切入，如图 6-7 所示，包括"业务志向""发展动机"和"人格文化"。

图 6-7　UP·toma 品牌战略定位中，企业基因的分析维度

业务志向维度

在业务志向维度中，我们对企业的业务发展进行了深入盘点，包括对企业、市场和产品几个层面的深度分析。分析业务志向的意义在于，它是企业核心价值需要明确的生长方向。

企业对于业务志向相关的内容都比较熟悉，而品牌在总结业务志向时，关键任务是明确品牌如何配合业务发展的行动和节奏。例如，企业面对市场时是深耕还是快速拓展？面对技术时是专业专精还是多场景微创新？业务布局上是"一带多"还是"全面开花"？产品设计是倾向于单向极致功能还是性价比？这些因素都会从各个角度影响品牌传递给外界的价值联想。

发展动机维度

发展动机是针对企业内在的发展驱动力进行盘点的维度。如果企业拥有一个强有力的发展引擎，那么这个引擎的动力是什么？是什么在支撑企业不断发展、开拓和应对挑战？分析发展动机的意义在于，它是企业核心价值的内在出发点，它框定了核心价值应该呈现的形态和范围。

在我们服务过的企业中，我们发现了许多不同的发展动机，例如，"生存""周围人的共同富裕""减少资源浪费""照顾广大群众""让文理结合更有趣""见证和推动行业发展的拐点"等。这些动机源于创始人的初心，贯穿于企业的价值观，成为管理层的信念和共识，然后逐层影响全体员工，最终成为企业基因的组成部分。发展动机是隐性的，但确实根植于企业的每一步发展印记，它为企业未来的价值创新提供了最根本的驱动力。

人格文化维度

人格文化维度针对企业的性格特质进行盘点。分析人格文化的意义在于，它是企业核心价值与外界沟通的面貌，体现了品牌的"知行合一"理念。

目前，我们发现企业在人格文化特质上常见的矛盾主要集中在"埋头实干"和"主动表达"之间。在市场竞争的压力下，企业如何更有自信？是否需要体现出野心和对世界建设的主场感？在这两点上，中国儒家传统文化对企业有很大的影响。在品牌思维上，主动和自信很重要，通过核心价值去建立企业内外关系也非常必要。

相对于业务志向来说，发展动机和人格文化是相对软性和无形的部分。企业可以通过品牌文化分析模型（图6-8）来洞悉自身，从而优化品牌文化的表达。

企业的基因需要盘点和挖掘，这是因为了解自己和了解竞争对手同样重要，但企业通常忽略了解自己的过程。这往往会导致一些问题，例如设定一个"假大空"的企业愿景和发展目标，或者设定一个非常激励人心的标语，但与实际能力存在很大的脱节。因此，企业的发展目标和品牌愿景必须基于合理的假设和构想，只有这样才能真正实现。

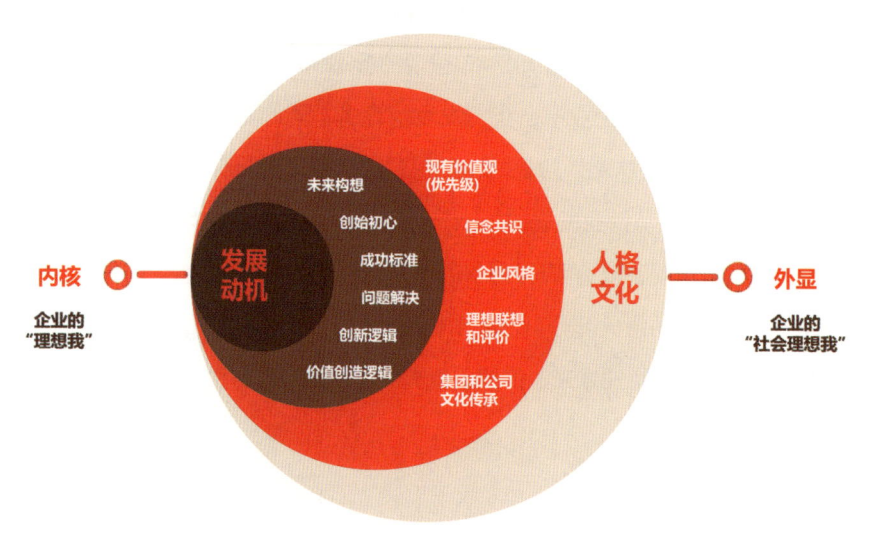

图6-8　UP·toma品牌文化分析模型

战略定位机会分析
——关键领域：能力优势

企业内部拥有众多能力，但能支撑品牌核心价值的能力优势必须符合以下五个条件：

第一，能力优势需要是企业内部长期、稳定、持续积累的部分，而非短暂的。

第二，这些能力优势需要被外部认知并且是可信的。

第三，能力优势必须经过竞争历练。外部市场对企业能力优势的评判是有比较性的。企业自认为最强的能力，在外部市场上未必最有价值。白色的兔子漂亮显眼，但是土黄色的兔子具有更高的隐蔽性，在黄色土地这类生存环境中，土黄色的毛才算得上是能力优势。因此，能够构成核心价值的能力优势必须考虑当前的竞争环境。

第四，企业内部所有职能或价值链环节都表现良好并不意味着这就是品牌的能力优势，品牌思维应注重长板优势。

第五，企业的能力优势需要能够直接解决市场和客户的问题，即所谓的硬实力。

在判断和聚焦企业的能力优势时，需要从"核心竞争力""能力认知"和"既有资产"三个方面入手。

核心竞争力维度

什么是核心竞争力？它和核心价值的关系是什么？

从图 6-9 中我们可以看到，核心竞争力是企业将多个资源和能力有机结合后提炼出来的关键竞争力。在这些核心竞争力中，品牌的核心价值应该落在最符合客户需求、更容易被认知和信任的那一条上。

资源 ＋ 能力 ＝ 核心竞争力　　　核心价值

有与竞品比较形成的绝对优势　　最契合客户心智
或者比较优势　　　　　　　　　更容易形成认知
　　　　　　　　　　　　　　　更能获得可信度

图 6-9　资源、能力、能力优势和核心价值之间的关系

品牌通识：科学系统的品牌全景

在实践中，企业很容易将资源或能力视为核心竞争力，但除非是垄断性资源或前沿技术研发能力，否则其他资源和能力都需要经过提炼才能为核心价值提供支持。在核心竞争力维度上，我们特别提到了禀赋和能力成长空间这两个概念。禀赋是企业天生的关注点，关注点在哪里，战略重点就在哪里。品牌应该围绕禀赋圈定核心价值，两者相辅相成。能力成长空间则需要考虑未来可获得的能力。建议通过产业链分析或价值链分析来观察不同环节的竞争优势和品牌形象表达。

例如，房地产行业案例中展示了聚焦于不同环节上的能力优势，可以让外界形成不同的认知和形象感知。如图 6-10 所示，当一家房地产开发企业将核心能力聚焦于产业链上游时，它所聚焦的核心能力是善于捕捉机会；当它聚焦于产业链中游时，给人的感觉是它擅长建造好产品；当它聚焦于产业链下游时，则凸显出它能为居住者构建好的生活体验的能力。品牌在对外表达时侧重点不同，展现出的能力优势就会截然不同。

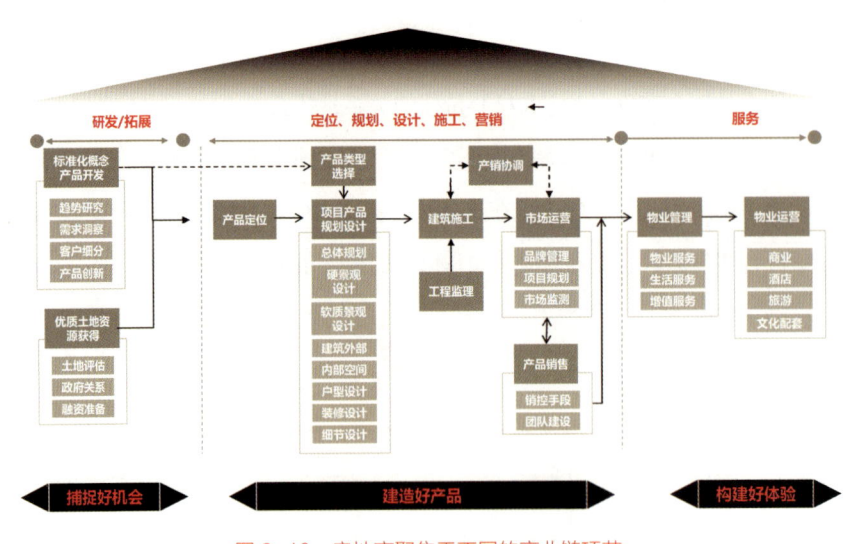

图 6-10　房地产聚焦于不同的产业链环节

能力认知维度

能力认知维度的作用是为核心价值挑选出可被认知的能力。在品牌定位的过程中，企业需要通过外部视角来重新审视自身的内在结构，从而倒逼企业对自己提出更高的要求。在这个过程中，企业需要明确自身的业务志向和能力优势是否在一条线上，能力优势是否能够转化成心智价值，以及客户对企业的能力认知是否与企业自身的理解存在偏差。如果存在偏差，则需要及时调整定位策略。

既有资产维度

既有资产维度是帮助企业排查现有品牌资产的积累和使用情况，找到其中有助力的部分进行继承和延续，找出有伤害性和存在偏差的部分进行认知调整（图 6-11）。

能力优势

核心竞争力	能力认知	既有资产
禀赋	志向和能力优势一致性	既有品牌联想
资源	能力优势的价值转化	品牌资产使用情况
能力	内外部能力认知落差	伤害性品牌联想
竞争力/优势		偏差性品牌联想
能力成长空间		可调整联想
产业链聚焦		
价值链聚焦		
业务/产品特性		

图 6-11 UP·toma 品牌战略定位中，能力优势的分析维度
（注：图片来自 Unsplash）

能力优势关键领域的分析输出是对企业能力优势的总结，通常是三四项。如图 6-12 所示，以我们服务过的一个商用新能源车品牌为例，其能力优势总结如下：专业动力帮助胜任复杂工作环境，商业同理心带来资源共享和个人事业成就，精细服务提供 24 小时工作效能。

总之，在能力优势这个关键领域里，企业需要用外部视角重新评估和判断企业的价值，找出其中最为璀璨、对客户最有意义的部分，并进行持续投入，为核心价值的构建提供充分的支撑力量，为客户提供足够的信任感。

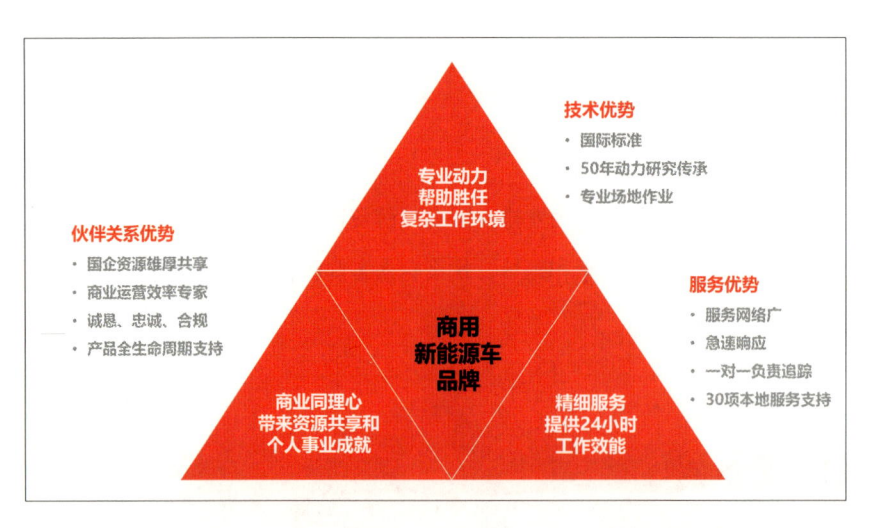

图 6-12　某商用新能源车品牌的能力优势分析总结案例

战略定位机会分析
——关键领域：客户心智

在客户心智这个关键领域中，我们探讨的是如何在客户心智中找到品牌的定位领地。然而，这一过程并不容易，因为它面临着以下四个挑战：

第一，价值的判定是非常主观的，因人而异。

第二，企业想要创造的价值以及其能力上能够创造的价值，不一定能被客户心智所接受、感知、认同，以及产生意义感。

第三，很多企业并不清楚客户真正想获得什么样的价值，而且更常见的情况是，企业以为自己知道这一点，而事实上存在理解偏差。

第四，客户心智是动态的，同一群人也会随着时间的流逝和大型事件的发生而调整自己的认知和行为方式。

为了应对这些挑战，客户心智定位的第一步是进行充分的客户调研，这也被称为市场研究、市场洞察或消费行为分析。通过市场细分或人群细分，明确品牌的目标受众。一旦找到特定的人群，我们就需要寻找与他们可以进行连接的价值点，即品牌利益点，如图 6-13 所示。

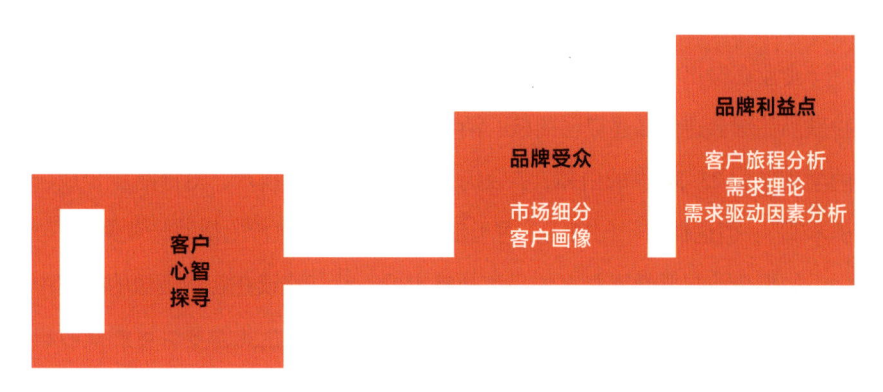

图 6-13　客户心智探寻的主要输出结果和分析方法

品牌受众

为了圈定品牌受众，我们推荐使用市场细分和客户画像两种方法。

市场细分

市场细分是将市场上的客户按照一定标准划分成若干个组群，每个组群构成一个子市场。通过定性和定量的市场研究手段，我们可以确定每个子市场的份额大小，并选取一个或几个子市场作为目标受众（如图6-14）。

图6-14 市场细分和品牌受众圈定

对于预算、时间和经验有限的小型企业，我们建议可以先针对既有的忠诚客户进行客户画像。

客户画像

企业在输出客户画像的时候，通常采用"人口"上的一些属性。比如某护肤品品牌会这样描述自己的核心消费者，"一线或者新一线城市的18~24岁的学生党和25~30岁的白领/年轻妈妈期待专业护肤技术，对产品所含成分要求高"。但这样的一句描述，对于定位和品牌落地执行的帮助非常少。

如果企业想要做出精准的品牌战略定位，我们建议在客户画像的描述中包括图6-15中的内容。因此，在进行客户研究时，企业需要尽可能地收集这些信息，以便更好地了解品牌受众的需求和特点。

为了获得更加有效的客户画像，我们建议企业可以通过人口属性、需求动机和信念共识三个维度的五十五个细分维度来进行深入研究和洞察（图6-15）。精细的客户画像不仅可以帮助品牌管理人员为目标客户提供更加丰富的品牌体验，还可以为传播提供更多的规划方向，甚至可以精准地提供平面广告中所包含的所有场景元素的设置。

第三部分　品牌体系和工序：如何构建一轴三层的品牌体系

人口属性			需求动机			信念共识		
生理	**地理**	**经济**	**需求**	**决策**	**使用**	**自我**	**认知**	**社会**
年龄性别	城市属性	家庭背景	问题解决	信息获取	使用习惯	观念理念	理想品牌	圈层归属
家庭构成	地理位置	职业职位	品类动机	方案形成	使用场景	关键态度	品牌认知	文化认同
婚育情况	居住环境	收入情况	需求触发	渠道选择	保存习惯	自我认同	品牌偏好	主流认知
外形外观	交通使用	资产构成	需求转化	决策支持	分享推荐	自我预期	美好回忆	共同记忆
生活	**文化**	消费支出	感知因素	决策确定	复购行为	心理动因	审美偏好	家庭关系
日常作息	教育程度		购买驱动	支付意愿		理想状态		
出行范围	认知能力		购买方式					
爱好喜好			痛点痒点					
生活状态			产品要求					

（客户心智）

图6-15　UP·toma 品牌战略定位中，客户心智的分析维度

而在品牌建设中，企业需要更注重客户需求背后的动机和一群人用信念构成的共识。这是因为品牌更关注人的心智中那些稳定的、已经存在的因素，例如客户想要解决的问题，客户解决问题的模式，以及让问题存在的理由——认知模式、自我叙事等（原理详见第三章）。因此，品牌管理人员需要深入挖掘客户需求背后的动机和信念共识，从而为品牌建设提供更加精准有效的支持。

举个例子，当一个消费者认为："我是一个对健康非常关注的人，只愿意购买有机食品，因为它们没有农药和化肥的残留，对身体更好。"当他发现购买的有机食品中有少量农药残留时，他有较小概率认为有机食品也不可靠，而有较大概率认为这是个别情况，他会继续购买有机食品，但会更加关注食品的来源和生产过程，或者选择有更加严格的有机认证标准的产品。这是因为人的信念指导了认知，而认知又指导了人的消费行为。

人们的价值判断标准源于其动机和信念。因此，品牌只是一种实现人们已有动机和信念的方式。每个企业都必须明确回答自己的品牌存在的意义，

它到底代表着客户的哪些动机和信念。

因此，品牌的心智分析旨在帮助企业找到客户心智中已经存在的稳定元素，并使企业自身的价值与之形成强关联。这样，企业的品牌就能成为客户心智的一部分，当客户触及这部分心智碎片时就会想到这个品牌，形成关键联想。这就是所谓的"连接心智"。动机和信念并不是个体所独有的，而是与一群人共享的。品牌的价值边界取决于共享这些动机和信念的人群有多大。

品牌受众：直接客户与广众

在上述内容中，我们主要关注直接客户的心智领地。对于初创或小规模的品牌而言，直接客户的心智领地至关重要。但从品牌思维出发，品牌的目标受众应该更广泛，一个真正卓越、有影响力的品牌应该不仅局限于与直接客户的沟通，而应该包括潜在购买人群、所有能影响购买决策的人，以及非购买者等。

总体而言，**品牌受众大于直接客户群体，品牌对应品牌受众，而不只是直接客户**。

有四种类型的企业品牌需要特别关注品牌受众而非直接客户。

第一类企业品牌是拥有强社交属性的品牌。在消费品领域，关于品牌建立有很多"传播策略"，直接客户和品牌受众不完全是同一群人，甚至这种人群错位的情况非常普遍，比如高档酒、保健品等主打送礼场景的品牌。还有很多奢侈品品牌，其目标人群是富裕阶层、大明星，而它的绝大部分的直接客户则是中产阶层，这些人群和品牌广告里描述的人并非同一种。因此，品牌的建设者和管理者必须明辨谁才是品牌的目标人群，确定在哪些人的心智中植入品牌的核心价值。我们需要对品牌的传播策略进行优化，确保品牌的核心价值能够准确地传递给目标人群。

第二类企业品牌是指社会型机构品牌。在寻找"核心价值"的心智领地时，这类企业需要面向广大群众（如图 6-16 中的八类人群），而非仅限于直接客户。

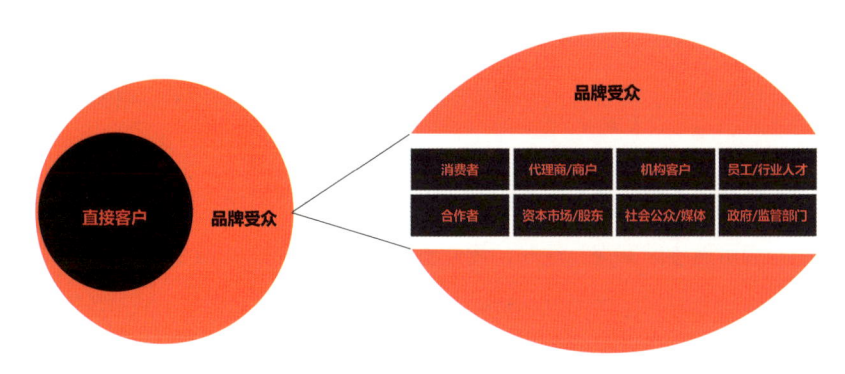

第三部分 品牌体系和工序：如何构建一轴三层的品牌体系

图 6-16 更广泛的品牌受众

社会型机构主要指集团、上市公司及社会服务型机构等。它们的品牌角色重在强调企业的社会性贡献和价值，在需求回应上需要分析和罗列所有人群的需求，并抽取共性需求进行回应。这也使得这类品牌在传播上需要有很高的"立意点"，也显得更抽象，更接近全人类的价值认知共性。

让我们以一个大型金融投资集团品牌为例（图 6-17）。

高净值客户	机构客户	项目合作方	员工/行业人才	社会公众/媒体	政府/监管部门
保值增值 收益 定制化 综合服务 跨境资产配置 公私联动 专业性 安全性 私密性 机构实力 稳定性	丰富产品线 有合作关系 精细维护 产品创新 合规服务 综合方案 风控表现 预期收益率 风险控制 规模排名 增值服务	资源整合与开放 沟通协作 融资成本 团队实力和效率 未来洞察与专业能力 互信机制 成功案例	发展空间 文化底蕴 行业地位 社会价值与责任 稳定经营和增长	社会责任与担当 公开透明 创新发展 诚信 稳定与持续赢利 社会价值感	合规程度 专业能力 促进产业变革与创新 支持当下发展行业 帮助稳定国内经济 解决经济问题 关注社会责任
安全感 长期承诺 忠诚 稳定 价值创造与增长 个体尊重 丰富多元 社会价值感	安全感 履行承诺的信心 专业 价值创造 丰富多元 社会价值感	赋能 安全 成长/变强 支持力量 信心 创造价值 丰富多元资源	安全感 成长 归属 信心 社会价值感 资源	安全感 保障 值得信赖 社会价值感	解决经济问题 经济/社会价值 坚实的支持力量

图 6-17 某大型金融投资集团品牌的"需求动机"分析

163

通过案例分析，我们发现该金融机构的品牌受众分为六类，包括高净值客户、机构客户、项目合作方、员工/行业人才、社会公众/媒体和政府/监管部门。

当品牌受众涵盖的人群较广时，企业应该如何从中找到确立核心价值所需的心智可连接因素呢？这时，我们通常采用抽取人群共性的方法。在本案例中，我们采用了提炼"需求动机"共性的方法。

首先，我们通过访问、调研和桌面研究等方式，获得这六类人群选择金融机构时看重的要素，然后分析这些要素，转化成他们需求背后的动机要素。在需求动机中找到重合度较高的要素，例如：安全、稳定、社会价值感、丰富多元、价值创造与增长等。这些因素可以成为该企业核心价值的素材，企业决策者可以从中选取最想进行价值聚焦和最有能力支撑的其中一个要素即可。

企业即将上市，但内部或外部传播公司提出的品牌战略定位都围绕着"降本增效"展开，感觉有些"不够档次"。这些企业家的直觉很准，根本原因在于社会性企业需要面向"广众"沟通，而不仅仅是面向直接客户。

面向"广众"的沟通，指的是集团品牌层面的品牌战略定位，旗下的子品牌或业务品牌则需要基于直接客户的需求进行分析。例如，腾讯作为集团品牌时，其受众群体包括图 6-16 中的八类人群，但是"微信"作为产品或平台品牌时，其定位需要基于更直接的用户需求。

第三种企业品牌是 B2B2C[1] 的品牌，比如以经销商、代理商、加盟商为主要经销模式的品牌。这类企业在运作上如果是通过 C 端的影响力去拉动 B 端的发展，那么显然，C 端的心智就是其主要考虑的阵地，企业应主要考虑 C 端人群的需求和共识（图 6-18）。

---

[1] B2B2C 是一种网络通信销售方式，是英文"Business to Business to Customer"的简称。——编者注

第三部分 品牌体系和工序：如何构建一轴三层的品牌体系

对 B2B2C 品牌而言，
C 端为品牌核心受众，
是品牌要探索的心智阵地。

图 6-18 B2B2C 品牌类型，C 端为品牌核心受众，是品牌要探索的心智阵地

第四种是纯粹的 B2B 企业品牌，这类企业通常面临多个品牌决策参与人群的情况。如果企业规模很大，则可以参考"社会性机构品牌"的方式；如果企业规模和社会影响力较小，则应将市场沟通的重点放在与直接客户的沟通上。在多个决策参与人群中，我们需要聚焦推动品牌决策的核心受众。

为了确定核心人群，我们建议可以梳理设备采购的决策流程（图 6-19），找到各个环节上的相关人群，并明确每个人的作用、权重和相互影响的关联

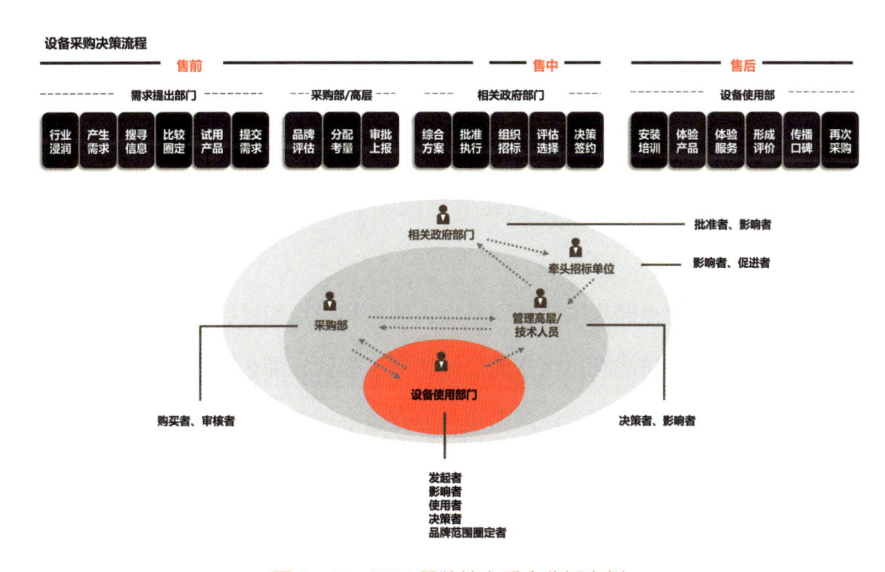

图 6-19 B2B 品牌核心受众分析案例

内容，并最终确定核心人群。这个核心人群的心智就是品牌的核心阵地，品牌管理者应将他们的需求和共识放在首位。

企业确定了自己想要连接的品牌核心受众之后，下一步就是基于他们的需求明确企业可以连接受众心智的价值是什么。

品牌利益点

在客户心智这个关键领域的分析中，除了明确品牌受众外，另一个重要的输出是品牌利益点的确认。**品牌利益点是指品牌受众能够感知并体验到的企业提供的具有价值的利益，这些利益是企业能力的体现，经由消费者心智对其价值的判断而形成。品牌利益点是品牌建立识别的重要元素之一。**

每个品牌在建立识别上都有相对应的利益点，或许是一个，或许是几个的组合。利益点是客户对品牌的强记忆，通常也是最重要的购买理由。比如，不同的手机品牌所传递的利益点不同，有强调音乐效果的，有强调成像的。中国手机品牌传音（Tecno）有一项极致的产品功能：比普通手机亮很多，并可以根据牙齿和眼睛完成脸部定位，从而使得它在非洲市场有了一个非常强的品牌利益点——"照出黑棕色皮肤的美"。凭借这项品牌利益点，传音成为非洲第一、全球第四的手机品牌。

根据我们在品牌战略咨询领域长达17年的经验，我们总结了180个品牌利益点，以便企业可以更好地了解自身能力所能带来的品牌利益（见表6-1）。

这些品牌利益点通常由功能利益点、情感利益点和社会利益点三个方面组成。如果企业在功能利益点方面已经达到了极致，那么可以先不考虑情感利益点和社会利益点，因为这两者植入消费者心智的成本较高。但是，如果企业在功能利益点上已经无法形成差异化，那么我们建议企业从另外两个利益点中寻找差异化的可能性。对于社会性机构品牌来说，从一开始就需要在"社会利益点"中找到自身的价值坐标。

在上述传音手机的案例中，传音手机采用的品牌利益点是"功能利益点"里"产品设计和使用"列表中的"极致功能"和"人性化/使用友好"这两项。

在圈定品牌利益点时，企业容易陷入两个误区。

第一个误区是把自己拥有的能力或专长当成品牌利益点，比如，企业可能会说："这是我们采用更高档材质和最新技术制造的冰箱。"然而，客户并不在意这些技术细节，他们更关注的是品牌带给他们的价值感受，比如让他们的厨房更加气派、使他们可以享受更优质的生活、成为潮流先锋等。因此，品牌利益点应该是彰显优质生活和潮流先锋感觉等与客户情感相关的内容。

提炼品牌利益点的方法是：我的什么能力让你（目标受众）感受和获得了什么。

另一个误区是企业过于强调产品利益点，甚至是"卖点"，而忽略了品牌利益点。两者的区别在于，产品利益点更聚焦于产品的使用价值，而品牌利益点则贯穿品牌体验的始终，产品的使用体验只是其中一个触点。

为了确定品牌利益点，我们建议回到客户研究和洞察中，利用客户旅程分析和需求驱动因素分析等重要分析工具。只有这样我们才能真正了解客户的需求和期望，找到最能引起他们情感共鸣的品牌利益点（图6-20）。

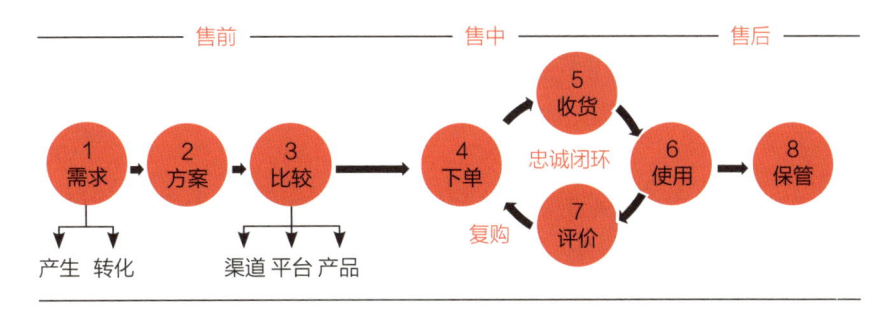

图 6-20 客户旅程和需求分析

客户旅程的开启让企业能够轻松地发现每个环节上客户的痛点、痒点和产品要求等重要信息。企业需要在整个体验中找到自己想要解决的问题或提升的体验。同时，企业需要归类与需求相关的信息，找到那些能够影响购买决策和忠诚度的品牌驱动因素。**通常，那些能为客户带来欣喜的品牌需求因素才能成为品牌的利益点。**

以商务宴请餐厅为例，停车场虽然是其必备因素，但并不是客户选择并喜欢一家餐馆的主要理由。相比之下，档次高、味道正宗等因素才能够让顾客保持好感。而环境僻静、隔音好、服务员不会频繁打扰等要素集合成的"私密性"则能够支持饭桌上的重大谈判，这才是该餐厅品牌能够为顾客提供的"欣喜因素"。综上，该餐厅的品牌利益点应该是"私密性"（图6-21）。

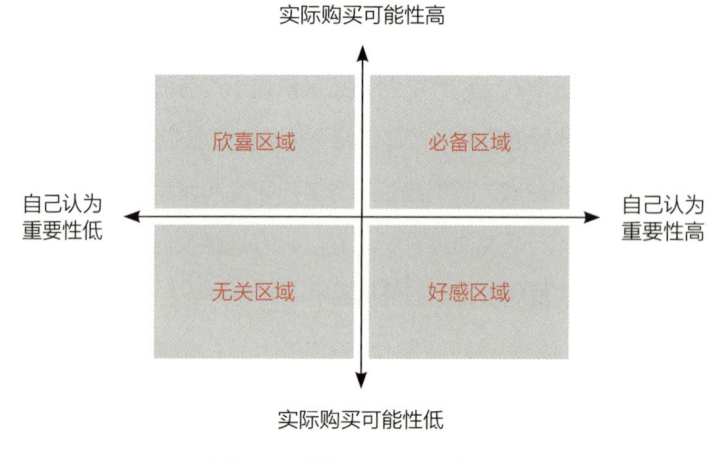

	实际购买可能性高	
自己认为 重要性低	欣喜区域	必备区域
	无关区域	好感区域
	实际购买可能性低	自己认为 重要性高

图 6-21　品牌驱动因素分类框架

总而言之，在这些关键领域中，我们的任务是找到企业核心价值可以存在和连接的心智领域。为此，我们需要先了解品牌受众是谁，以及他们如何判断相关品牌的价值。我们需要了解他们认为最重要的、能带来欣喜的价值，这些才是构成企业核心价值的重要素材。

战略定位机会分析
——关键领域：竞争区隔

在竞争区隔领域，我们的分析目标是找到差异化的价值区域。品牌差异化是企业在这个领域中比较熟悉的一个概念，它指的是品牌在客户心中的价值具有显著独特性的程度。

显著性的程度是一个相对概念。通常来说，企业希望实现绝对差异化，即通过发现新的市场机会、更细化的市场定位来形成品类唯一或者第一的印象，这种做法是追求绝对差异化的方式之一。然而，由于市场通常是拥挤的，实现绝对差异化越来越难。因此，企业也可以选择实现相对差异化的方式，从更广泛的角度来切入差异化，比如关注特性、资源、核心竞争力、发展历史、个性风格、价值观、理念、文化、发展动机、形象、未来构想等因素，改变其中一个或几个因素都能为品牌带来价值上的差异化。

竞争区隔关键领域的分析维度主要从三个方面入手：竞争图景、竞品识别和竞争卡位（图6-22）。

竞争图景维度

在寻找和确认品牌的竞争图景时，企业有两个需要特别注意的地方。

第一，品牌战略定位要充分考虑3~5年后的竞争图景，而不能只是针对当下。

在制定品牌战略定位时，企业需要考虑自身在行业大环境中的位置。了解行业的发展阶段、容量、趋势、潜在威胁和格局等方面，可以帮助企业确认品牌战略定位的方向，判断自身的核心价值应该具备哪些必备的竞争力。

以商用新能源车为例（图6-23）。商用新能源车行业正处于成长期，政

品牌通识：科学系统的品牌全景

竞争区隔

竞争图景
- 行业发展阶段
- 行业发展容量
- 行业发展趋势
- 行业潜在威胁
- 行业竞争格局
- 同业和跨界竞争
- 企业竞争地位
- 企业竞争战略
- 可制胜因素

竞品识别
- 竞争品牌范围
- 竞品战略定位
- 竞品产品业务特性
- 竞品品牌元素
- 竞品关键信息
- 竞品能力认知
- 竞品人格形象
- 竞品心智联想

竞争卡位
- 竞争拥挤区域
- 竞争较少区域
- 空白机会区域

图 6-22　UP·toma 品牌战略定位中，竞争区隔的分析维度
（注：图片来自 Unsplash）

府政策和市场趋势要求品牌商进行更高维度的升级和转型。因此，企业必须将 3~5 年后的市场特点视为自身核心价值的构成部分。这意味着企业需要将"服务延展、平台化、高品质和智能化"这四个未来特性作为当下的基础价

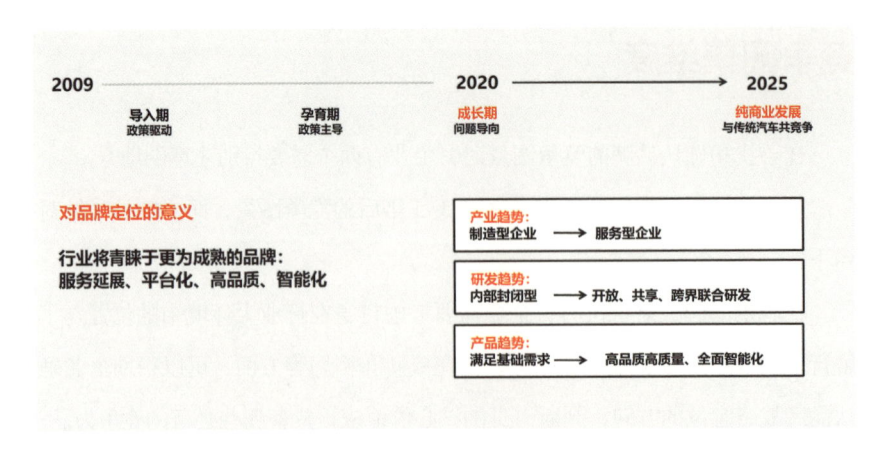

2009　　　　　　　　　　　2020　　　　　　　　　　→　2025
导入期　　　孕育期　　　　成长期　　　　　　　　　纯商业发展
政策驱动　　政策主导　　　问题导向　　　　　　　　与传统汽车共竞争

对品牌定位的意义
行业将青睐于更为成熟的品牌：
服务延展、平台化、高品质、智能化

产业趋势：
制造型企业　→　服务型企业

研发趋势：
内部封闭型　→　开放、共享、跨界联合研发

产品趋势：
满足基础需求　→　高品质高质量、全面智能化

图 6-23　某商用新能源车品牌的行业趋势分析案例

值，融入企业的核心价值中。

第二，企业需要根据客户的"问题场景"来圈定自身的竞争对手，这有利于企业找到差异化的竞争定位。

企业在圈定竞争对手时常常存在误区，认为那些售卖同类产品的品牌才是自己的竞争者。例如，舟山海鲜面品牌认为其竞争对手是本地产的其他海鲜面品牌。因此，企业在选择竞争策略的时候，认为只要包装等整体视觉设计上更高端就一定能获得溢价。然而客户是以"问题解决"为导向的，而不是以产品为导向的。

解决人们同一个问题场景的所有产品方案的提供者，都是彼此的竞争对手。 以一线城市白领深夜加班回家吃夜宵这个场景为例，他们要解决的是肚子饿的问题，用一份丰盛的热食来奖励自己。因此，他们可能会选择海鲜面，也可能会选择所有开袋即食或轻加工的方便面、方便米粉、方便米饭、自嗨锅、速冻饺子等。

以上提及的场景还属于同业竞争，现今，越来越多的行业出现了"跨界打劫"的商业模式，企业不再只是与同行业的竞争对手竞争，而是与一个平台或生态竞争。因此，企业在制定竞争战略时需要考虑自己在平台或生态中的位置，并将自己在平台和生态中的生存和合作模式纳入其核心价值聚焦的考虑范围。

企业通过以上多个维度制定了相关的竞争战略，并找到其中的可制胜因素，这对品牌在客户心智中产生的关键联想提供了进一步的聚焦可能。

竞品识别维度

竞品识别是指企业对竞争对手品牌进行审查，包括对竞品的定位、产品和业务特性、品牌元素、关键信息、能力认知、人格形象和心智联想等方面进行分析和评估。这些评估需要从竞品在品牌传播方面的表现中归纳总结，以找到企业品牌可以实现差异化的领域。

企业可以通过对不同品牌的审查，从不同的维度划分出成熟品牌，以获取关键的品牌建设启示和行业内"优秀"品牌对外发声的标准。

以医疗设备品牌为例。在医疗设备行业中，优秀的品牌通常会从更广阔和更人文的角度与患者沟通，展现其守护人类的意愿和责任。这是由医疗行业的属性所决定的。对于需要进行品牌升级的企业来说，这是一个很好的借鉴案例。如果企业将核心价值放在设备的性价比或制造效率等竞争优势上，那恐怕很难赢得患者的好感，更不可能激发产品的使用者——医生的认同和意义感。这样的品牌在市场上的竞争力无疑是微弱的。

竞争卡位维度

竞争卡位维度是竞争区隔分析的最后一步，通过竞争图景和竞品识别的结论，帮助企业找到竞争机会点。品牌所宣称的"竞争卡位"是人们心智中的位置，能形成有价值的联想。因此，品牌的竞争卡位就是确定一个或一组关键的价值联想。

通过罗列竞品的品牌心智联想要素，我们可以确定哪些是较少竞争区域，哪些是空白区域。新品牌可以在这些区域中找到竞争机会点，确定自己的竞争卡位（图6-24）。

在高度竞争的市场环境中，很少有完全没被竞品提及的关键联想要素。然而，总会存在一些要素是其他竞品不重视、不关注或者能力跟不上的。以沃尔沃为例，"安全"这个心智联想要素对于其他品牌来说只是一个品牌要求，但对于沃尔沃来说，"安全"是信仰，是贯彻在产品、服务、体验各个细节中的核心价值。反之，沃尔沃也具备了宝马的"动力"和奔驰的"尊贵"，但这两项并不是沃尔沃的重要价值选项。因此，我们需要深入挖掘品牌的核心价值和独特之处，找到那些其他竞品不具备或者不强调的关键联想要素，以此来卡位竞争市场。

另外，大声量品牌往往可以覆盖小声量品牌，从而占据某个价值联想。

因此，对于小品牌或新品牌来说，在创业初期应该尽可能地打响并拥有这个关键联想，以防止大声量品牌的传播资源压制。

品牌心智联想要素可能是某个功能利益点、情感利益点，或者某个场景的占据，这取决于哪些价值可以帮助品牌与客户建立联系和深度连接。

对于初创小品牌，为了确定品牌核心价值，我们推荐使用"品牌竞争聚焦递进定位法"（图6-25）。这种方法通过分析竞争环境，找出品牌在市场中

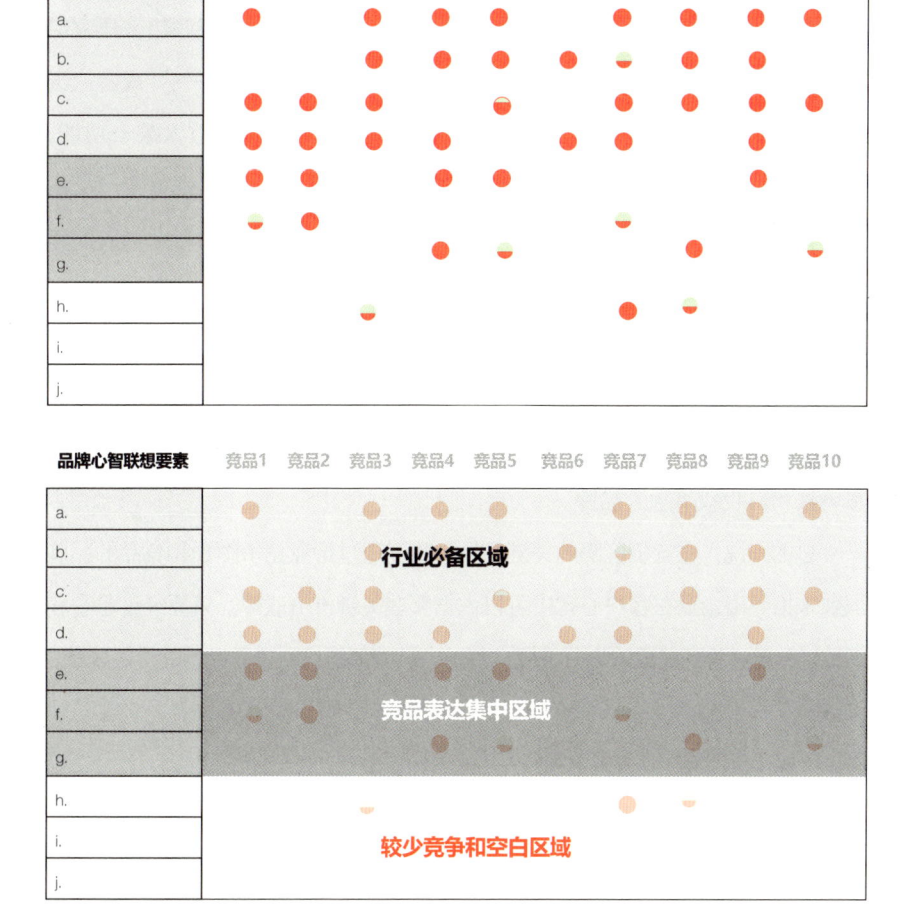

图 6-24　品牌竞争机会分析图

的优势和劣势，确定品牌的核心价值，从而快速地建立品牌的定位。

竞争环境	产品功能	场景	自我叙事
蓝海[1]环境	单点功能		
宽松的竞争环境	放大功能	+细化的使用场景	
高度的竞争环境	极致功能	+心智场景	+自我叙事

图 6-25　品牌竞争聚焦递进定位法

在蓝海环境中，品牌可以通过将产品的单一功能作为关键联想来建立品牌价值。例如，超市里随处可见的橄榄油沐浴露可以主打"香气"或者"天然"。然而，当行业进入相对宽松的竞争环境时，品牌需要放大某一功能，并加入细化的使用场景作为关键联想。例如，"强生沐浴露"将宝宝产品的安全特性凸显供大人使用，场景是妈妈和宝宝的温馨画面。当行业进入高度竞争的环境时，品牌需要采用更为复杂、更具风格化和人格化的方法，通过"极致功能+心智场景+自我叙事"的组合来建立关键联想。例如，力士沐浴露的海报中通常展现了"闪亮冰爽"的品牌价值，凸显了爽肤的功能，还展现了轻奢和柔美的风格，更是将女性心智中想要的"闪亮光彩"时刻的理想场景和自我叙事融入品牌。

总的来说，在竞争区隔的关键领域，我们通过行业竞争图景和竞品的品牌识别来推导出企业在客户心智中可以占据哪些关键价值联想。只要经过悉心和细致地分辨，找到关键的划分维度，每一个品牌都能找到自己专属的价值区域。

---

[1] 蓝海，指未知的市场空间。——编者注

品牌战略定位方向聚焦和决策

定位方向聚焦

定位方向的聚焦，就是明确核心价值坐标的轴心点在哪里。当企业在四个关键领域的成果提炼完毕后，选择其中最有价值、最能形成发展势能的部分进行串联，这个过程不仅需要理性的洞察，还需要一些创意和感性的思考（图 6-26）。

制定品牌战略定位时，企业串联四个关键领域结论的方法主要有三种。

方法一：筛选价值定位归纳法

筛选价值定位归纳法是一种有效的品牌定位方法，通过找到四个关键领域中能够形成高度关联的价值，将它们连结成企业的品牌战略定位。以某地产品牌为例，在海量的信息分析中，我们发现该企业在四个关键领域里可以用一根线串起一个核心价值。

- 企业基因关键领域：高层管理者群体深度共享一个地产开发的目标和愿景，他们希望为购房者打造一个永久的家园，让人们在这里扎根和发展，获得归属感。
- 能力优势关键领域：该企业的众多能力中，有一个较为独特的能力是营造良好的社区氛围，形成"大家庭"一般的生活气氛。同时，该企业的企业文化也倾向于构建其乐融融的家庭氛围，这种企业文化源自创始人和决策者都拥有一个"大家庭"的成长背景。因此，我们建议企业将能力聚焦从"工程建造"下移到"物业管理与社区配套"，打造更加完善的大型社区生活体验。
- 客户心智关键领域：我们发现，对于当下的购房者而言，他们不再仅仅关注房子的内在布局，而是将"家"的定义扩展到小区和社区。因此，

品牌通识：科学系统的品牌全景

图 6-26 定位方向聚焦的三种常用归纳法

内外价值对标定位归纳法

主副价值定位归纳法

筛选价值定位归纳法

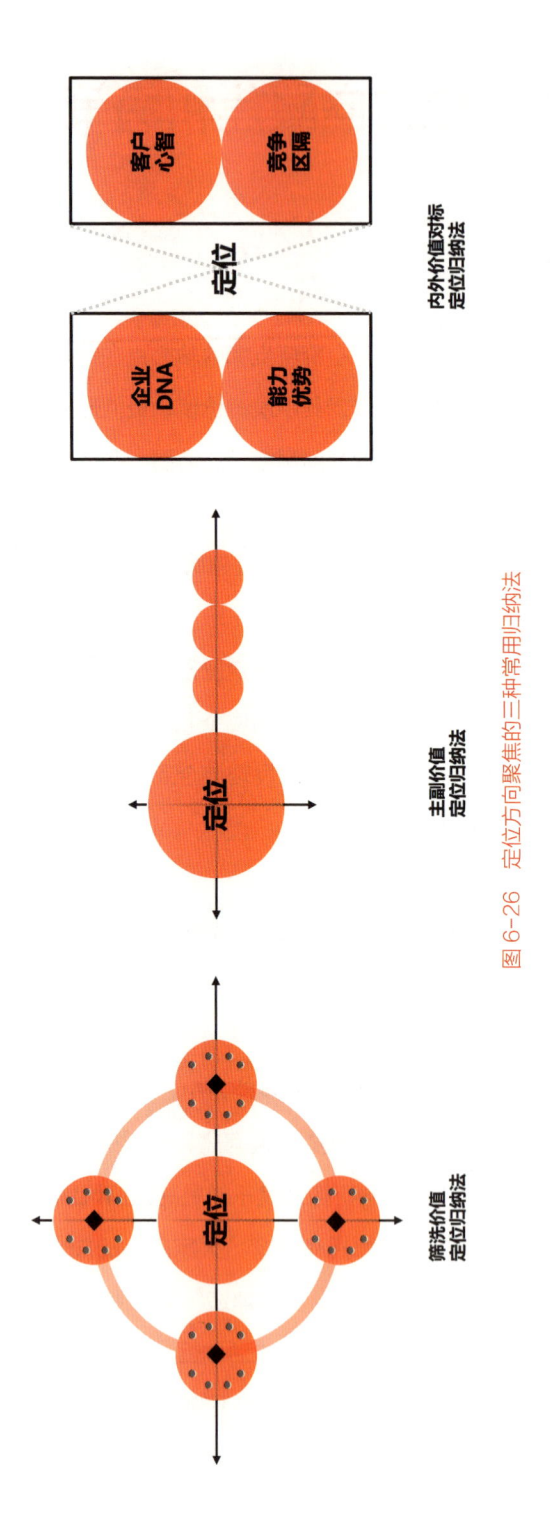

我们将品牌的目标人群定位在那些对"家的温馨"有执着追求的人。
- 竞争区隔关键领域：在当时竞争激烈的市场中，许多同行都在争夺有限的资源，将重心放在房子和小区的建设上。但与此不同的是，我们建议该品牌将物业的氛围管理和相关社区配套来作为差异化的价值点，从而在市场中脱颖而出。

最终，我们在小区论坛上发现了一句特别能够描述该企业核心价值的话："此心安处是吾乡"。这条串联四个关键领域的品牌线索就是"家"。因此，我们建议将品牌定位为综合性生活社区的开发者和运营者，致力于为居住者打造可让其安享"心之归属"的"城市社区"。

方法二：主副价值定位归纳法

主副价值定位归纳法是根据企业品牌当前面临的主要发展问题或矛盾，以其中一个关键领域为主，在其他关键领域中抽取可支持的价值因素。通常情况下，主引领区域是"不变量"，而其他领域是"变量"。

举个例子，如果企业的最高决策者有很强的业务目标，那么就可以将"企业基因"关键领域的分析结论作为主引领，即使其他关键领域当前无法配合，也可以在未来发展中逐渐弥补，只要设计好品牌的成长路径即可。这种方法非常适合那些具有前瞻视野的企业家。在互联网品牌中，很多商业模式都始于一个创新性想法，其能力、客户、竞争壁垒都未固定，也非常适合以"企业基因"作为引领的定位归纳法。

如果分析中发现，企业的最大"不变量"是某一项特殊的能力，那可以用"能力优势"作为主领域；如果企业最大的"不变量"是某一类忠诚客户，那就根据客户情况去反向提升自己的能力和确定自己的志向。

以"竞争区隔"为主领域的定位方法企业可能更为熟悉，即针对最大竞争对手的对立面去构建自己的品牌定位，又或者在市场研究中发现一个仅剩的"未满足需求"的"赛道"，围绕这个机会去构建整体品牌战略。

方法三：内外价值对标定位归纳法

内外价值对标定位归纳法综合了内部和外部视角的总结，以此为基础进行对比分析得出一个品牌定位。这种方法更偏向于创意，适合那些在四大关键领域中没有特别拔尖特性的企业，我们可以从价值理念层面去挖掘和对标，然后反向推演企业可以被放大的核心价值在哪里。

例如，一个金融品牌可以通过这种方法得出以下定位结果（图 6-27）。比如内部价值因子中的"以解决问题构建信用"和外部客户期待中的"问题解决"可以组成一个价值理念层面的核心价值，作为品牌建设的起点。

内部·价值因子		外部客户期待(利益点)
1. 以社会责任驱动		a. 忠诚保障
2. 领军创新		b. 稳定/诚信
3. 专业实力派		c. 资源共享
4. 维持行业稳定		d. 丰富选择
5. 忠于客户、成就客户	定位方向1	e. 价值增长
6. 追求合理有序	定位方向2	f. 可控/符合预期
7. 大局观/自律守正	定位方向3	g. 问题解决
8. 稳健、稳进、长期持续		h. 专业支持/更博学
9. 赢在实效、放大价值		i. 多方成就支持
10. 以解决问题构建信用		j. 社会贡献
		k. 兼济天下的情怀

重要性 高→低；差异性 低→高

图 6-27 某金融品牌的内外价值对标定位归纳法案例

定位方向决策

一个品牌获得的战略定位方向通常不止一个，决策层需要在几个方向中做出抉择。

决策者在考虑品牌方向决策的时候，可以考虑以下几项判断标准（图 6-28）。

定位方向选择判断标准	打分
符合企业发展愿景	1 2 3 4 5
能力能够支撑	1 2 3 4 5
与品牌受众相关性强	1 2 3 4 5
在竞争中具有差异性	1 2 3 4 5
支撑传播上的丰富演绎	1 2 3 4 5
适合未来业务类别延伸	1 2 3 4 5

图 6-28　品牌战略定位方向决策评分清单

在我们的项目经验中，当面临方向性决策困难时，常常会出现"难以取舍"的情况。在这种情况下，放弃一个方向似乎就等于放弃了品牌的重要部分，这对品牌建设而言是有害的。因为只有足够明确的定位，才能在市场上突出重围、具有心智穿透力。但实际上，选择一个方向并不意味着要完全放弃另外的方向。比如沃尔沃选择了"安全"，并不意味着它的车就不具备"驾驶的乐趣"。同理，宝马选择了"驾驶的乐趣"，并不意味着它的车就不"安全"。品牌的关键联想是可以分层级表达的。

另一个容易出现的情况是高管层"众口难调"。这种情况往往是由于不同市场、不同职能的决策参与者从自己的角度出发思考，在品牌战略定位方向决策上会有偏向性。

举例来说，我们曾经为一家全球知名的摄影配件企业制定品牌战略定位方向，那时就遇到了众口难调的问题。欧美市场期望品牌定位能更多地呈现男子汉气概，它们的目标消费者的摄影场景甚至与野外打猎有关，因此欧美高管期望品牌能更好地凸显产品在极端环境和天气中的应用性。其他国家高管则有不同的看法，他们认为面对新生代消费者的崛起，需要更具设计感的产品来表达用户的心境。

遇到类似的情况时，除了可以通过上述评分清单来完成高管群策，通常品牌战略定位在表达方式上还可以进行本地化微调，从而解决不同地区的后顾之忧。

品牌通识：科学系统的品牌全景

调研设计与洞察：提升决策智识的标准

品牌战略定位作为企业的顶层设计，需要充分准备信息，从而消除企业内部和外部之间的信息差，帮助企业管理者做出更客观的决策。调研和洞察工作通常占据品牌战略定位工作量的 60%~80%，因此至关重要。以下是从品牌战略顾问的视角，介绍了我们系统收集信息的途径和方法，以供企业参考（表 6-2）。

典型品牌战略定位项目的调研方法

表 6-2　品牌战略定位调研方法汇总

外部			
客户/消费者定性研究： 一对一深度访谈（面谈/电话访谈/视频访谈） 小组座谈会（2~8人一组） 入户观察和访问 陪同购物 消费者日记 专店/消费购物观察 产品使用观察 意见领袖访谈 专家/意见领袖/员工/消费者研讨会 ……	客户/消费者定量研究： 在线调查问卷 街头拦截问卷 到店客户问卷 ……	消费者大数据研究： 网络社会化聆听 品牌关联词 品牌形象正负值 百度指数 ……	竞品研究： 三年内行业报告（报告查一查、萝卜投研等） 天猫\腾讯等消费者年度报告 行业专家访谈 竞品官网 竞品专店等走访研究 竞品公开报告和演讲 竞品市场传播物料 ……

续表

内部		
内部文件阅读： 企业战略文件 上市信息披露信息报告 组织架构 产品业务架构 领导人重要讲话、采访文稿 销售数据或报告 品牌管理设置文件 品牌管理工作计划和总结 市场传播资料和物料 ……	**访谈：** 决策者、各部门高管访谈 区域代理/分公司管理者访谈 一线销售/金牌销售访谈 ……	**走访观察：** 内部会议与会和观察 企业工作环境观察 成果展厅/品牌文化墙观察 生产观察 专店专柜走访 ……

调研设计的重要标准

调研设计的标准可以总结为以下四点：**有针对性、全面客观、深度数据、内外可对照。**

调研设计的第一项标准是**有针对性**。

企业在进行品牌调研时需要明确业务发展的目标，将其转化为品牌调研的目标，并根据关键解题思路和结论假设来设置相关的调研方向和问题。例如，如果企业需要解决品牌知名度问题，就采用定量的方法去评估知名度；如果需要做市场细分，就进行多市场、大量样本的定量研究；如果需要探寻全新概念，就进行集合品牌专家、行业专家、内部员工和消费者的研讨会和头脑风暴；如果企业战略的发展只存在于最高决策者的脑中，就去花更多的时间追问他、观察他、理解他。

我们也见过许多企业纯粹为了调研而调研，甚至是为了推卸决策责任而调研。有些企业会在高层决策时因为更高层领导者的一个突发"创意"而抛弃市场或品牌部门的数据，这严重拖慢了品牌建设与发展的速度。这种情况的核心问题在于，上下层之间缺乏一个明确的需要被解决的课题。

因此，解题思路与假设的针对性越高，调研效率就越高，投入成本就越少。这个过程就像医生在为患者诊断病情前，需要进行相应的仪器检查一样。相反，一个泛泛的品牌调研对企业并没有直接帮助，甚至会造成巨大的浪费。因此，企业在进行品牌调研时，需要有明确的品牌问题诊断作为前提，以确保调研结果能够为企业决策提供有价值的参考。

调研设计的第二项标准是**全面客观**。

数据的全面客观意味着需要从多个渠道及最可靠的渠道进行收集。由于决策本身并没有绝对的正确，往往只能依靠概率来进行判断，因此，全面客观的数据收集可以提高决策的准确率。在数据收集的过程中，需要确保数据来源的可靠性和权威性，以尽可能地减少数据的偏差和误导，这样才能够更好地为企业的决策提供有力的支持。

调研设计的第三项标准是**深度数据**。

深度数据需要回答问题背后的原因，而不仅仅是提供信息的表征。例如，当消费者表示喜欢 A 品牌时，我们需要深入探究其吸引之处、吸引因素的意义，以及是否可以与 B 品牌相媲美等问题。在调研中，只有能够解答"为什么"的深度数据才具有实际价值。

调研设计的第四项标准是**内外可对照**。

内外部的认知偏差是品牌建设中常见的问题，因此需要进行内外部调研并进行对照分析。例如，针对品牌印象、企业能力认知、产品功效和满意度等问题，我们需要同时开展内外部调研，并在数据分析时进行对照，以找出中间的认知偏差，从而为企业的发展提供真实可靠的帮助。

本章要点 Key Point

（1）定位是商业运营中一系列判定和划分维度聚焦的坐标点，被广泛应用于商业和业务战略规划、营销、产品服务设计等领域。定位的核心目的是对内聚能，对外聚势。品牌定位是让企业的价值创造和价值实现在一个价值连接点上形成内外协同效应。

（2）在品牌领域，品牌定位是品牌战略定位和价值主张定位的综合体。品牌战略定位聚焦企业的内在核心价值，价值主张定位则帮助这个核心价值找到清晰且准确的价值声明，用以植入外部的消费者心智。

（3）品牌战略定位，即企业核心价值的定位，旨在找到企业在人们心中的价值坐标。它是从人心的角度来理解商业的本质、意义和生态卡位，以及由此构成的企业可创造和实现的最大价值边界。

（4）品牌战略定位的确立建立在品牌观的基础之上，即企业的意义不是由自身的业务特性或产品功能所决定的，而是由外部人眼中的认同所决定的。因此，品牌战略并不改变商业或者是业务发展战略的本身，企业需要通过转换成人的心智语境的方式，向客户、相关利益人群和社会来进行介绍并表达自身的价值，以形成彼此的价值共识。

（5）为什么要寻找企业的核心价值？作为社会创造价值的载体，企业的核心价值是企业经营的轴心。只有明确了核心价值，企业才能在经营过程中找到明确的附着点，逐渐形成资产。如果企业没有明确的核心价值，那么在经营过程中的每一分传播投入都是散沙，都是成本和费用。

（6）业务战略需要回答"做什么，不做什么"，品牌战略定位需要回答"说什么，不说什么"。

（7）品牌战略定位（核心价值）用一句话来表达就是：我未来是谁，有什么能力、优势，为谁，提供什么差异化价值。

（8）虽然市场上有许多不同的定位方法，适用于不同的场景，但大多数方法都着重关注市场需求和竞争视角。然而，企业核心价值的挖掘、聚焦和确立只有从内部和外部两个视角聚焦在一个平衡点上，才能实现价值的最大化和持久化。因此品牌定位是在四个关键领域上找一个动态平衡点。这四个关键领域是内部视角"企业基因和能力优势"，外部视角"客户心智和竞争区隔"。

（9）品牌建设需要关注客户潜在的需求动机和信念共识。这是因为品牌更关注人心智中稳定的、已存在的因素，如客户想要解决的问题、解决问题的模式以及认知模式和自我叙事等。人们的价值判断标准源于其动机和信念。因此，品牌只是实现人们已有动机和信念的一种方式。每个企业都必须明确回答自己品牌存在的意义，它到底代表着客户的哪些动机和信念。

（10）品牌广众数量大于直接客户群体，品牌对应品牌受众而不只是直接客户，还包括潜在购买人群、所有能影响购买决策的人，以及非购买者等。

（11）品牌利益点是指品牌受众能够感知并体验到的具有价值的利

益，这些利益是企业能力的体现，经由消费者心智对其价值的判断而形成的。品牌利益点是品牌建立识别的重要元素之一。

（12）企业希望实现绝对差异化，即通过发现新的市场机会、更细化的市场定位来形成品类唯一或者第一的印象，这种做法是追求绝对差异化的方式之一。然而，由于市场通常是拥挤的，实现绝对差异化越来越难。因此，企业也可以选择相对差异化的方式，从更广泛的角度来切入差异化，比如关注特性、资源、核心竞争力、发展历史、个性风格、价值观、理念、文化、发展动机、形象、未来构想等因素，改变其中一个或几个因素都能为品牌带来价值上的差异化。

（13）企业在圈定竞争对手时候常常存在误区。企业通常认为那些售卖同类产品的品牌才是竞争者。然而，客户是以"问题解决"为导向的，而不是以产品为导向的。解决人们同一个问题场景的所有产品方案的提供者，都是彼此的竞争对手。

（14）在高度竞争的市场环境中，很少有完全没被竞品提及的关键联想要素。然而，总会存在一些要素是其他竞品不重视、不关注或者能力跟不上的。

品牌通识：科学系统的品牌全景

Chapter 7

品牌创建层——识别表达：建设一套具有差异化、可被识别的品牌元素体系

当企业明确了自己的核心价值，接下来就需要借助品牌识别将它具象化，变成可传播的品牌元素，以便于在市场上与目标受众进行沟通。

品牌识别和品牌形象是两个不同的概念，但很容易被混淆。因为广告等传播形式早于品牌资产概念而存在，所以人们常常将品牌与形象或包装等概念等同起来。这是一种对品牌发挥作用的误解。

品牌识别包括内里和外显两个方面。内里指的是品牌内涵，即品牌的身份识别系统。品牌平台（Brand Platform）是内涵的构建工具，由多个条目组成。

品牌内涵（身份识别系统）的外显化需要借助两个工具——视觉识别体系和语词识别体系。**品牌的识别系统由品牌的身份识别、视觉识别和语词识别三套系统共同构建。其中，视觉识别和语词识别是基于品牌内涵的外显化工具。**

身份识别系统：
愿景、使命、价值观、价值主张等元素

品牌平台：身份识别系统管理文件

企业一旦确定了品牌的战略定位方向，就需要利用品牌平台（图7-1）这一管理工具来清晰地罗列出品牌的定位内涵，形成品牌的身份识别系统，这是品牌管理中最重要的文件。品牌平台是品牌管理的框架和蓝图，是企业所有策略的聚焦点。品牌平台不仅勾勒出了品牌的边界，还承担了构建品牌识别的重要任务。在对外沟通品牌时，企业必须依据品牌平台的定义来确保与同类品牌的差异性（图7-2）。

身份识别系统的构成和提炼

品牌平台可以分成上下两个部分，上半部分是"**品牌战略定位**"。由于品牌的建设始于品牌战略定位（核心价值），因此，品牌平台应该将"品牌战略定位"放在最上方作为最高战略指导。上一章中我们已经详细阐述了品牌战略定位的聚焦过程。

品牌平台的下半部分是"价值主张定位"，是以与目标人群的沟通为目的去构建可识别价值元素的过程。

为了保证品牌平台文件的完整性，我们在图7-1中保留了"品牌战略定位"和"品牌价值主张定位"的所有条目。

品牌通识：科学系统的品牌全景

品牌战略定位：
是从人心的角度来理解商业的本质、意义和社会理想。
企业的核心价值定位，以及由此构成的企业可创造和实现的最大价值边界。

我未来是谁	有什么能力、优势	为谁	提供什么样的差异化价值
企业的理想和社会理想我	企业可长期形象的、持续输出的、可被客户认知的、能有效解决客户问题的那部分核心竞争力	核心品牌受众，以及他们特定的需求动机和信念共识	位于竞争空白或较少竞争的区域，并在品牌受众心中具有显著独特性的价值利益点

洞察	理念	愿景	使命
我们发现这个世界有一个问题/需求，盼需我们解决	我们对世界的看法，我们所有价值观行为背后的出发点	我们想要企及的理想世界，想要无限接近的终极目标	针对这个问题/需求，我们提出的解决方案是什么？

价值观	个性	品牌角色	人格形象/精神
为了达成愿景和使命，我们要如何行动和实现，遵循哪些原则才能成功？	我们给人的感觉，我们如何与客户沟通	我们在关系中所扮演的角色恰当的品牌角色能让客户对双方都感到满意	人格化形象特征能与客户同频共振的内在精神

品牌价值主张定位：
我们的品牌承诺，我们期望人心能记住和相信我们最核心的价值

说什么　内在　价值聚焦
怎么说　外在　价值声明

图 7-1　UP·toma 品牌核心定义平台工具

第三部分 品牌体系和工序：如何构建一轴三层的品牌体系

Google

品牌战略定位：
连接人与有用信息的效率

我找未来是谁	有什么能力、优势	为谁	提供什么样的差异化价值
全球最大、引领的搜索引擎公司	构建信息图谱持续改善信息获取的方式	人	每个人都可以一键获得想要的精准信息和答案

洞察	理念	愿景	使命
人们如何平等、有效地利用信息	到谷歌来，迅速找到所需内容，然后离开，去做自己想做的事情	一键访问世界新信息	整合全球的信息，供大众使用，让人受益

价值观	个性	品牌角色	人格形象/精神
用户为本信息需求超越国界在不作恶的基础上赢取利润……	客观的好奇的出格的简单的	一个不断增长的网络世界的信息整合者	无思强权，格守信息公平、民主的技术型创造者

品牌价值主张定位：
让人们可以随时随地触及有用的信息

说什么　内在价值聚焦

怎么说　外在价值声明

图 7-2　谷歌品牌定义平台案例

191

品牌通识：科学系统的品牌全景

品牌价值主张的提炼

什么是品牌价值主张定位？

品牌价值主张定位是清晰且准确的品牌提供的价值的声明。 它是关于一个品牌，能够传达给受众最鼓舞人心、最引人注目的东西。价值主张定位是"我们的品牌承诺、我们存在的理由，以及我们期望客户和社会能记住的关于我们最核心的价值"。它在创意转化核心价值方面发挥作用，能确保品牌受众在所有接触点上体验一致的核心价值。

提炼价值主张通常用一个词或短语来表示（图7-3），是一项具有挑战性的工作。简洁的表述更有力度，能勾勒出品牌在目标群体心智中的独特价值和与竞争品牌的差异。它是一种具有穿透力的、极度精简的记忆。

PHILIPS	IBM	pepsi	Disney	Segway-Ninebot 九号公司
简约	信心	年轻	神奇	简化人与物的移动

图7-3 价值主张定位案例

下面我们来一一说明价值主张的设计过程。

洞察、理念、愿景和使命

洞察、理念、愿景、使命是逐步推进的过程，回答了"企业因何而存在"的问题，完整阐述了企业的存在意义。

洞察：我们发现这个世界有一个问题/需求，亟须我们解决……

理念：我们对世界的看法、我们所有价值观和行为背后的出发点。

愿景：我们想要达到的理想世界、想要无限接近的终极目标。

使命：针对这个问题/需求，我们提出的解决方案是什么？

即使两个企业经营相同的业务，但由于它们的洞察角度、理念和愿景不同，所以它们所构建的理想世界或状态也不同，这就导致它们所能提供的解决方案也不同。这些差异是企业差异化的真正根源。因此，品牌差异化不仅体现在品牌利益、风格和调性上，更体现在对世界的不同理解上。

企业在提炼、使用愿景和使命时，存在一些常见的误区。

第一，很多企业容易混淆"愿景和使命"。区别两者最简单的方法是，**"愿景"是对未来美好、理想状态或场景的描述，它是企业对未来蓝图的描绘，是一种推动力和号召力**。"让天下没有难做的生意"更精准地表达了愿景的含义。而**"使命"则具有明确的行动和结果指向性。使命可以被细化拆解成阶段性的目标和价值观的构建**。表述使命通常包含以下几个元素：

- 谁
- 任务
- 方案
- 能力
- 让什么成为可能

因此，在制定愿景和使命时，企业需要清晰地区分两者的含义和作用，以避免出现混淆和模糊化的表达。

比如以下三个电动出行工具品牌的使命。

九号公司（应用于创新短交通出行和机器人产品等领域）的使命：以国际化视野立足全球市场，以简化人和物的移动，让生活更加便捷和有趣，专注于推动智能短交通和机器人产品的创新与变革。

小牛电动车的使命：致力于为全球用户提供更便捷环保的智能城市出行工具，改变出行，让城市生活更美好。

特斯拉的使命：致力于通过电动汽车、太阳能产品以及适用于家庭和企业的综合型可再生能源解决方案，加速世界向可持续能源的转变。

第二，很多企业决策者认为愿景和使命应该展现其商业理想，因此在创作时也融入了自身的欲望。他们错误地将其视为一个文案创意工作，因此对愿景和使命的要求通常是"高大上""展现格局""震撼"。然而，**愿景和使**

命的核心作用是体现企业内在的、创造价值的方向，而不是仅仅展现宏大的口号。因此，对于愿景和使命来说，与企业内在特质的匹配和适合度比宏大叙事更为重要。通常，愿景和使命越是拔高和宏大，品牌的识别度就越差，这违背了愿景和使命设计的初衷。

第三，**愿景和使命不是企业单方面的想法，它们需要经过目标人群的过滤。**许多企业喜欢用"致力于成为行业领导，或者第一"、成为"受人尊重的企业"等语句，但这类语句并不具备传播的效能，因为它们不具备与目标人群和社会的相关性。因此，这些语句不能成为企业对外"交朋友"的助力。愿景和使命必须是一种利他性价值的表述，这条原则适用于所有类型的品牌。

第四，很多企业会说，我们即便没有这些东西，企业也在发展。其实，**"洞察、理念、愿景和使命"是企业和企业创始人潜在的生命意图，它们与生俱来、自发生长，**隐藏在企业每一个共识达成的契机上、每一个统一行动背后的隐形力量中。很多企业都是在发展到一定阶段，比如处于品牌升级、企业文化建设等时机时才开始设计的，全球顶尖的企业也是如此。这并不代表先前的发展过程中没有这些内容的指导，只不过没有成文的规定而已。它们并非由品牌战略顾问或某个文案来决定。撰写者的工作仅仅是进行访谈，将这些深藏于企业和企业创始人潜意识里的生命意图用特定的方法呈现出来，从而被企业内部和外部的人所感知、理解、认同，并最终形成影响力，连接商业与人心。

第五，有些企业为了方便传播，将愿景和使命合并起来，或者只设置一个使命或理念，这是因为中国企业更倾向于展示自己的努力和具体行动。因此，在理念和愿景的表述中也采用了"行动指导方针"，使得这三者在语言上难以区分。

从市场沟通的角度来看，这种做法是可以接受的。即使在"洞察、理念、愿景、使命"都被完整表述的情况下，企业仍然可以选择只采用其中一项作为主要沟通内容，甚至可以直接用作标识语，以加深外界对企业的印象和认知。例如，华为的愿景和使命是"把数字世界带入每个人、每个家庭、每个组织，构建万物互联的智能世界。"

价值观

价值观是指为了实现愿景和使命，企业应该如何行动和表现，遵循哪些原则才能取得成功。在理念的指导下，价值观指导企业在做事和做出选择时确定优先级。

举例来说，建设银行的价值观强调"立足国家经济主战场"，在项目选择上优先考虑那些能利国利民、巩固国本的项目，即使利润很小也要确定其可以占据较高分量。

企业在理解价值观时存在一个常见误区，即将其仅仅视为员工行为指导。实际上，品牌作为内外连接的桥梁，品牌价值观同样具有与外部沟通的作用。 因此，它不仅是对员工如何更好地实现价值主张的指导，同时也展示了与目标客户和社会交往的方式。

关于价值观的提炼，需要满足三个要求。第一，价值观要符合品牌定位，以帮助企业塑造可识别的形象。通常，价值观由几个方面构成，共同支撑品牌的愿景和使命。因此，价值观是品牌价值主张的重要支柱，通常由3~4个词组成。

比如，谷歌的三个重要的价值观：

"用户为本"——对用户的态度。

"不作恶地获取利润"——对商业伦理（信息是一种权力）的态度。

"信息无国界"——对市场范围的态度。

谷歌的价值观从三个方面构成，支撑起了"一键访问世界新信息"的愿景和"整合全球的信息，供大众使用，让人人受益"的使命。因此，企业在设计价值观时，应首先将自己最关注的几个支柱排序，并在每个序列中寻找相应的词来表达。

价值观提炼的第二个要求：尊重企业的内在行为惯性，即企业创始人或管理者经常提及的那些词语。这些词语是传承下来的行为共识，也是宝贵的品牌资产。

价值观提炼的第三个要求：体现对业务战略目标的支持。例如，如果企业未来要聚焦于专业细分领域，则可以添加类似"专业专精""研精致思"等价值观；如果企业要将战略重点放在创新或空白领域，则可以添加类似"异想天开""破旧立新"等价值观；如果企业要强化产业链上下游或客户同盟的紧密程度，则可以加入类似"同舟共济""崇尚合作""无界协作"等价值观。

圈定想要表达的价值观后，企业可以重新为这些词语做设计，在企业的价值观中加入更强烈的态度和理念，让它们看起来更加独特且具有传播性。

例如，我们为一个医疗设备制造公司设计的价值观从四个角度切入：专业研发、精益制造、行业协作、全球普惠。为了凸显医疗行业的特性和企业对社会的责任，这四个词可以颇具创意地表达为"敬畏之心、匠造之心、同理之心、仁爱之心"。

为了缩短价值观设计的时间和提高精准性，我们根据经验设计和整理了一个价值观列表（分为12大类，231个具体内容），作为企业在提炼价值观时的一个工具（图7-4）。

个性

品牌个性是指品牌与外部人接触时所展现的人格特质，品牌个性是高度拟人化的品牌元素。品牌个性是建立在愿景、使命和价值观的基础上的，它能够让人们对品牌的言行一致、知行合一有更深入的认知。举例来说，谷歌的品牌个性是客观、好奇、出格和简单。

同时，品牌个性因为是容易被外在感知的部分，所以它也指导了品牌所有外在识别元素的创作，比如视觉风格、图片风格、语言风格等。此外，品牌个性还能够在招聘过程中发挥重要作用，通过对候选者性格与品牌个性的匹配程度进行评估，判断候选者是否符合"我们的人"的标准。

品牌个性的选定需要满足多个条件。首先，它必须与品牌的价值主张相

第三部分　品牌体系和工序：如何构建一轴三层的品牌体系

1	2	3	4	5	6	7	8	9	10	11	12
奋斗	共情协作	乐观主义	求实	利他	大局观	创新	真诚态度	求真	自由	革新	求变
勇猛精进	同舟共济	童心未泯	精打细算	无微不至	励精图治	青出于蓝	避繁就简	研精致思	从心所欲	不同凡响	因人而异
锲而不舍	从一而终	乐在其中	稳扎稳打	宽大为怀	扶老携幼	异想天开	返璞归真	真知灼见	唾手可得	革故鼎新	随机应变
矢志不渝	比肩而立	随遇而安	求同存异	面面俱到	推贤使能	集思广益	光明磊落	知人之明	择木而栖	卓尔不凡	无奇不有
自强不息	入情入理	赏心乐事	循序渐进	助人为乐	尊贤使能	只争朝夕	一心一意	远见卓识	直抒己见	出奇制胜	无所不包
敢作敢当	连枝同气	不拘小节	脚踏实地	博施济众	从善如流	量体裁衣	至善至美	厚积薄发	行成于思	审时度势	居安思危
无所畏惧	心心相印	乐观	不辱使命	有求必应	和衷共济	继往开来	洁身自好	博大精深	自成千径	事在人为	不拘一格
勇往直前	协力同心		童子牵山	推己及人	高瞻远瞩	登峰造极	简明扼要	学无止境	自在逍遥	破旧立新	融汇多元
披荆斩棘	勤力同心		规行矩步	立己达人	高屋建瓴	前瞻洞察	有始有终	滴水不漏	志在四方	反客为主	拥抱变元
不屈不挠	成人之美		安若磐石	以礼相待	因势建瓴	别具一格	善始善终	专心致志	不远千里	反其道行之	包罗万象
坚忍不拔	心有灵犀		策群力	先人后己	为民请命	匠心独运	诚心安意	明心见性	天马行空	倒行逆施	融会贯通
能屈能伸	志趣相投		成仁取义	成仁取义	克己奉公	独树一帜	诚为心声	见微知著	我行我素		化腐朽为神奇
百折不挠	追求永恒		淡泊明志	言传身教	兴邦立国	千变万化	宁静母温	鉴往知来	探索		
不负众望	将心比心		嘉言懿行	济困扶危	持中守正	物尽其用	赤子之心	正本清源	开放		
身先士卒	一视同仁		乐天知命	全力以赴	顾全大局	应有尽有	光明正大	精益求精			
殚精竭虑	知乐和美		安分守己	乐善好施	计出万全	曲尽其妙	一以贯之	究根寻底			
奋发有为	知心知情		中庸之道	与人为善	事必躬亲	自我实现		富于启迪			
常发不懈	聚沙成塔		与世无争	悲天悯人	不raise则鸣	引领		慎始慎终			
全情投入	同心合意		平等	舍己为人	严于律己	突破		实事求是			
宁为玉碎	赤诚相深		实用	知无不言	触手可及	蜕变		正言直速			
敢为天下先	精诚所至		博爱	言无不尽	大公无私	创想		知行合一			
奋斗	关爱		同理心	兼爱	一诺无金	笃信		见贤思齐			
	无界		贡献	分享	兢兢业业	言必信		去伪存真			
	无间		奉献	仁爱	井然有序	行必果		言必有据			
				利他	担当责任			微言大义			
				利众	卓越即责任			无所不晓			
					普惠			学以致用			
					赋能			勤德好问			
					公正			追求意义			
								精准			
								洞察			
								前瞻			
								好奇			
								专业			

图 7-4　UP：toma 品牌价值观列表（231 个）

一致。例如，沃尔沃的安全定位需要体现稳重、责任感和严谨。其次，品牌个性也应与竞争对手形成差异。例如，可口可乐强调经典、传统和欢乐，而百事则注重年轻、活力、潮流和酷。此外，品牌个性还需要具备易于表达的特点，例如"简单"和"锐意"等词语，具有较强的视觉表现力。最后，品牌个性通常应该是正面积极的。

品牌个性通常由3~6个形容词构成。为了帮助品牌管理者更好地选择，我们根据以往的设计经验，在书中提供了一个常用品牌个性词词库，共包括360个个性词。它可以让品牌管理者更加方便地进行辩证式的挑选（图7-5）。

品牌角色

品牌角色是指在品牌与消费者之间的关系构建中，品牌所扮演的角色以及消费者所扮演的角色。厘清双方的角色有助于品牌与消费者的沟通和体验塑造。在品牌体验的情境下，消费者与品牌是可以进行互动的，双方的角色同时存在。消费者是否愿意与品牌构建关系并保持忠诚，不仅取决于品牌的优秀程度，更取决于消费者在与品牌互动时是否感受良好。

品牌与客户的关系有许多种，我们根据构建关系的动机类别，将品牌角色分为5个维度，共20种（详见图7-6）。

维度1：竞争与合作

关系动机：共鸣、比较、互助、优越感、认同、融入和归属感。

品牌角色：挚友、伙伴、战友、同学。

品牌类型：陪伴和共创，成为彼此的支撑，带来证明和身份标签。

关系宣言：我们一起成长、情感共振、理念共享。

案例：罗永浩直播间"交个朋友"的品牌角色为挚友。

维度2：问题与要求

关系动机：自我效能、成就感。

品牌角色：管理者、引领者、监督者、评审。

品牌类型：品牌有门槛和限定、对客户有反向要求。

关系宣言：帮你克服惰性、摆脱消极和平凡、改正缺点，和我（品牌）

第三部分　品牌体系和工序：如何构建一轴三层的品牌体系

1	2	3	4	5	6	7	8	9
内向 ↕ 外向	思考 ↕ 感觉	有序 ↕ 随性/无序	实际/实干 ↕ 意义/无用	阳刚/男性化 ↕ 柔美/女性化	持重/内敛 ↕ 企图心/外露	温和/善意 ↕ 攻击性/锐意	成熟/世故 ↕ 童趣/轻松	保守/稳重 ↕ 好玩/发散

1	2	3	4	5	6	7	8	9
内向	思考	有序	实际/实干	阳刚/男性化	持重/内敛	温和/善意	成熟/世故	保守/稳重
腼腆	睿智	细致	可靠	骁勇	谦让	悉心	内行	传统
独立	逻辑	平衡	安稳	粗壮	坚韧	包容	高深	稳重
内敛	智慧	淳厚	淳祥	彪悍	称职	慈祥	自立	自然
矜持	专业	审慎	淳朴	凶猛	正宗	谐美	雅正	原始
寂然	理智	认真	诚实	大无畏	虚心	贤惠	威严	深沉
惜墨如金	透彻	讲究	诚挚	好胜	谦逊	淳美	高端	冷峻
不苟言笑	客观	干练	纯粹	果决	恭顺	直率	尊贵	保守
沉默寡言	理性	周密	纯良	豪迈	端正	至诚	优越	严格
默默无闻	贤明	周全	勤奋	霸道	正直	亲善	耐久	严肃
小心翼翼	慧黠	缜密	勤恳	英勇	朴实	知心	雅致	民主
	颖悟	中正	勤勉	坚毅	智圆行方	关怀	支持	开明
	觉察	谨慎	壮实	老成持重	体贴	阔绰	踏实
	聪颖	精细	资深	强硬	贵和有度	柔和	和合圆融	正义
	博学	精微	专一	大胆	不露锋芒	和善	韬光养晦	高自尊
	好学	专注	现实	顽强	大器晚成	友爱	润物无声	一心一意
	洞察力	简练	匠心	仗义	大智若愚	亲和	良师益友	光明正大
	察言观色	有条不紊	执着	爱冒险	虚怀若谷	慷慨	深明大义	谨言慎行
	明察秋毫	有张有弛	坚如磐石	桀骜不驯	反躬自省	润泽	雍容华贵	一本正经
	运筹帷幄	胆大心细	开诚布公	气宇轩昂	堂堂正正	温和	高风亮节	坚贞不屈
	博古通今	决断如流	大气磅礴	外柔内刚	不求闻达	和蔼可亲	宽宏大量	刚毅木讷
	通情达理	听微决疑	精明强干	光明磊落	不卑不亢	豁达大度	豁达大度	自我接纳
	能言善辩	言行一致	胸有成竹	自强不息	从容不迫	德才兼备	少年老成	德高望重
	深谋远虑	理通万物		刚正不阿		饱经世故		品学兼优
	忧思深远	训练有素		毅然决然		平易近人		不偏不倚
	好学深思	处变不惊				情真意切		
	多谋善断	自我确定						
	见多识广	应付自如						
	沉着冷静							
	博闻强记							
生机勃勃				温文尔雅				
慷慨激昂				文质彬彬			童心未泯	
八面圆通				彬彬有礼			快人快语	甜言蜜语
八面玲珑				秀外慧中			憨态可掬	流光溢彩
饱满				冰清玉洁			天真烂漫	光辉灿烂
旺盛				诗书气			纯真	玩世不恭
欢快				明媚			醒目	心灵手巧
豁达				儒雅	宏图大略		圣洁	有声有色
活泼	怡然自得			温柔	壮志凌云		轻快	妙趣横生
开放	坦然自若			文雅	锐不可当		忘我	知音识趣
激情	无限			文气	野心勃勃	可望而不可即	真实	兴致勃勃
张扬	满足	变化无常		娴静	鸿鹄之志	大气磅礴	真挚	兴奋
泼辣	神秘	自由自在		端庄	鹤立鸡群	威风凛凛	淘气	繁盛
健谈	神奇	无忧无虑		嫣然	力挽狂澜	才气纵横	天真	丰润
好客	好奇	无拘无束	满怀梦想	楚楚	后来居上	鲜艳夺目	轻灵	想象
奔放	遐想	逍遥自在	有信念感	清甜	英姿焕发	削方为圆	简单	滑稽
灵活	梦幻	悠然自得	微言大义	甜美	争强好胜	傲雪凌霜	可爱	逗趣
活力	懵懂	超然自得	震撼人心	温婉	进取	脱颖而出	幼嫩	俏皮
合群	狂想	独一无二		优雅	积极	盛气凌人	清新	怪诞
灵敏	奇想	特立独行		文静	新兴	锋芒毕露	动人	生动
灵通	创意	默契	深情	妩媚	要强	神气	闪亮	幽默
开朗	敏锐	无界	多情	淡雅	超越	爽朗	朝气	风趣
主动	敏感	自由	浪漫	安恬	卓越	骄傲	年轻	诱人
		肆意	伟大	娇娆	自信	凌厉		

| 外向 | 感觉 | 随性/无序 | 意义/无用 | 柔美/女性化 | 企图心/外露 | 攻击性/锐意 | 童趣/轻松 | 好玩/发散 |

图 7-5　UP·toma 品牌个性列表

品牌通识：科学系统的品牌全景

图 7-6　UP·toma 品牌角色定位图

一起变成更好的你。

　　品牌案例：爱马仕的品牌角色为"引领者"。

维度 3：目标与索求

　　关系动机：共鸣、比较、互助、优越感、否定或认同，以及融入和归属感。

　　品牌角色：爱人、诱惑者、激励者、造梦者。

　　品牌类型：设立目标、勾起欲望、让你觉得收获满满。

　　关系宣言：为你的梦想加油，实现你想要的成就。

　　案例：北方信托"成就伟大"，品牌角色为"激励者"。

维度 4：给予与支持

　　关系动机：安全、依赖、被爱。

　　品牌角色：老师、启迪者、父母、照顾者。

　　品牌类型：品牌可以缓解焦虑、带来安全感、追求稳定，遇到问题可以获得专业帮助。

关系宣言：全情支持你、满足你、照顾你。

案例：美国纽约梅隆银行"超过230年，不延迟的承诺，拓展世界各地，为世界带来改变"。品牌角色为"父母"。

维度5：喜爱与创造

关系动机：自我喜好、自主、力量感、创造力、影响力、权力。

品牌角色：孩子、宠物、玩具、作品。

品牌类型：定制、消费者可参与创造、尽情展现、释放和激发创造力。

关系宣言：看到你的独一无二。

案例：潘多拉"启发世界各地的女性展现她们的独特"，品牌角色为玩具。

从20个品牌角色中，我们可以看到，市面上很多品牌是缺乏角色特征的，这是由于过去的品牌建设通常是功能化、实力化和机构化的。

功能化：我有什么功能，你（消费者）的需求是被产品功能定义的。

实力化：我很有实力，你应该信任和仰望我。

机构化：我是大机构出品的，你应当看重我。

然而，随着消费者主权时代的到来，未来的品牌建设必然要进一步强化与消费者之间的互动，吸引和尊重消费者。

举个具体的例子。浙东南旅游联合体品牌是由舟山、宁波、绍兴、温州和台州5个城市文旅部门组成的旅游地联合推广品牌。根据"灵感悦动"的品牌价值主张和"面向未来、智慧探索和灵感捕捉"的品牌价值点，我们将浙东南旅游联合体品牌定位为"启迪者"的角色，并对浙东南旅游联合体和旅行者进行了角色定义的细化，从而帮助浙东南旅游联合体品牌更有针对性地设计旅游体验（图7-7）。

从20个品牌角色中我们可以发现，很多成熟品牌在品牌角色设计上局限于行业的固定联想和中国文化，使得这些品牌的角色定位相对较为集中，主要包括"父母""照顾者""伙伴"和"激励者"等。然而，实际上，不同的关系构建会带来不同的品牌体验，无论什么类型的品牌都可以采用20种角色中的任何一种。品牌角色定位的原则是，要考虑品牌的基因、价值主张定位以及目标群体，选择最符合这些因素的关系，从而让品牌与目标群体之间的连接更加紧密。因此，品牌角色的作用在于帮助品牌界定自己在什么样的关系中，才能够被目标群体优选、信任、认同和保持忠诚。

图 7-7　浙东南旅游联合体品牌的品牌角色表述

人格形象 / 精神

品牌人格形象是企业树立品牌形象的一种重要工具，尤其是一些品牌在产品层面很难实现差异化的情况下，可以试试使用品牌人格形象提炼的方法来解决。品牌人格形象不仅对需要"入圈共情"的消费品品牌有很大的帮助，对机构品牌也同样适用。

品牌人格形象并不是真实的人格，而是一种经过与客户情感共鸣、企业真实性格和社会主流共识三个维度考虑和过滤后的"人设"。企业在确定品牌人格形象时需要逐一确认这三个维度，并结合它们得出一个最终的结论（图 7-8）。

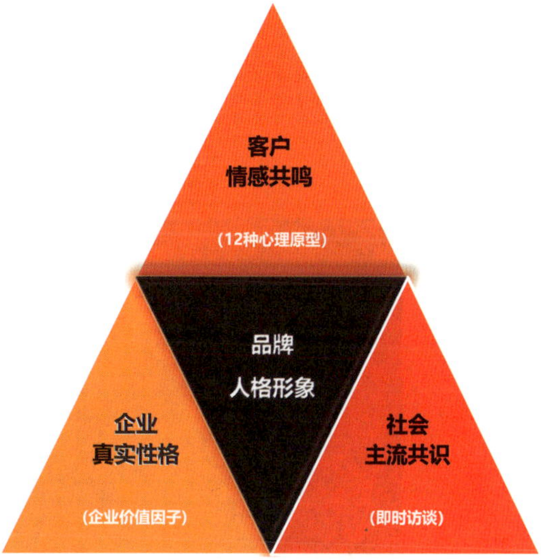

图 7-8　UP·toma 品牌人格形象定位法

品牌人格形象的第一个维度是客户情感共鸣，这意味着品牌需要了解目标客户的情感期望，让自己相近一面的真实性情与之相连。为了实现这一点，品牌可以采用品牌意象心理原型定位法。这种方法可以帮助品牌确定哪种人格原型最适合自己的品牌。

品牌意象心理原型，也可以被称为"群体潜意识故事原型"，心理学家 C.G. 荣格（C.G.Jung）认为，"原型意象是指那些具有集体性的形式和图像，它们几乎存在于世界各处，它们是神话的构成要素，同时也是个人潜意识的产物"（图 7-9）。

美国学者玛格丽特·马克（Margaret Mark）和卡罗·S. 皮尔森（Carol S.Pearson），将荣格的"原型理论"进一步总结，并归纳了 12 种对人影响最为深刻的心理原型。

简单来说，人们拥有集体潜意识，当个人形象接近这些潜意识时，人们容易产生共鸣。因此，《如何让品牌直击心灵：品牌的 12 个心理原型》（*The*

Hero and the Outlaw）一书中罗列了 12 种心理原型，企业或个人形象接近这些原型时，传播效果会大大提升。未来，品牌人格在企业与市场、目标人群的沟通中将扮演更重要的角色。因为真正能与人连接、沟通和对话的，一定是另外一个人。赋予产品或企业一个人格化的形象，必然能促进企业或品牌与消费者之间的对话、理解和喜欢。

> 原型意象是指那些具有集体性的形式和图像，它们几乎存在于世界各处，它们是神话的构成要素，同时也是个人潜意识的产物。
>
> ——C.G. 荣格
> 《心理学与宗教》（*Psychology and Religion*）

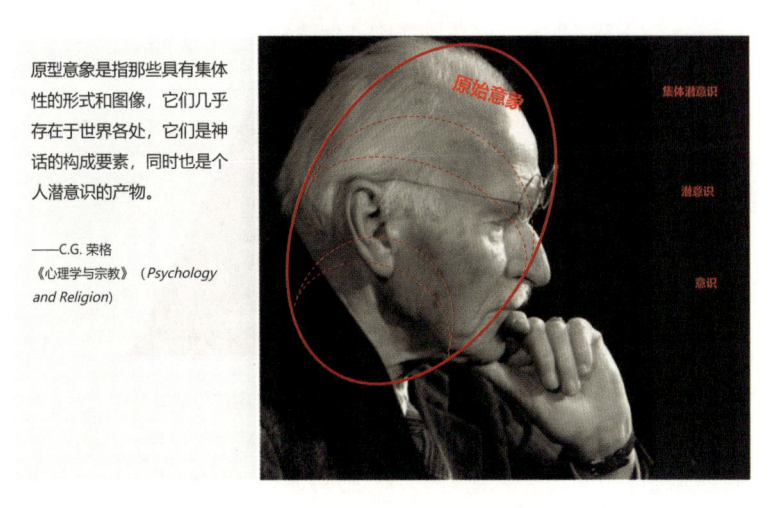

图 7-9　12 个心理原型的心理学原理
（注：图片来自百度）

《如何让品牌直击心灵：品牌的 12 个心理原型》一书认为，品牌意象心理原型基于人类思维认知模式的基层，即"归属/独立"和"稳定/掌控"的二元维度，形成 4 个象限和 12 种心理原型。以下是书中所提及的 12 种原型的具体描述（图 7-10）[1]。

英雄：勇往直前

代表人物：奥运会冠军。

细化类型：斗士、拯救者、竞争者和团队合作者。

---

[1] 本书在《如何让品牌直击心灵：品牌的 12 个心理原型》的基础上做了微调，方便中国品牌管理者使用。——编者注

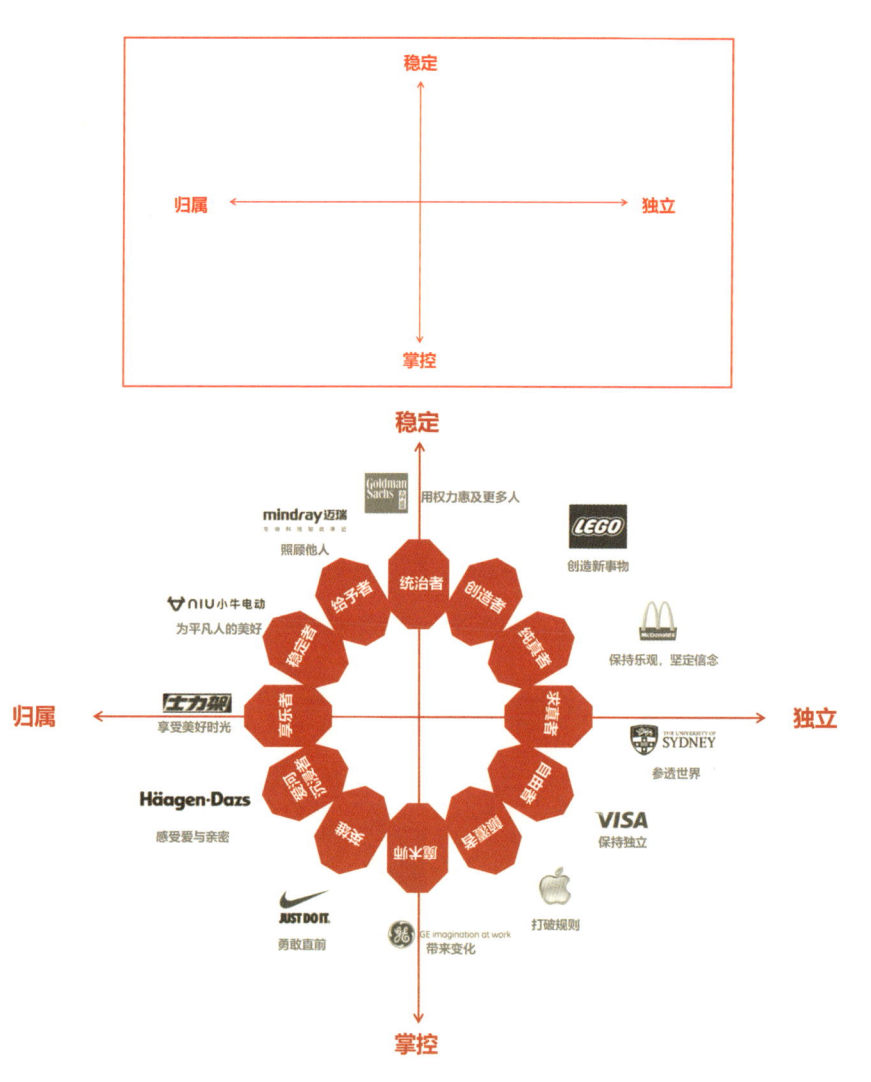

图 7-10　12 种心理原型、功能和品牌案例

内驱力：改变世界。

策略：成长为更强大、更有能力的自己。

天赋：能力和勇气。

适合品牌类型：有一项对世界产生重大影响的发明或创新；帮助人们提高工作能效；解决一个社会问题并要求人们参与其中；有一个明确的对手；

品牌通识：科学系统的品牌全景

处于劣势，想与之匹敌；帮助客户完成一项艰巨的任务。

品牌案例：耐克"赢的精神"。

爱河沉浸者：感受爱与亲密

代表人物：《东京爱情故事》赤名莉香。

细化类型：伙伴知己、热情的人、行家、感官主义者、协调者、团队建造者。

内驱力：与爱人在一起，生活在喜欢的环境中。

策略：在外表和性格上增强魅力。

天赋：热情、感激、欣赏、承诺。

适合品类类型：能够帮助客户获得爱情和友情；帮助增进亲密感或浪漫；帮助变得更美、更有吸引力；中高档；轻松的个性和氛围，不呆板、不压迫。

品牌案例：哈根达斯冰激凌"沉浸法式，唤醒心动"（图7-11）。

图7-11 哈根达斯冰激凌品牌店内布置，品牌人格：爱河沉浸者

享乐者：享受美好时光

代表人物：卓别林。

细化类型：艺人、戏剧演员、爱开玩笑的人、带来欢乐的人。

内驱力：及时行乐，照亮全世界。

策略：玩耍、搞笑、有趣的人。

天赋：快乐。

适合品牌类型：产品能帮助客户适应新环境和新事物；带来快乐；中低档消费；氛围轻松活泼。

品牌案例：士力架"横扫饥饿"。

稳定者：为平凡人的美好

代表人物：联合国秘书长。

细化类型：务实的人、好邻居、关心别人的人、人道主义者。

内驱力：获得归属感。

策略：培养美德与平易近人的个性、与他人打成一片。

天赋：真实、共情、平易近人。

适合品牌类型：帮助客户获得归属感；产品的使用频率高；中低档消费；非精英或者奢侈性产品。

品牌案例：小牛电动车"致敬把平凡的每一天过的有追求的你"。

给予者：照顾他人

代表人物：《音乐之声》家庭女教师。

细化类型：父母、监护人、帮手、支持者、利他主义者。

内驱力：助人。

策略：为他人付出。

天赋：热情、慷慨、有同理心。

适合品牌类型：医疗、教育等照顾人的行业；非营利和慈善公益机构；能够鼓励人们彼此关心、鼓励人们照顾自己；在服务方面有核心优势；为家人和朋友带来关爱和照顾。

品牌案例：迈瑞医疗"成为守护人类健康的力量"。

统治者：用权力惠及更多人

代表人物：铁娘子。

细化类型：领导、父母、行业领导者、模范、负责任的人。

内驱力：建一个人人获益的、成功的家庭，公司或组织。

策略：发挥领导力，建立合理秩序。

天赋：责任感、领导力。

适合品牌类型：拥有影响力；帮助客户变得有序和高效；具有管控和保护职能；中高档；行业引领者，制定行业规则的人。

品牌案例：高盛集团"当社区可以重建，城市可以振兴，小企业主可以学习新的繁荣方式"。

进步是一家公司重新发明世界上最古老的行业之一，以赋予现代组织权利。

创造者：创造新事物

代表人物：扎克伯格。

细化类型：艺术家、发明家、新事物和价值创建者。

内驱力：让想象变成现实，影响文化和社会体系。

策略：发展创造性的才能和技巧。

天赋：创造力和想象力。

适合品牌类型：设计具有独创和艺术感，帮助消费者表达自我，培养创造力；消费者可以自由支配时间和创造。

品牌案例：乐高"重建世界"（图7-12）。

纯真者：保持乐观，坚定信念

代表人物：阿甘。

细化类型：乐天派、修行者、乌托邦主义者、梦想家等。

内驱力：得到幸福和快乐。

策略：正确行事。

天赋：信念与乐观。

适合品牌类型：为难题提供简单方案；和善良、简单、道德、健康、清洁、童年等主题相连；中低档；拥有崇高价值观；希望建立良好名声。

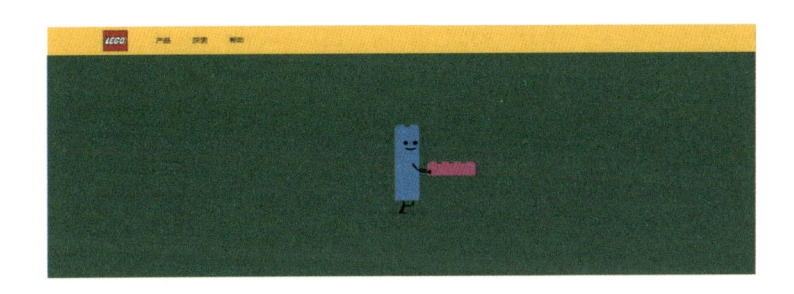

第三部分 品牌体系和工序：如何构建一轴三层的品牌体系

我们可以共同重塑世界

图片来自乐高官网。

图 7-12 乐高品牌的品牌人格：创造者

品牌案例：麦当劳"我就喜欢"（图 7-13）。

图片来自麦当劳官网。

图 7-13 麦当劳品牌，品牌人格：纯真者

求真者：参透世界

代表人物：诸葛亮、爱因斯坦、霍金。

细化类型：专家、学者、顾问、科研人员、规划者、教师、评审员。

内驱力：利用智商和分析能力去理解世界。

策略：寻求信息和知识、反省自我、理解认知过程。

天赋：智慧。

适合品牌类型：为客户和消费者提供专业信息；鼓励思考；体现知识和科技进步；有扎实的数据做支撑且不存在质量隐患的企业。

品牌案例：悉尼大学品牌"繁星纵变，智慧永恒"（图7-14）。

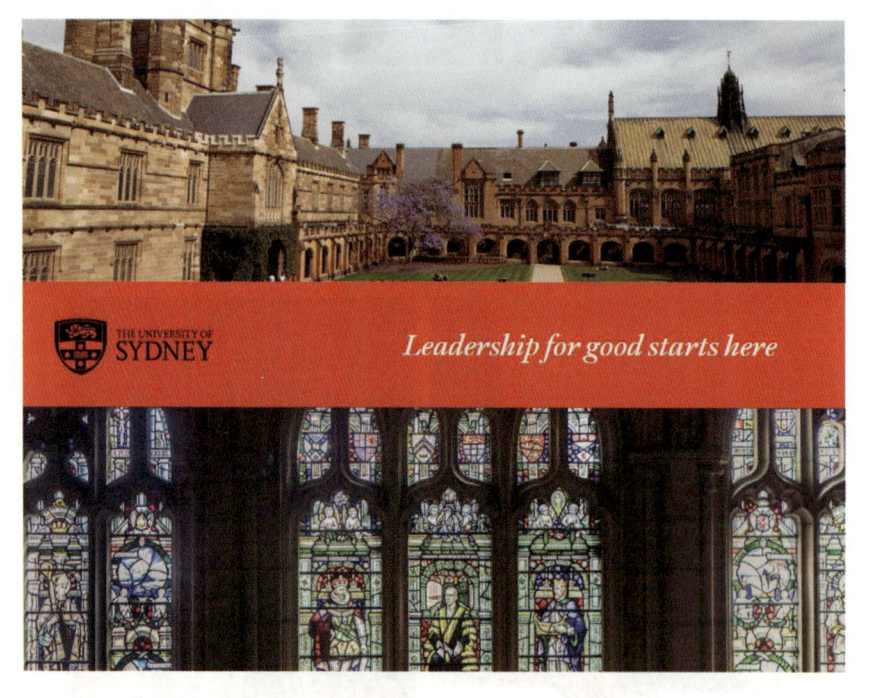

图7-14 悉尼大学品牌，品牌人格：求真者
（图片来自悉尼大学官网）

自由者：保持独立

代表人物：宇航员、登山极限运动员。

细化类型：探索家、冒险家、反传统者、个人主义者、叛逆者。

内驱力：让生活更美好、更真实、更有意义。

策略：旅行、体验新事物、逃离无聊和困境。

天赋：独立、雄心、直面自己的灵魂。

适合品牌类型：产品有创新和特色鲜明；适合大自然、旅行和危险的环境或职业；表达消费者的个性、给人自由、适合探索型的企业。

品牌案例：维萨信用卡（VISA）"与维萨信用卡同行"。

颠覆者：打破规则

代表人物：乔布斯。

细化类型：反抗者、不合群的人、打破传统的人、脱离主流价值观。

内驱力：摧毁不起作用的东西。

策略：颠覆、破坏和打击。

天赋：愤怒、激进和自由。

适合品牌类型：产品小众或先锋意识、背离大众定义的优秀；产品功能带来破坏性，具有变革型。

品牌案例：苹果，"不同凡响"（图7-15）。

魔法师：带来变化

代表人物：马云。

细化类型：有魅力的领导人、调解人、带来很多解决方案的人、有丰富表现力的人。

内驱力：让梦想照进现实。

策略：造梦，然后实现它。

天赋：实现双赢。

适合品牌类型：隐含的承诺是改变客户；有助于扩大和拓展意识；价格范围跨度大、产品选择丰富，支持自己动手；产品富有变化，吸引有创

图 7-15 苹果，品牌人格：颠覆者
（注：图片来自 Unsplash 网站）

意的人和喜欢变化的年轻人。

品牌案例：通用电气是全球数字工业公司，创造由软件定义的机器，集互联、响应和预测之智，致力变革传统工业。

企业可以根据产品策略聚焦一种或几种心理原型，并以此为基础创造品牌概念。通过客户反馈，进一步确定一种最具竞争力的原型。值得注意的是，品牌不必追求完美，反而可以保留一些缺点，突出个性，让人格形象更加立体和鲜明，这将有助于优化品牌表达。

第二个维度企业真实人格。企业真实人格是指品牌建设必须基于自身真实的人格特质，并与客户的情感期待相互连接。对于机构品牌和机构与产品统一的品牌，这一维需要重点考虑，新消费品品牌则应以产品的特性为重，可以减少企业人格的注入。

提炼企业真实人格的方法是，通过提取企业价值因子，将形容词按照心理原型的四象限排布，观察它们集中在哪些区域，从而确定企业的主驱动人格。

通过一个简单的操作方法，我们可以问企业的创始人、高管和老员工一些与"价值观点"相关的问题，以获得一些自我描述的形容词。比如：

- 企业最想展现给别人的形象是什么？最想让别人评价我们的词是什么？
- 我们出去拜访外部人员时，他们通常会怎么形容我们？
- 企业最想达到的未来图景是什么？
- 创始人或者最高决策者最常提的词是什么？
- 企业的成功标准有哪些？

经由上述几个问题的回答，我们可以获得一系列关于企业的形容词，将这些形容词按照上述"心理原型"的4象限进行排布，观察这些词在哪些区域里比较集中，从而获得企业相应的"心理原型"。虽然一个企业通常具有多种心理原型特质，但往往会存在主驱动人格或主驱动象限区域，我们可以仔细分辨，以此聚焦企业真实的人格特质。

以下是一个金融机构寻找企业真实人格的案例（图7-16）。

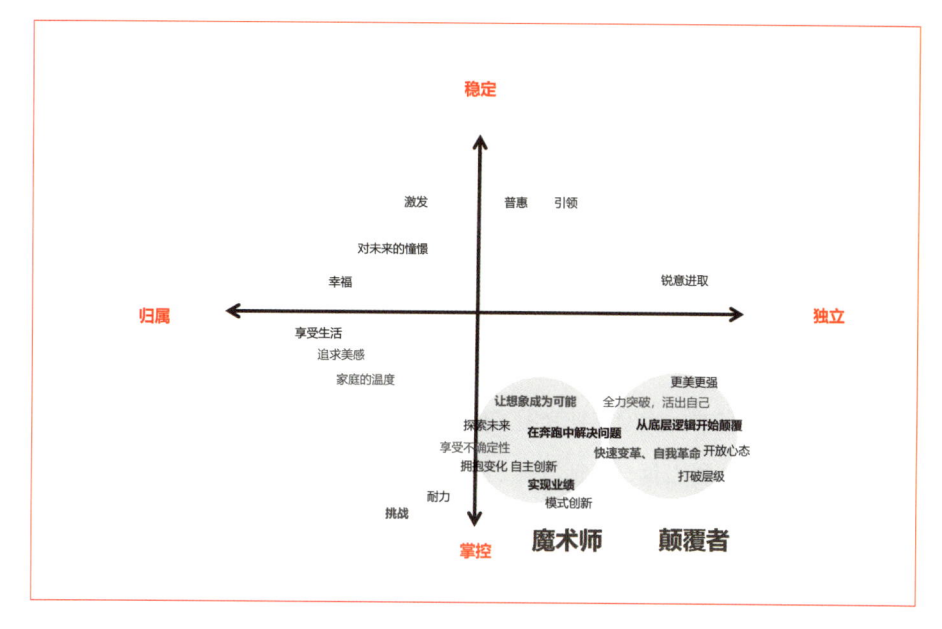

图7-16　某金融机构企业价值因子在心理原型4象限里的分布

我们之前提到，确立品牌内涵是为了从内部凝聚价值，构建品牌势能，并向客户、行业和社会输出一致的价值观。然而，企业可能存在一个问题，即真实人格和品牌价值主张之间存在偏差。这意味着企业的品牌形象不够一致。但是，这种偏差可以通过放大与品牌价值承诺相关的因素、弱化与之不相关的因素以及增加相关但尚未具备的因素来解决。在确定相关性时，更重要的是考虑客户对这些人格特质的联想强度。

第三个维度是社会主流共识。 品牌在建立人格时，需要符合社会相关人员的期望，包括内部员工、行业同行、供应者、合作者和行业监管部门等。不同行业有不同的期望，例如科技行业品牌应具有创新和颠覆性，家居行业品牌应提供更美好的生活品质和温暖感，引领型企业或品牌应具有对社会的责任感和担当等。

了解和洞察行业约定俗成的价值认知是品牌塑造人格的重要因素。外部相关人员的意见，尤其是行业专家的意见，是获取这些有价值信息的方法之一。由于社会主流共识可能会发生变化，在发生重大的行业新闻或者社会公共事件之后，人们的想法会随之改变。因此，品牌管理者需要时刻关注和捕捉与品牌相关的社会共识。

社会主流共识对于品牌创造 IP、动画或吉祥物等文化元素也具有很大的帮助。品牌精神通常与人格相辅相成，而不是单独的创意。品牌精神通常与人格的选择和价值观的塑造紧密相关。一些企业或品牌依赖于软性的价值和文化来打造差异化形象，重点挖掘品牌精神，使之成为身份识别的重要元素。

在上述内容中，我们详细介绍了价值主张定位及其涵盖的品牌身份识别元素的提炼方法和工具，包括洞察、理念、愿景、使命、价值观、个性、品牌角色以及人格形象／精神。通过这些元素的提炼，我们可以更好地表达企业的核心价值，为企业的品牌建设奠定基础。

简化的产品品牌定义平台

上述品牌平台是较为全面的版本，适用于机构品牌或产品和公司品牌统一的情况。这种品牌平台需要考虑更深远和全面的因素，因为它在多个方面对企业内外产生影响。它承担着树立企业在社会中的地位、形象和积累势能三个方面的职责。但是，有些企业产品单一、品牌传播应用上的要求较简单，或者企业处于初创期不具备品牌管理能力，那么可以采用简化版本的品牌平台工具。

产品品牌平台是以"目标消费者"的需求为中心来界定的，涵盖的内容包括（图 7-17）：

- 消费者洞察（需求、问题、痛点、兴奋点……）

第三部分 品牌体系和工序：如何构建一轴三层的品牌体系

- 消费者购买驱动因素（品类驱动因素和品牌驱动因素）
- 在这段关系中，品牌和消费者彼此构建的角色
- 品牌提供的价值（功能、情感和社会性价值）
- 品牌个性

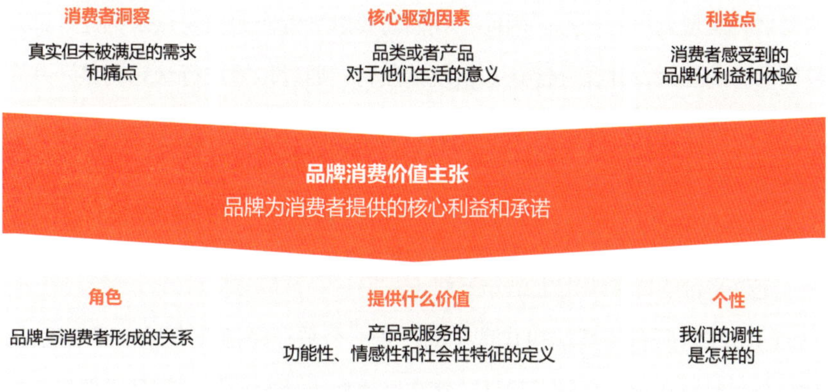

消费者洞察
真实但未被满足的需求和痛点

核心驱动因素
品类或者产品对于他们生活的意义

利益点
消费者感受到的品牌化利益和体验

品牌消费价值主张
品牌为消费者提供的核心利益和承诺

角色
品牌与消费者形成的关系

提供什么价值
产品或服务的功能性、情感性和社会性特征的定义

个性
我们的调性是怎样的

图 7-17 UP·toma 产品品牌定位平台

以上述浙东南旅游联合体品牌为例（图 7-18）。

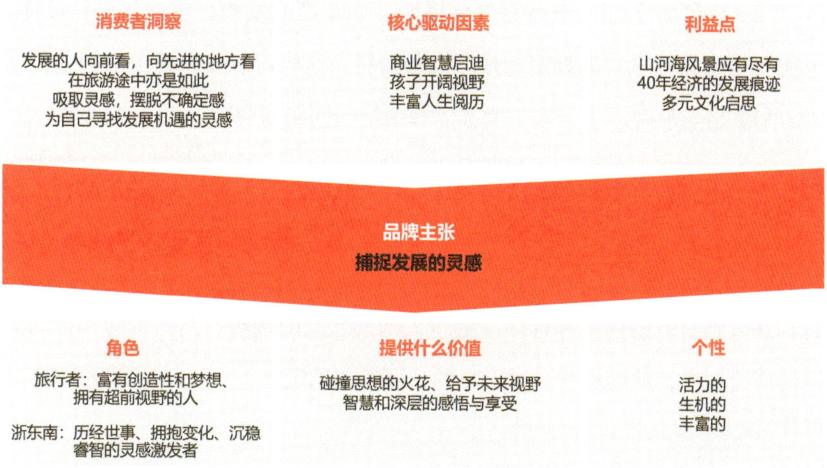

消费者洞察
发展的人向前看，向先进的地方看
在旅游途中亦是如此
吸取灵感，摆脱不确定感
为自己寻找发展机遇的灵感

核心驱动因素
商业智想启迪
孩子开阔视野
丰富人生阅历

利益点
山河海风景应有尽有
40年经济的发展痕迹
多元文化启思

品牌主张
捕捉发展的灵感

角色
旅行者：富有创造性和梦想、拥有超前视野的人
浙东南：历经世事、拥抱变化、沉稳睿智的灵感激发者

提供什么价值
碰撞思想的火花、给予未来视野
智慧和深层的感悟与享受

个性
活力的
生机的
丰富的

图 7-18 产品品牌定位平台案例

215

品牌平台如何应用

品牌平台的应用原理

品牌平台的应用原理很简单：品牌平台是一个框架，只有聚焦的创意才能形成长期、稳定、一致的品牌资产。如果每个端口都过于发散，那么品牌的发展将呈现无序的状态。因此，我们需要以平台作为出发点来构建外部对我们品牌的理解，并在外部认知出现偏差时，通过传播进行认知调整。从企业内部管理流程的角度来看，品牌平台是企业决策者亲自对定位方向进行精准确认，并授权给品牌管理部门的一份最重要的战略文件。

定位平台的日常应用

定位平台的日常应用主要分三种。

（1）在与所有传播端口代理（如广告、公关、微信公众号、网站设计、发布会、客户活动、品牌书设计、客户品牌触点体验设计、产品手册等）对接时，品牌平台将作为第一原则和创意原点。一旦创意（包括表达形式、语言内容和视觉设计）形成后，品牌部门需要将其与品牌平台对照，以确保创意符合品牌的身份识别系统。

（2）内部各个部门进行对外传播时，如新产品发布、客户服务活动等，也需要基于品牌平台来设定场景和准备物料。这样可以确保各个部门的传播内容和风格与品牌形象一致，增强品牌的统一性和专业性。

（3）在内部宣传中，比如新员工入职培训场景，同样需要介绍品牌平台的内容，并让每个员工成为品牌平台的代言人。这样可以让他们的客户服务理念、信念、行为方式和风格，以及做事情时的优先级选择等都源自品牌平台，并得到有效的衡量和评估。通过人与人之间的接触，这些理念和行为可以传达给客户，从而增强品牌形象的一致性和稳定性。

视觉识别系统：
标识、标准色和字体等元素

品牌视觉识别（brand visual identification）利用图像和图形信息向外传达品牌的核心价值，主要包括标识、色彩、图片、辅助图形和字体构成等设计要素。这些要素可以应用于不同的品牌触点，如品牌书、名片、产品册、网站、图标、导航系统等。视觉在品牌沟通和表达中重要性达到 75% 以上，因此是品牌识别中最关键的部分。

本部分旨在总结我们的咨询经验，从品牌建设和品牌资产积累的角度出发，发掘企业在设计工作中常见的易忽略之处、误区以及存在的问题。我们不能仅关注如何设计一款出色的标识或视觉系统，我们更应该注重企业在品牌设计上的实际需求。讲解将分为以下 5 个方面。

- 视觉识别设计的衡量标准
- 基础视觉识别元素：标识、标准色、字体
- 高阶视觉识别元素
- 视觉识别元素应用与管理
- "隐形"的视觉识别元素

视觉识别设计的衡量标准

品牌设计架构体系下的视觉设计是一种商业性应用。因此，在设计策略中，我们应首先考虑业务发展的需要，审美表达次之。在衡量视觉设计工作的有效性时，我们建议遵循以下 7 个标准，并按照重要性依次排列：

（1）解决商业和业务问题。

（2）与品牌定位和战略表达相契合。

（3）建立品牌视觉识别资产，继承过往资产。

（4）凸显品牌的独特性和差异性，突出行业竞争力。

（5）符合目标人群的视觉偏好，符合或引领潮流，有新意和感染力。

（6）便于管理和市场活动延展。

（7）符合企业家和管理层的期待。

著名品牌设计师吴楠曾说过："当你看这个视觉形象的时候，你能看到企业的战略和方向，这才是我们品牌设计师的设计思路。优秀的设计是无声的语言，不需要过多的解释，就会给人留下很多想象的空间，人们根据自己的理解来描绘你的故事，而不只是说一句'好看'。无论何时，品牌设计的首要作用都是帮助企业解决战略问题或实现价值表达。"

然而，在与内外部设计师沟通时，企业往往更看重管理层的审美偏好，而忽略了策略上的考虑。这样容易导致设计工作陷入无效沟通和反复。

具备品牌策略思考能力的设计师，其设计工作通常包括以下3个步骤，基于以下步骤可以为企业提供更具体的合作建议。

1/3的时间用于与企业沟通

品牌设计师需要与企业创始人和管理层进行充分沟通，了解企业的战略意图、自我价值感来源、理想商业世界的具象画面以及对创意的接受程度等。因为这个过程需要足够精细，所以企业可以帮助设计师聚焦几个创意概念方向。

然而，企业和设计师之间很难在短期内建立高效的共同语言。因此，如果有品牌策略顾问或设计管理人员的协助会事半功倍。在像英图博略（Interbrand）、思睿高（Siegel+Gale）这样的品牌咨询和设计公司中，通常由品牌策略顾问来完成与企业高层的沟通工作并明确品牌定位，之后再分享给设计师。然后由设计师和设计管理人员与企业高管进行二次或多次沟通，逐渐形成设计创意的概念方向。通过双方的共同创造、收窄和聚焦，最终确定一个到三个方向，之后再进入具体的"动笔"环节。沟通工作虽然耗费时间和精力，但对于创造出正确的创意作品确实是必要的。

1/3 的时间用于品牌调性展现

品牌的调性展现是指设计师在趋势、方向、图形和颜色等方向上的探索和聚焦。品牌调性源自品牌定义平台中的"品牌个性"，是所有设计尝试的限制和框架，以确保设计与品牌定位相符，保持品牌资产的一致性。企业应确保设计概念与品牌定义平台一致，避免选择与"品牌个性"不符的设计，并及时进行调整。

1/3 的时间用于视觉实现

本阶段包括标识、标准色、字体、主视觉画面等设计的成型和打磨，并进行应用设计模拟。在这个环节，企业进行最终决策并提供应用项的范围确认。

基础视觉识别元素：标识、标准色、字体

我们将"标识、标准色和字体"作为基础视觉识别元素，是因为这三个元素是人们最容易记住的，也是建议企业在设计工作中最先关注的部分。举例来说，我们闭上眼睛回想大白兔奶糖，最先想到的就是"兔子"图标、"白色和蓝色"品牌色和"大白兔"字体这三个元素（图 7-19）。

图 7-19　大白兔奶糖品牌广告

标识（logo）

标识是品牌识别最重要的元素，是企业特定的、专属的视觉符号，并且可以注册作为企业单独的品牌资产而存在。它可以由图形、图案、色彩和字体这几个基本设计元素构成。

标识作为一项立体和具有动感的品牌资产，除了设计思路，企业还容易

询问以下几个重要事项：

第一，选择图标还是字标。

在品牌标识设计中，图标和字标都有其独特的优势。图标更具表现力和空间想象力，适用于快消品牌，能够传递更多的情感感受，比如可口可乐和路易威登的标识。而字标则更有利于提升品牌知名度，适用于机构品牌，比如华为。因此，在策略思考中，可以将图标或字标进行更美术化的创意设计。当然，品牌也可以选择同时拥有图标和字标，比如阿迪达斯，但这意味着需要更多传播资源的投入。

第二，企业若有长远发展规划，应注重标识的承载力。

标识是所有视觉设计的出发点，不仅能够传达品牌的具体和立体的体验，还必须具备对其他元素发展的承载能力。另外，如果企业计划推出子品牌，就应该选取一个元素作为品牌家族的标识，比如颜色、字体或形状等。这个家族标识可以被继承和延伸，成为可持续的视觉识别资产。

第三，标识组合方式标准化。

在涉及图标、字标、中英文、子品牌、联合品牌等多个元素的组合时，应该采用固定的版式并严格规定，不得随意更改。

第四，标识不可轻易更改。

标识的建立需要慎重考虑，一旦确定后不宜轻易更改。因为品牌标识承载着品牌资产，更改会付出高昂的代价。

小米 10 周年的改标事件引起了广泛关注，日本设计大师原研哉担任小米的品牌形象设计师，收取了 200 万元的设计费用。然而，由于对标识进行的改动过于微小，引起了全网的嘲讽（图 7-20）。但是，从品牌策略的角度来看，品牌顾问会支持这种微调。因为品牌标识承载着厚重的品牌资产，最大限度的调整就是微调。在设

图 7-20　小米标识升级

计调整时，需要考虑品牌资产的调整，以确保普通人都不会注意到有变化。比如宝马品牌经历百年变迁，但其标识的改变非常小。（图7-21）。这也是知名品牌采取的普遍视觉元素管理策略。因此，建议企业在设计初期就要慎重考虑，以避免后期更换标识带来的不必要损失。

图 7-21 宝马百年标识变迁
（注：图片来自宝马官网）

很多新品牌在创立初期由于资金限制，可能会相对随意地设计品牌标识。但是，随着企业的成长，如果想要对品牌进行调整，会面临很大的困难。因此，我们建议在初期就尽可能做到最好。因为一旦品牌标识在消费者心目中形成了固定印象，更换标识就很容易造成品牌视觉资产的损失。

标识是企业独有的资产，是视觉识别体系建设的核心和出发点。它不仅承担着展现企业战略、价值、资产、个性等一系列内涵的重要任务，同时也要展现出品牌的活力和立体的、丰富的体验。标识设计是品牌建设的重要一环，需要在品牌战略规划中得到充分的重视和投入。

标准色

标准色是通过特定的颜色和色调的组合方案来识别一个品牌的重要元素。颜色在观众中产生情感反应的最强烈，因此标准色的选择非常重要。通常，标准色由一个主题色和一个或几个辅助色组成。有些品牌会采用两种或三种大胆的撞色来形成主题色的识别，以达到更加独特的视觉效果（图7-22）。

图 7-22　精锐国际教育品牌的标准色设计

在选择品牌主题色时，大部分企业会考虑企业家偏好的颜色或者与行业气质相符的颜色作为主题色。然而，从品牌资产建设和积累的角度考虑，主题色具有独特的视觉记忆度，因此成为品牌最重要的识别元素之一。例如，可口可乐的红色、雪碧的绿色、百事可乐的蓝色等。综上，在选择标准色，尤其是品牌主题色时，需要具有一定的策略。

第一，需要凸显行业气质或客户对品牌的个性期待，以此为依据来选择适合的颜色系。比如人们对医疗行业的要求是理性和温暖，那么品牌主题色可以采用蓝色，辅色采用黄色或者红色。

第二，凸显品牌内涵和气质。选择品牌主题色时，需要考虑不同颜色所代表的心理暗示。例如，麦当劳作为一个"简单快乐"的品牌，可以选择明黄色来突出这种个性。但是，当麦当劳想要强调自己的食品绿色健康时，可以适当加入嫩绿色。

第三，可以选择色彩竞争空白区域，采用与主流竞争对手相反的颜色或较少采用的颜色。比如著名的四大会计师事务所，毕马威（KPMG）、安永

（EY）、普华永道（PwC）和德勤（Deloitte），都采用了完全不同的品牌主题色和辅助色（图 7-23）。

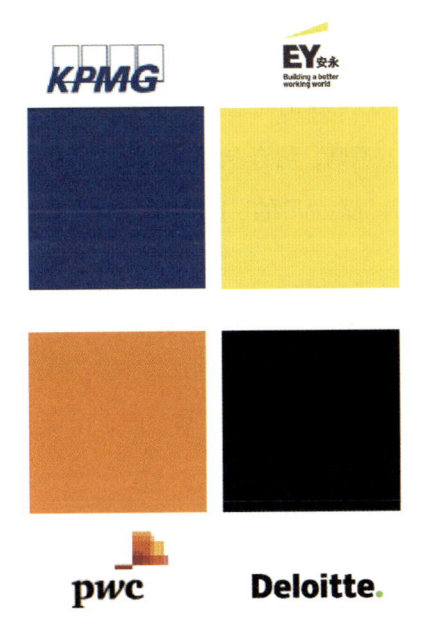

图 7-23 四大会计师事务所的品牌主题色，图片来自其官网

第四，物料打印时需要选择可靠的供应商，以确保标准色应用的一致性。

第五，标准色不能轻易更改，应该在色相、明度和彩度上进行优化提升（图 7-24）。

图 7-24 色相、明度和彩度
（注：图片来自 Coloro 官网）

企业在选择标准色时，常常担心颜色选项过少，同行品牌使用的颜色差异不大。然而事实上，根据 Coloro[1] 开发的颜色体系，通过不同层级的色相、明度和彩度的排列组合，可以定义出 160 万个颜色。普通人用肉眼也能轻松识别几千种颜色，再加上不同颜色的组合配色，企业完全可以拥有独特的标准色，这并不是一个难以解决的问题。

企业只要遵循这些原则，结合专业视觉设计师的建议，就能选择出适合自己品牌的标准色，并提高品牌的识别度。

字体

标准字体是针对企业使用的主要文字、数字、产品名称结合、对外宣传文字等元素进行统一的设计，形成一种可识别的沟通方式。

站在字体促进企业形成品牌资产的角度上，企业需要考虑几个重点问题：

第一，免费字体和付费字体。为了有更好的识别性，我们建议采用付费字体（图 7-25）。

第二，对于有实力的企业，可以考虑设计品牌专属的字体体系来强化品牌识别度（图 7-26）。

购买版权字体：　　　　　　　　　开源字体版权：

Gotham Book　　　　　　　思源黑体CN Regular

Gotham Medium　　　　　思源黑体CN Medium

Gotham Bold　　　　　　　思源黑体CN Bold

图 7-25　精锐国际教育的品牌字体设计

---

❶ Coloro 由中国纺织信息中心与全球专业化信息公司艾盛集团联袂呈现。Coloro 色彩体系的核心是全新的色彩编码系统，可以定义百万个颜色的确切色号。——编者注

图 7-26　腾讯的品牌标准字体

（注：图片来自百度）

高阶视觉识别元素

标识、标准色和字体都属于视觉识别元素的基础系统，是每个品牌的标准配置，然而视觉的识别元素远不止于此。随着品牌的发展和市场竞争的加剧，企业需要更加注重品牌视觉识别的丰富度。除了基础系统，企业还可以考虑使用其他视觉元素，其中包括：

- 辅助图形
- 版式
- 图片语言或风格
- 主视觉画面
- 主品牌视觉规范
- 吉祥物或者周边设计

为了更好地说明这些升级的品牌识别元素的作用以及给人的直观体验感

品牌通识：科学系统的品牌全景

受，我们将用菜鸟的案例来进行解析。

菜鸟品牌升级案例

菜鸟品牌升级后（图7-27、图7-28），从人们错误认知中的"物流联盟"品牌成功转型为一个大数据驱动、社会化协同的物流及供应链平台，并自定义为一家科技公司。这种新的品牌形象完美地诠释了菜鸟的战略定位和品牌愿景。菜鸟采用了动态图标来表达企业管理者脑中的理想画面："全国的信息数据都可以实时传送到我眼前的屏幕上，让我将一切都了然于胸。"

图7-27　菜鸟品牌标识升级

图7-28　菜鸟品牌视觉形象升级

（注：图片来自菜鸟官网）

视觉识别元素应用与管理

品牌拥有视觉识别系统后，应尽可能地将这些元素应用于对外传播中。然而，很多品牌的资产难以建立起来，主要原因在于视觉识别元素的构建不够全面，以及缺乏品牌资产应用和管理的思路及建制。

举个简单的例子，我们可以看到一些企业的网站、产品包装或平面广告上虽然露出标识，但标识的组合方式、位置、标准色和字体等并没有得到充分应用。此外，很多企业员工喜欢在外部寻找漂亮的幻灯片展示模板，而不使用企业专有的模板。这些都是品牌识别元素未得到重视的表现，导致了品牌资产的难以累积和浪费。

当企业建立视觉识别元素时，应该先梳理内外部沟通过程中可能涉及的"品牌触点"，并围绕关键触点将视觉识别元素应用其中。

所谓"品牌触点"是指在人们与品牌的交互中，那些能够让人们产生深刻印象的触点。企业应该将视觉识别元素应用到这些关键触点上，以便在人们的心中留下深刻的品牌印象。

例如上述菜鸟的案例中，涉及的视觉识别触点包含以下内容（图7-29）。

图 7-29　菜鸟品牌视觉触点
（注：图片来自菜鸟官网）

内部：工服、文具、大楼、所有运输设备、指示牌、工牌、名片、屏保、纸杯……

外部：网站、手机页面、车身、网点、平面广告、零售环境、产品、广告……

需要注意的是，企业在应用品牌识别元素时，往往容易忽略关键触点上的"软性武装"，如产品、传播、空间设计等。这些触点通常由专门的部门负责，因此我们建议企业将品牌识别元素作为这些部门工作输出的核心创作元素，让品牌识别元素在所有重要的触点中形成品牌资产。

无论是视觉识别的基础系统，还是升级和立体化的视觉元素，都应该汇编成册，作为品牌资产的战略性文件归档。

品牌视觉管理手册： 在企业拥有品牌视觉识别体系之后，则需要对企业旗下所有的公司、业务和产品进行规范，形成的规范手册则称为"品牌视觉识别手册"。

品牌视觉管理手册在企业执行过程中至关重要，特别是在扩张过程中。视觉元素在执行中走形是常态，因此对于那些有众多分公司或采用项目制的企业，我们建议设置一个中央品牌管理部门，定期进行品牌视觉进行审计，以确保品牌资产的有序积累（图 7-30）。

图 7-30　菜鸟品牌视觉管理手册的封面和目录
（注：图片来自菜鸟官网）

隐形的视觉识别元素

品牌的视觉表达的形式可以非常丰富多元。品牌是人们对企业联想的集合，那么任何有助于帮助人们回想起品牌、增强偏好的元素都可以是品牌的识别元素。

那些在视觉设计上特别讲究的品牌，其实为它们的客户默默设置了很多"回忆"的元素。有哪些隐形的品牌视觉识别元素识别作用巨大？包括但不仅限于以下内容：

- **形状**。例如天猫的猫头形状。
- **形态**。例如五颜六色和充满情绪的巧克力糖豆。
- **产品线索**。例如可口可乐的瓶身。
- **产品包装**。例如用精美包装装点旗舰店的新加坡特威茶（TWG）品牌。
- **代言人形象**。例如有"劲爽"味，代表当下年轻人的多位百事代言人。
- **员工**。例如宝马4S店里西装革履、彬彬有礼的销售。
- **特定场景**。例如马爹利高端社交场景。
- **活动形式**。例如英图博略（Interbrand）品牌咨询公司的年度"品牌排行榜"发布会。
- **虚拟人物**。例如不停跳舞表达"年轻态"的脑白金爷爷奶奶。
- **吉祥物/IP**。例如京东的小狗形象、腾讯的企鹅形象。
- **企业家个人IP**。例如充满故事的罗永浩。

视觉识别系统是表达企业核心价值的重要手段，对于资金有限的企业，可以只选择"标识、标准色和字体"三个基本视觉识别元素，而对于追求丰富表达的企业，则可以从更多元素中选择，传递更为立体的品牌体验。

语词识别系统：
命名、标识语、故事、声音、关键信息等元素

品牌语词识别是一种品牌策略，通过建立一致的语言或文案风格、叙事结构和方式，描绘品牌核心价值，以此来勾勒品牌的独特性。

形成语词识别的元素主要包括：

- 命名。
- 标识语。
- 故事。
- 声音。
- 关键信息。
- 语词识别元素重要应用项。

命名

命名是给品牌起名的过程，名字的重要性不言而喻。它是品牌的起点和终点，因为所有的联想资产最终都会与一个名字相关联。

一个好名字的要求如下（图 7-31）。

策略匹配度：

- 符合行业属性。
- 符合品牌定位和品牌个性。

图 7-31　判断优秀品牌名的四个维度

- 符合目标群体的风格、具有相关性。
- 如果是子品牌，还要考虑与主品牌的关联性。
- 支持品牌延伸。
- 便于字标型标识设计，比如笔画简洁。

竞争中的独特性：

- 独特、有识别度。
- 符合差异化优势，符合产品特性。

语言可行性：

- 易读易记，便于传播。
- 好听、富有联想空间。
- 在多种方言语境里没有歧义和负面联想。

法律检测：

- 注册象限里没有重复，符合法规。

为了简化工作，命名可以遵循以下流程（图7-32）。

探索阶段
1. 行业审计
2. 自我审计
3. 创意策略

创意发想阶段
4. 创意发散、头脑风暴
5. 优质字词重组优化
6. 长名单

初步评估阶段
7. 策略圈定
8. 百度等应用检索
9. 语言检测
10. 短名单

商标查询和注册阶段
11. 预检索确认风险
12. 申请注册
13. 完成注册

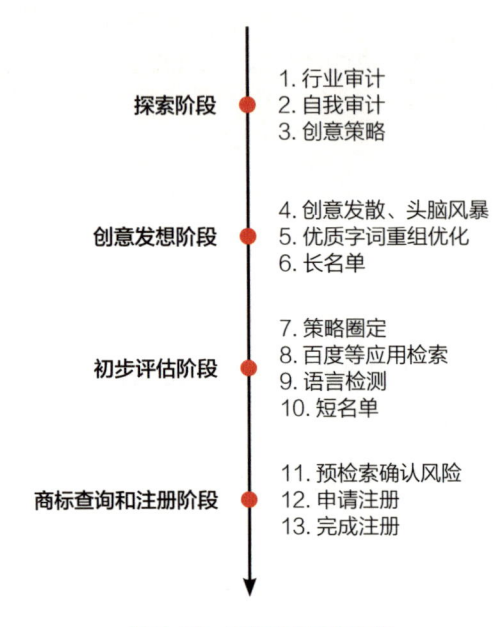

图 7-32　品牌命名工作流程

探索阶段

在探索阶段，我们的目标是确定命名创意的方向。

首先进行自我审计，了解品牌的业务计划、战略部署和消费者研究等，以确定目前品牌名称的资产状况。然后确定命名的方向和策略，界定品牌名称的聚焦意义和个性。

步骤1：行业审计。看一下品牌类别里已经有什么名字，特点是怎样的，还留给我们哪些机会。

步骤2：自我审计。了解品牌的业务计划、战略部署和消费者研究等，以确定品牌名称目前的资产状况。

步骤3：创意策略。确定命名的方向和策略，界定品牌名称的聚焦意义和个性。

创意发想阶段

步骤4：创意发散、头脑风暴。我们可以通过团队头脑风暴等多种方式，罗列与创意策略相关的字、词、句等，越多越好。

步骤5：优质字词重组优化。

步骤6：长名单。列出一份长名单，通常需要30~100个名字。

初步评估阶段：

步骤7：策略圈定。将长名单根据要求进一步精简，形成一份短名单（建议15~20个）。

步骤8：应用检索。通过预检索（如百度、商标网数据库）删掉有冲突的名字。

步骤9：语言检测。根据至少5种方言进行语言检测。

步骤10：形成一份短名单进行检索，可以交给律师或者商标注册代理。

商标查询和注册阶段

步骤11：预检索确认风险。在国家商标查询网等平台预先检索所有需要注册的品类商标。

步骤12：进行注册申请，等待6个月。

步骤13：完成注册。

尽管要考虑的维度很多，但目前最困难的是"注册"这个步骤。随着人们法律意识的提高，企业在拥有新品牌名称后都会进行注册，这进一步增加了注册的难度。特别是在销售类产品的45大类中的第35类"广告、商业经营、商业管理、办公事务"，这是一个兵家必争之地，注册难度更是可想而知。

为了完成注册工作，企业可以与成熟的商标注册代理公司合作，也可以使用一些专门的网站来进行查询和注册，这样可以减少一些费用。实际价格根据注册的类别范围而定，一般为500~2000元起。

为了应对这个困难，企业在品牌管理时需要特别考虑以下几点。

（1）已有购买： 企业可以考虑购买已经注册的名字，价格有高有低，但可以省去半年的注册封闭期和规避不能注册的风险。

（2）战略储备： 企业可以日常进行名字战略储备，此条特别适合那些经常有新产品品牌推出的企业，这样可以避免因名字注册问题而错失上市良机。

（3）提早注册： 在所有品牌方案准备就绪前，企业可以先把名字注册了，因为品牌构建的过程也需要几个月，这样可以避免无谓的等待和消耗。

（4）多名注册： 在命名时，企业可以准备十几个甚至更多的名字一起注册，这样可以增加注册成功的概率。

（5）全类注册： 企业应该尽可能将自己已经成名或预期可以成名的品牌进行全品类注册，以防止在细项上被别人抢注。

标识语

标识语通常出现在标识下方，与标识一起以组合的方式出现（图 7-33）。它是品牌最重要的语言识别元素之一，除了品牌名称，标识语在大众视线中出现的频率也非常高。因此，标识语在品牌的市场沟通中发挥着非常重要的作用。

图 7-33　华为和万科的品牌标识和标识语组合

企业常常将"标识语"和"广告语"（口号）混淆，但两者存在一些不同。

广告语主要应用于产品层级的传播，经常出现在广告中。它的要求更偏向于聚焦营销、突出卖点、易于理解、朗朗上口、易于记忆等。每个产品、每个系列、每个活动都可以拥有自己的广告语，不局限于一个品牌。

案例如下。

乐事薯片的广告语：片片刻刻有乐事。

广告语通常在传播阶段使用，并且可以在一两年后替换为新的创意语言。产品品牌年度传播更新频率高的企业可能每年都更换广告语，而注重保护品牌核心利益的企业的广告语则可能保持几年，甚至十几年不变。例如，德芙巧克力的"纵享丝滑"曾一度更换过，但效果不佳，因此又重新启用了老广告语。广告语背后隐藏着对产品的重要联想，即品牌资产。

品牌标识语的最大作用是通过简洁而富有感召力的语言向目标人群或社会公众传达品牌的核心价值。与广告语相比，品牌标识语更注重精神和情感层面，能够体现企业商业能力背后所转化的差异化价值，并且具有更高远的立意。有时，企业的愿景、使命、理念、价值观、身份定位等也可以直接用作品牌标识语，以彰显品牌的气质、精神和态度。

品牌标识语经常用于表达品牌的企业、业务层级，它的使用周期较长，并且几年内不轻易更换。标识语的更换通常源于企业的品牌重塑或升级，尤其是当企业的精神内涵和战略发生较大改变时。

品牌标识语主要分为两种类别，一种是机构（集团/公司/业务）品牌标识语，另一种是平台或产品品牌标识语。

机构品牌标识语的受众广泛，包括消费者、合作方、渠道商、公众、媒体和企业员工等。标识语需要突出表达企业在社会层面的价值和贡献，需要体现企业的格局、气度和力量感，并且需要表达强烈的价值观和意识形态。

案例如下。

建设银行：善建者行。

宝龙地产：与城市共成长。

慧泽保险：用心传递保险善意。

平台/产品品牌标识语的受众主要是直接客户或目标消费者，因此创作意涵需要用购买者易于理解的语言，突出产品品牌的差异性，并聚焦于功能或情感沟通等方面。这种标识语需要精准表达品牌的特点和产品的优势。

案例如下。

浙东南城市旅游品牌：灵感悦动。

亚一珠宝：爱因你，恒久闪耀。

佳能：感动常在。

在品牌标识语的创作过程中，企业决策者常常追求"眼前一亮"的效果，这也导致创意方（乙方或品牌部门员工）往往无从下手，陷入多次尝试却无法达成目标的困境。为此，资深品牌策略顾问或语词顾问总结了一些经验和方法，可以帮助企业更好地解决这个问题。

在标识语的创作过程中，要把握好两个方面，一是品牌契合度，二是语言美感。先解决品牌契合度问题，再解决语言美感问题，只有这样才能为创意设定框架和标准，帮助企业决策者进行逐步聚焦，从而完成任务。

在品牌标识语的创作过程中，品牌契合度是非常重要的方面。具体来说，品牌契合度包括以下几个内容。

— 与品牌定位或核心内涵契合，需要符合品牌的价值主张，包括客户的核心利益点和竞争差异化。

— 与企业基因契合，需要展现企业独有的文化、理念和精神。

— 与品牌调性或个性契合，调性或个性决定了表达的风格和特点。

— 与市场沟通契合，需要与核心目标群体产生共鸣和形成价值认同，并符合业务延展特性等。

— 与企业社会属性契合，需要具备行业独特属性并确认其在社会生态中的贡献方向。

在语言美感上，首先要排除几个重要雷区。

— 负面联想。

— 发音歧义，不容易读或会在重要地区方言里产生负面联想。

— 不容易理解。

- 没有记忆特点。
- 太长，不精练。

在语言美感优化中，需要先确定采用不同的语词风格。

- 传统语言。例如建设银行：善建者行。
- 平铺直叙。例如碧桂园：给你一个五星级的家。
- 言简意赅。例如 Keep：自律给我自由。
- 重意境和格局。例如澳大利亚悉尼大学：繁星纵变，智慧永恒。

在语言美感优化中，可以采用不同的句式来表达。

- 二二、四字标识语，简明扼要，充满力量感和自信感，善于传达核心理念。例如美国通用电气公司：想到、做到；强生：因爱而生。
- 三三句式给人以沉稳感，对仗工整，且可以体现两种意境。例如飞利浦：精于心，简于形。
- 三四、四四、四五、五五句式，给人以递进感、延展感和扩散感，有更多更大的想象空间。例如奥迪：突破科技，启迪未来；万事达（Mastercard）：万事皆可达，唯有情无价。
- 一句话句式，结构完整，娓娓道来，稳中有序。例如阿里巴巴：让天下没有难做的生意。

在确定了品牌契合和语言美感之后，标识语的创作将聚焦于不同的方向。

- 面向全社会，表达理念或哲学。例如迈瑞医疗：生命科技如此亲近。
- 做事方式和态度。例如格力：掌握核心科技。

- 贴近核心业务特性和客户诉求。例如龙湖地产：善待你一生。

平台或产品品牌标识语的创意可以聚焦在以下几个方向。

- 聚焦于表达自己的能力特点和差异化。例如36氪：让一部分人先看到未来。
- 聚焦于表达目标消费者的利益点。例如小牛电动车：你有点小牛。

标识语需要在表达企业自身特点的同时，更加注重目标人群的利益和价值理念，坚决避免自我代入的倾向。例如格力的"好空调，格力造"，就不如"格力，让世界爱上中国造"，后者更能激发目标人群的爱国情绪和自豪感，在意涵上，它同样包括了"好空调"的概念。

在这里也说一下广告语的创意方向，它没有品牌标识语那么多限制，方向可以更加灵活多元。

- 品牌记忆强化 + 差异点。例如王老吉：怕上火喝王老吉。
- 产品最大特性。例如士力架：横扫饥饿。
- 情感、态度和情绪引发的相关性。例如李宁：一切皆有可能。
- 直接说服和号召行动。例如劲酒：劲酒虽好，可不要贪杯哦。
- 通过一个价值观点获得认同。例如下厨房：唯有美食与爱不可辜负。
- 产品带来的美好体验和目标状态。例如旅游卫视：身未动，心已远。

集团的最高决策者通常非常看重标识语传递出来的格局、力量、气度，因为标识语中寄托了他们的商业理想，所以他们所谓的"眼前一亮"，其实是在品牌契合之上追求立意的角度，以及在语言美感上要有理念的升华，有更大空间的延伸感。

总之，标识语和广告语的创意可以通过方法论逐步聚焦，而不是完全依赖灵感的瞬间降临。在风格探索方面，我们推荐汪豪和尹雨诗所著的《顶尖文案》，该书总结了 188 种广告句式，可以帮助年轻的品牌人进行创意发散，是一种非常有效的方法。

品牌故事

品牌故事在传播领域被广泛使用，包括品牌广告脚本、品牌发生的趣事，等等。**品牌故事是企业品牌战略定位和品牌价值主张的脚本和注解。**它通过叙事元素（如时间、地点、任务、事件等）构建了一个场景，帮助目标群体理解企业想要传达的品牌核心价值。

关于品牌故事有几个关键问题。

第一，品牌为什么要讲故事？

第二，人们喜欢听什么样的故事？

第三，好故事有哪些标准？

第四，一定要写创始人的情怀故事吗？

品牌为什么要讲故事

品牌讲故事的好处在于能够事半功倍地传递商业信息。

首先，故事具有想象力，容易记忆、理解和建立共识。《乌合之众》（*The Crowd*）一书中有一句名言："掌握了影响群众想象力的艺术，就同时掌握了统治他们的艺术。"这也说明了故事在建立大规模价值共识方面的有效性。相比于反复洗脑的广告语，故事更具有艺术性，且更易于广泛传播和记忆。同时，故事也能够辅助消费者更深入地理解品牌内涵，从而更好地建立品牌认知。

其次，故事能激发情绪，增强说服力。逻辑分析和理性思考是耗费大量脑力的任务，对于消费者来说也是一种痛苦。如果没有一个故事框架，企业就必须枯燥地将品牌的利益一条条地列举出来，这很容易使消费者进入屏蔽状态，除非他们对品牌非常感兴趣。然而，听故事则完美地解决了这个问题。

最后，品牌故事具有快速拉近距离的独特力量。在功能层面，故事能够让目标群体深入了解品牌的细节，从而满足自己的需求；在情感层面，故事能够展现品牌的性格和态度，让目标群体在面对冲突和挑战时产生共鸣和归属感；在社会贡献层面，故事能够传递品牌的价值观、信仰和理念，让目标群体从更高的层面验证品牌在功能和情感层面的表现，进一步确定与品牌建立关系的安全性。

人们喜欢听什么样的故事

人们喜欢的故事大多有相似的脚本，这是因为这些故事能够引起人们的理解和产生情感共鸣。在历史长河中，很多这样的故事被沉淀下来，可以供创意人员提取和借鉴。品牌故事的讲述方式和电影、小说等文学作品的故事机理有相似之处。如果以12种心理原型为起点，就可以更加高效地创作出适合商业表达的故事类型。

比如，"英雄"所承载的精神内核是"勇往直前"，这也是美国好莱坞大片的永恒主题。全球耳熟能详的电影人物，如蜘蛛侠、美国队长、钢铁侠、神奇女侠、雷神等，都是英雄形象的代表。为此，好莱坞还有专门塑造英雄的套路，分为12个步骤：平凡世界、冒险之旅、抗拒召唤、遇见导师、越过第一个门槛、考验是盟友还是敌人、接近最深处的洞穴、严峻的考验、获得回报、回归之路、复活、满载而归。

英雄的故事蓝本在商业品牌故事里非常常见。例如，《刷新》(*Hit Refresh*)这本书以企业改革为背景，讲述了微软的品牌故事。2014年，萨提亚·纳德拉(*Satya Nadella*)临危受命，带领微软重回巅峰。这本书着重讲述了自我刷新的三个步骤：拥抱同理心、培养"无所不学"的求知欲，以及建立成长型思维。这三条也是微软改革后所提倡的企业核心价值观（图7-34）。

另一个例子是"创造者"原型，代表人物是特斯拉汽车的创始人马斯克。特斯拉汽车的购买者都很清楚马斯克攻克电车电池难题的故事。当然，他还有其他方面的愿景和构想，比如造火箭和移民火星，都是以他个人的梦想和实现过程为品牌背书，赢得了大批品牌忠实者。

好故事有哪些标准

设计一个优秀的品牌故事有以下 5 个标准。

兼顾商业性和文学性。商业性要求故事传递品牌内涵，让人们接受企业想要传达的信息。即使在不同场景下听到不同形式的故事，最终得到的品牌信息点也应该是一致的。好的故事应该以品牌为线索，贯穿主线，推动剧情发展。文学性则要求品牌故事具备故事的所有要素，如文笔工整、点线面结合、语言简练和优美等，同时具有足够的想象场景，能够帮助大脑同步"放电影"。

图 7-34　微软改革故事——《刷新》
（注：图片来自当当网）

真实有代入感。它能够让人们对理想的自我有所期待，而不是刻意创造谁的伟大格局。

有问题、有解决方案。品牌故事还应该体现品牌对这个世界的责任，包括对某个问题的洞察和解决方案。因此，好的品牌故事应该有问题和解决方案的设置。

贯穿理念。故事也要贯穿品牌的价值理念和承诺给目标群体的利益点，而不是仅仅为了讲而讲。

迈瑞医疗曾经拍过一部根据真实事件改编的微电影《母爱征途》（图 7-35），讲述了一个感人的故事。非洲偏远部落有一个女人因为第一胎生了畸形儿，在怀第二胎的时候，村里人认为她不祥，必然还会生畸形儿，于是要求其打掉。这个弱小的母亲为了保住孩子，徒步穿越整个草原，来到一个有 B 超的地方。在现代科技的帮助下，母亲证实孩子是健康的，最终也生下了一个健康的孩子。这部微电影不仅感动了很多人，还展示了迈瑞医疗的责任和承诺，即为人类的健康和生命贡献力量。

图 7-35　迈瑞品牌微电影《母爱征途》
（注：图片来自微电影截图）

回应当下时代情绪和价值共识。品牌故事的构建要回应当下时代的情绪和价值共识。比如几十年前张瑞敏砸冰箱事件，就是为了凸显产品的质量和特性。但是，以往强调产品质量的故事在今天已经不再适用，因为质量已经成为基本要求，无法直接连接消费者当下最关心的诉求。

相反，能够反映当下时代的故事更具吸引力。比如李子柒的田园牧歌所代表的隐士文化，反映了人们对城市化过快现象的反思；任正非在华为世界里所描绘的中国速度与世界胸襟，则折射了正在提升的民族自豪感情绪。

回应当下时代的情绪和价值共识，可以让品牌故事更具穿透力，更能够引起人们的共鸣，从而更好地传递品牌的底色和精神气质。

一定要写创始人的情怀故事吗

品牌参考创始人的情怀设计故事是非常常见的。然而，在构建品牌故事时，不一定非要写创始人的情怀故事。有些企业可能只是看中了某个赛道的利润而进入，并没有解决问题的动机和情怀。在这种情况下，我们不应该为了写故事而写故事，也不应该为了制造冲突而制造冲突。

品牌故事一定要保持真实性。创始人的价值观和商业理想会影响企业的基因和文化，对员工的行为和为消费者创造价值的方式产生影响，这种影响是长期的，并且难以改变。因此，以创始人创业情怀为蓝本的品牌故事必须真实且发乎本心，否则会导致企业文化和品牌文化的扭曲和撕裂，后果不堪设想。

很多品牌过于强调创始人的情怀，这和另外一个现象——给自己找一个传说或贵族身份，其实都是源于缺乏想象力。实际上，品牌故事的作用应该是为品牌定位和内涵提供注解，因此我们可以从多个角度来挖掘有价值的品牌故事。

- 一段创业经历。
- 一个产品设计和生产的思路。
- 最喜欢的一句话。
- 企业家或重要管理人员的工作爱好和状态。
- 研发过程。
- 一个会议场景。
- 一个梦想和愿景。
- 对未来的洞见。
- 一段客户与品牌产生连接的经历。

品牌故事的创意形式应该根据企业或品牌发生的事情中符合其核心价值的内容来确定。以下几个案例可供参考。

在采访广州一家知名房地产企业时，我们发现企业掌门人非常注重外立面建筑材料的选择。他从不把自己看作企业家，而更愿意将自己视为一名建筑工艺和技术研发人员。他将管理权交给了别人，致力于研发一种高品质的瓷砖。这种瓷砖能让一个十几年房龄的小区看起来焕然一新，效果非常显著。我们认为，这是一个非常好的品牌故事，能够突出该品牌对于品质和技术的执着追求，以及对于消费者利益的高度关注。

罗振宇是罗辑思维的创始人，在几年的时间里，他每天坚持发布 60 秒的语音节目。每一条语音都是精心练习过的，他可以确保每一秒的情绪都恰到好处。这种执着和苛刻的坚持，展现了罗振宇和罗辑思维的品牌价值观。这个习惯不仅是他个人的坚持，也是罗辑思维品牌故事的一部分。

小牛电动车品牌拥有独特的故事形式：替客户讲述他们的故事，也被称为"牛油故事"（图 7-36）。小牛品牌将自己定义为一个"生活方式品牌"，而不仅仅是一个电动车品牌。在与消费者的沟通中，它们提出了一个广告语："致敬那些追求平凡生活的人。"因此，小牛品牌大量挖掘消费者和城市生活的故事，甚至建立了专门的网络社区，让用户们相互激励，形成品牌精神。这种品牌故事的表达方式，让消费者更容易将小牛电动车与生活方式联系起来，从而加深品牌印象，提高品牌忠诚度。

图 7-36　小牛电动车品牌的"牛油故事"
（注：图片来自小牛官网）

如果没有一个具体的故事可供挖掘，那我们建议采用"品牌理念故事"的写法，即表达品牌的利他主义、创造价值的方式和结果，以及为此所做的努力的细节。这种角度也是品牌定位表达的过程。这个过程可以包括回答以下几个问题。

— 我们是否发现了一个需求或一个问题？

- 我们觉得一个更好的结果或者状态应该是什么样的？
- 为此我们提供了什么方案？
- 结果是为谁带来了什么价值？

总之，品牌故事是企业核心价值定位的注解。一个品牌故事可以瞬间穿透目标群体的心智，留下深刻的印象，建立广众共识、增强说服力，从而进一步强化商业与人心的关系。

好的故事有一定的标准：兼顾商业性和文学性两个方面、真实有代入感、有问题有解决方案、贯穿理念、回应当下时代情绪和价值共识。

品牌故事不能生编乱造，要尊重基本的事实。品牌的故事不只有创始人的情怀可以描绘，还可以在企业发展过程中寻找一些有意思的、令人动容的事件进行艺术化表达，以展现品牌的核心价值。

品牌声音

品牌声音是一种定制化的品牌元素，也被认为是一种传播策略，它指导和定义了品牌用哪一种语言和文字策略来讲述自己的内涵。

我们所熟知品牌声音案例有"淘宝体"。

淘宝体，最早源自淘宝客服沟通的一套固定话术，后来因为话风独特而成为淘宝风格的一部分，被广为流传。

"亲，请问有什么需要呢？"

"有的哦，亲，请问你要什么颜色呢？"

"亲，有的！本店都是最低价，不包邮的哦。亲需要的话，可以送亲一个赠品哦。"

"亲，全5分哦！给好评哦！"

淘宝体案例展示了品牌声音对于塑造品牌形象的重要性。然而，目前只有极少数企业进行了品牌声音的塑造，并在多年保持了一致性。

品牌声音的设计应该以品牌定位和个性为基础，确定核心准则，并与品牌对外沟通的语词风格相统一。通常，品牌声音准则分为核心声音准则和次要声音准则，用以突出品牌在传播中的重要性。核心声音准则是品牌最重要的特色，能够与其他竞争品牌区分开来。次要声音准则则是辅助性的特征，可以提升品牌声音的辨识度，同时支持核心声音准则。

以某汽车产业互联网平台品牌为例，我们将品牌形象定位为"心怀鸿鹄之志的奋斗者是面向未来的理想践行者，推动汽车产业互联网时代的全面到来"，品牌个性是"睿智、有情义、开放、真诚"。

考虑到该品牌在创业期的主要沟通对象是行业内的大小经销商，我们将"真诚的态度"作为最重要的推动力语词。

因此，我们设定的核心声音准则为"始终保持真诚的力量"，并设定次要声音准则为"足智多谋、雷厉风行、胸襟开阔"，以突出品牌的特点和优势。

在主次声音准则的框定下，我们发展了品牌与经销商沟通的文案：

让梦想共同成长

从汽车销售到商户老板，

从单打独斗到拥有值得信赖的伙伴，

你实现了你的梦想。

从复杂的手续到智能化生态平台，

从流通阻滞到数据、科技、营销全面赋能，

我实现了我的梦想。

我们都站在历史的拐角处，

共同奔赴全新的时代。

确认了品牌声音准则之后，我们可以根据品牌个性来设计文字表达的方式，包括文本词性、语言感受、句式结构和句型内容这四项内容。

比如"从海洋到餐桌"的舟山海鲜直达品牌"海仙道"，它想要表达的品牌利益点如下。

为爱而鲜：一鲜一爱皆如初的追求。带有东方对人与人之间情感本质的关注。

精准把控：应用西方科学理性功能的追求和对过程的把控。自信源于强大而丰富的自然资源。

为此，我们专门做了关于语言表达的设计（图7-37）。

文本词性	为更好的结果而苛求自己	· 反问、直述、表达对于苛求的认同感 · 对结果的表述充满爱与温情 · 永远有更好的答案，永远在进步
语言感受	刚柔并济的使命感	· 高效努力与爱的结果有一个对应匹配 · 一个传递爱、释放爱的过程 · 不能妥协的质量塑造和精准管控
句式结构	断点句 + 解释	· 言简意赅、不啰唆 · 寻找更好的答案和更好的表达方式 · 前短后长，把话引到爱上，解释透彻
句型内容	正面告知 我就是最好的选择	· 不是大声疾呼，也不是反复说的口号 · 平铺直叙，充满正能量的启迪和答案 · 帮助人们说出爱的心声

图 7-37　品牌声音设计框架和案例

根据该品牌设定的文字表达方式，它的品牌文案可以展现如下。

有所求，有所为

世界那么大，却从未能阻止人们探索更好的生活。

我们坐拥世界最好的资源，又怎能让它默默无闻？

我们看到人们苛求的动因，对现实的妥协，又怎能无动于衷？

我们相信，有所求，才能有所为。

要讲究，不将就。

爱让我们探索更多可能、拥有更高标准和更长远的考量。

精准洞悉人们所需，善用科技的力量，巧接资源，

建立大师级的审美和品位，

从而为人们想得更多，做得更多。

人们的讲究，就是我们的苛求，

人们要表达对家人的拳拳用心，我们理解并成全。

海仙道，

标准之上，鲜爱之中。

总之，品牌声音是经过设定且要尽可能保持一致的语词识别元素。企业常常追求"有感觉"的文字，但实际上品牌资产的有效积累有赖于在"框架设定"下写的每一个字。再优秀的文案，若不是一点一滴地传达和深化外界对企业核心价值的认知，就等于无源之水、无本之木，徒有其表罢了。

品牌关键信息

简单解释品牌关键信息就是品牌在进行市场沟通时应该"说什么"。品牌关键信息应该围绕品牌的定位和内涵展开，让客户感受到品牌独特的核心价值，正确理解品牌内涵。关键信息应该能够引导、规范、评估品牌传播和体验的内容，它本身不是传播信息，也不是文案。

在具体传播场景中，每个关键信息点都可以细分为证据和利益点，确保每个信息都能体现价值主张。品牌应针对不同类型的受众做不同的诠释，但需基于同一个价值主张，并得到完整、系统的关键信息框架。这个信息框架就是一个非常重要的语词识别文件。

品牌关键信息应以简短、易懂的字或词语的形式出现，这有助于客户记忆，也方便品牌管理者向市场进行传达。

品牌关键信息应控制在1~10个字或词语之间，以确保易于记忆和传播。营销专家通常建议只传递一个信息以穿透消费者的心智。然而，这取决于信息的构成。在大一统市场中，单一信息可以聚焦传播资源，但通常只能传达产品的品类或特性信息，例如"怕上火喝王老吉"。然而，消费者在心智认知规律中需要品牌传达的信息也包括"凉茶""饮料""品类第一"等隐含

第三部分 品牌体系和工序：如何构建一轴三层的品牌体系

信息。之后，王老吉进一步强调了其品牌关键信息，包括"红罐""独家秘方""正宗凉茶""畅享麻辣火锅"等关键信息，以满足消费者对品牌的更多需求和期望。

因此，我们看到，关键信息并非一成不变，它的设立由四个因素共同决定。

- 定位核心价值。
- 塑造当下认知。
- 确保信息一致性。
- 明确沟通形式（重要触点）。

以精锐国际教育为例，该品牌属于从精锐教育中分离出来的业务，专门为国际学校高中和大学的准考生提供系列课程培训和周边服务。

- 定位核心价值为"世界心智"。
- 塑造当下认知：由于业务刚成立不到一年并且从国内培训业务中分离出来，因此在初期传播上，让目标客户所在家庭明确精锐国际教育的业务边界，它属于集团内最高端的服务就显得尤为重要。
- 确保信息一致性：内部梳理并总结了核心能力优势、教学理念和态度，以及品牌关键利益点。
- 明确沟通形式：由于业务的特殊性，关键沟通渠道为品牌手册等物料和一对一咨询业务提供服务，因此，传达的信息要立体和具有丰富性，同时咨询的体量也必须有足够的品牌信息来支撑。

基于以上四个因素，我们将精锐国际品牌的关键信息按传播阶段分为短期和长期，以便更好地传达品牌信息。品牌信息的构成包括"品类、规模、档次、产品利益点和能力支撑、态度和服务方式"等方面。

在具体的传播规划上，围绕关键信息在不同的触点和传播渠道上拆分细

品牌通识：科学系统的品牌全景

化，着重强调一个或者几个点，最后由所有的触点和传播渠道共同构成 10 个核心品牌信息（图 7-38），而后植入目标客户家庭的头脑之中。

品牌关键信息在语词设计中扮演着至关重要的角色，它明确指导着企业与客户的沟通。这些信息将直接影响客户对品牌的印象和记忆，从而形成"标签"，成为客户记住企业核心价值的重要信息来源。因此，优化品牌关键信息是确保品牌沟通有效性的关键步骤。

语词识别元素重要应用项

我们在前文总结了几个最重要的语词识别元素，包括命名、品牌标识

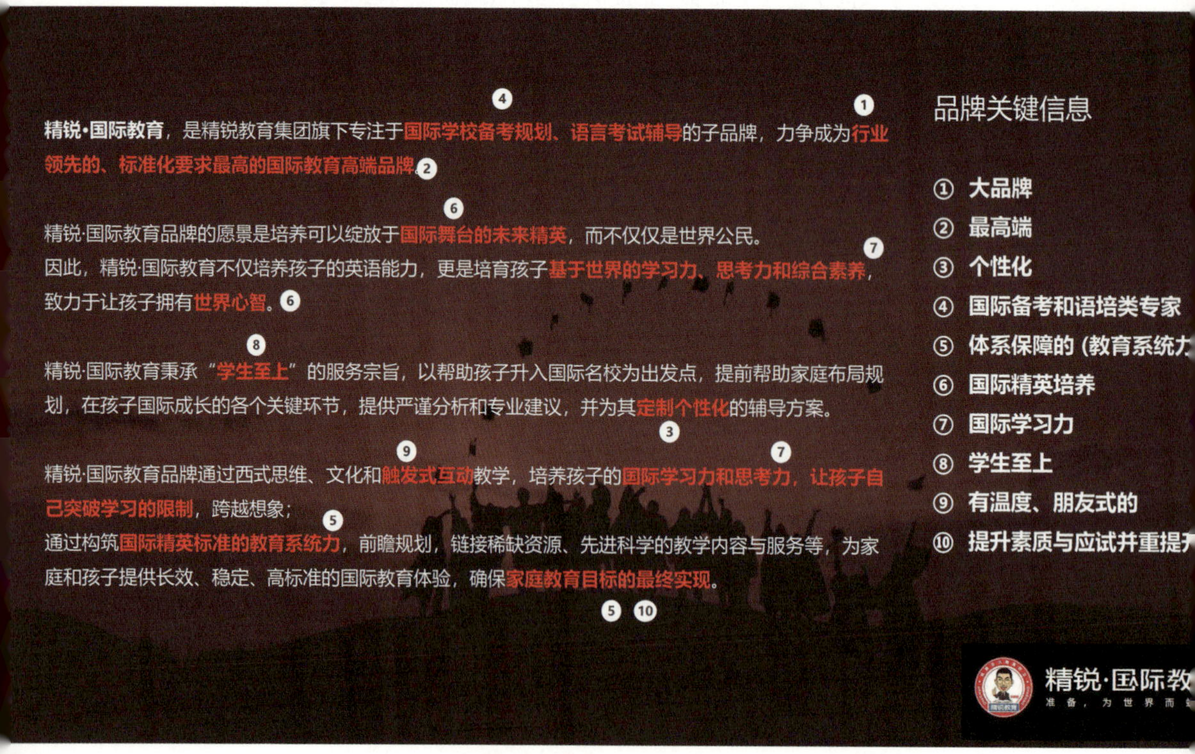

精锐·国际教育，是精锐教育集团旗下专注于国际学校备考规划、语言考试辅导的子品牌，力争成为行业领先的、标准化要求最高的国际教育高端品牌。

精锐·国际教育品牌的愿景是培养可以绽放于国际舞台的未来精英，而不仅仅是世界公民。因此，精锐·国际教育不仅培养孩子的英语能力，更是培育孩子基于世界的学习力、思考力和综合素养，致力于让孩子拥有世界心智。

精锐·国际教育秉承"学生至上"的服务宗旨，以帮助孩子升入国际名校为出发点，提前帮助家庭布局规划，在孩子国际成长的各个关键环节，提供严谨分析和专业建议，并为其定制个性化的辅导方案。

精锐·国际教育品牌通过西式思维、文化和触发式互动教学，培养孩子的国际学习力和思考力，让孩子自己突破学习的限制，跨越想象；通过构筑国际精英标准的教育系统力，前瞻规划，链接稀缺资源、先进科学的教学内容与服务等，为家庭和孩子提供长效、稳定、高标准的国际教育体验，确保家庭教育目标的最终实现。

品牌关键信息

① 大品牌
② 最高端
③ 个性化
④ 国际备考和语培类专家
⑤ 体系保障的（教育系统力
⑥ 国际精英培养
⑦ 国际学习力
⑧ 学生至上
⑨ 有温度、朋友式的
⑩ 提升素质与应试并重提升

图 7-38　精锐国际教育品牌介绍中包含的 10 个核心品牌信息

语、品牌故事、品牌声音和品牌关键信息。在市场沟通的过程中，我们需要把语词识别元素应用到品牌的各个触点中，从而不断强化企业的核心价值在品牌受众脑中的印象。一旦确定了新品牌的定位和语词识别元素，企业通常就需要立即开始建立、修改或升级以下 10 项内容。

- 公司 / 品牌介绍。
- 品牌书。
- 品牌宣言。
- 产品介绍。
- 广告脚本。
- 网站内容。
- 销售平台文案。
- 包装上的文案。
- 客户服务卡。
- 产品册。

在这些内容中，与品牌核心价值表达最直接相关的是公司 / 品牌介绍、品牌书和品牌宣言，我们将着重介绍这 3 项内容。

公司 / 品牌介绍

公司 / 品牌介绍通常是一句话或一段话，也可能是一个网站页面或一两页纸。无论形式如何，公司 / 品牌介绍都是高度凝练的信息，对于许多企业来说都是一个挑战。在这里，我们介绍一个常用的公式，以降低这项工作的难度。

公司 / 品牌介绍公式

信息层级 1：交易信息。

　作用：快速建立业务连接。

　内容：名称、品类、地位等。

信息层级 2：品牌身份识别系统内的信息。

作用：情感共振和内在联结。

内容：初心、核心价值、能力优势、愿景和使命等。

信息层级 3：信用和感知。

作用：通过细节和场景提升可信度。

内容：信息层级 1 和信息层级 2 关键点的扩充。

案例 1：阿里云

（信息层级 1）

阿里云创立于 2009 年，是全球领先的云计算及人工智能科技公司，为 200 多个国家和地区的企业、开发者和政府机构提供服务。

（信息层级 2）

阿里云致力于以在线公共服务的方式，提供安全、可靠的计算和数据处理能力，让计算和人工智能成为普惠科技。

案例 2：菜鸟网络

（信息层级 1）

菜鸟网络成立于 2013 年，是一家以客户价值为驱动的全球化产业互联网公司。

（信息层级 2）

菜鸟网络致力于做一家服务国计民生的好公司，将长期投入为实体经济降本增效，保障民生流通，稳就业促增收，让物流更加绿色可持续发展。

（信息层级 3）

菜鸟网络深深扎根在物流产业，把物流产业的运营、场景、设施和互联网技术做深度融合，坚持数智创新、开拓增量、普惠服务和开放共赢。

以科技创新为核心，菜鸟网络在社区服务、全球物流、智慧供应链等领域建立了新赛道，为消费者和商家提供普惠优质服务，搭建了领先的全球化物流网络。

品牌书

品牌书是一本手册，专门介绍企业的品牌定位、理念和形象，同时强调品牌语词和视觉识别。

品牌书不同于品牌介绍、产品手册或视觉识别规范手册。虽然这些材料中可能包含品牌书的部分内容，但品牌书的真正作用是介绍品牌的核心价值，也是品牌管理者常说的"品牌哲学"。对于那些以愿景、使命或理念为驱动力的企业，品牌书非常必要。此外，对于行业领先的品牌、奢侈品品牌、聚焦精众的品牌和小众品牌，品牌书都能发挥重要的沟通作用，特别是在员工和核心客户之间的沟通方面。

在设计品牌书时，主要围绕品牌定位平台的内容展开，包括"开篇语、目录、价值主张、标识语、愿景、使命、价值观、企业介绍、品牌故事、品牌的角色和品牌价值"。然而，不是直接将这些内容生搬上去，而是要从品牌定位中提取一个创意点，以此为基础进行二次创作。此外，当品牌书作为纯内部资料时，还可以添加一些视觉识别的内容，例如标准色、标识设计理念和灵感等。品牌书的页数通常不需要太多，15~30页即可。

在咨询过程中，我们发现很多企业对自己的品牌书不太满意，认为其看起来"不够高端"。通常情况下，这是由于品牌书的内容过于平铺直叙，缺乏创意提炼，导致整个品牌书的沟通感和阅读体验感很差。此外，有些企业在品牌书中加入大量企业优势和产品卖点的信息，这样做可能无法激发读者的情感共鸣，反而会被视为广告信息。需要注意的是，品牌书通常不包括企业的历史、发展过程、丰功伟绩、管理架构、业务局部、产品架构等内容，因为它更注重品牌理念和价值观的传达。我们建议将品牌书单独制作，区别于企业介绍和产品手册，以便更好地传达企业的内在核心价值。

品牌宣言

品牌宣言是品牌故事的对内宣传版本，它的作用是通过品牌共振，与员工形成品牌共识。作为企业内部文化的一部分，品牌宣言将品牌定位转化成品牌承诺，指引员工践行理念。品牌宣言可以是简短的一句话，也可以是一段话，但无论形式如何，重在激发员工的工作意义感和自豪感。

以下是英图博略（Interbrand）品牌咨询和设计公司的品牌宣言（翻译版）案例：

随着时代的变迁，我们的需求和渴望不断变化，

世界也随之发生改变，唯一不变的是变化本身。

伟大的品牌能够捕捉到从今天到明天的变化，

预测我们的需求，改变我们的渴望，拉近我们的距离。

伟大的品牌推动我们向前，将世界推向充满希望的未来。

想要探究变化的原理，我们要鼓励好奇心。

想要激发开放的对话，我们需要培养互动文化。

当表达更自由，我们才能创造出更具生命力、与时俱进的品牌，

我们相信，品牌具有改变世界的力量。

本章要点 Key Point

（1）品牌识别是指让品牌在目标受众甚至整个社会心智中形成特定联想的可识别品牌要素的集合。品牌的识别系统由品牌的身份识别、视觉识别和语词识别三套系统共同构建。其中，视觉识别和语词识别是基于品牌内涵的外显化工具。

（2）价值主张定位是品牌提供的清晰且准确的价值声明，是关于一个品牌能够传达给受众最鼓舞人心、最引人注目的东西。价值主张定位是"我们的品牌承诺、我们存在的理由及我们期望客户和社会能记住的关于我们最核心的价值"。在作用上，它是对于品牌战略定位和品牌为目标群体提供品牌价值的创意转化，它激发了目标群体在品牌触点上的协同效应。

（3）"愿景"是对未来美好的、理想状态或场景的描述，它是企业对未来蓝图的描绘，是一种推动力和号召力。而"使命"具有明确的行动和结果指向性。使命可以被细化拆解成阶段性的目标和价值观的构建。使命通常包含以下几个元素：谁、任务、方案、能力、让什么成为可能。

（4）企业经常错误地将愿景和使命的提炼视为一个文案创意工作，因此对愿景和使命的要求通常是"高大上""展现格局""震撼"。然而，愿景和使命的核心作用是体现企业内在的、创造价值的方向，而不是仅展现宏大的口号。因此，对于愿景和使命来说，与企业内在特质的匹配和适合度比宏大叙事更为重要。通常，愿景和使命越是拔高和宏大，品牌的识别性就越差，这违背了愿景和使命设计的初衷。

（5）愿景和使命不是企业单方面的想法，它们需要经过目标人群的过滤。许多企业喜欢用"致力于成为行业领导，或者第一"、成为"受人尊重的企业"等语句，但这类语句并不具备传播的效能，因为它们不具备与目标人群和社会的相关性。

（6）品牌价值观是指为了实现愿景和使命，企业应该如何行动和表现，以及遵循哪些原则才能取得成功。在理念的指导下，价值观指导企业在做事和做出选择时确定优先级。企业在理解价值观时存在一个常见误区，即将其仅仅视为员工行为指导。实际上，品牌作为内外连接的桥梁，品牌价值观同样具有与外部沟通的作用。本书罗列了231个价值观相关词语供企业参考。

（7）品牌个性（Brand Personality）：品牌与外部人接触时所展现出的人格特质，品牌个性是高度拟人化的品牌元素。品牌个性是建立在愿景、使命和价值观的基础上的，它能够让人们对品牌的言行一致、知行合一有更深入的认知。本书罗列了360个品牌个性词供品牌管理者参考。

（8）品牌标识语的最大作用是通过简洁而富有感召力的语言向目标人群或社会公众传达品牌的核心价值。与广告语相比，标识语更注重精神和情感层面，能够彰显企业独特的核心价值。有时，企业的愿景、使命、理念、价值观、身份定位等也可以直接用作品牌标识语，以彰显品牌的气质、精神和态度。

本书在附件中为企业筛选了多条经典标识语和广告语，供企业创作时参考。

（9）在标识语的创作过程中要把握好两个方面，一是品牌契合度，二是语言美感。先解决品牌契合度，再解决语言美感。

（10）品牌故事是企业品牌战略定位和品牌价值主张的脚本和注解。它通过叙事元素（如时间、地点、任务、事件等）构建了一个场景，帮助目标群体理解企业想要传达的品牌核心价值。

（11）品牌故事的创作来源可以有很多，不一定是创始人的创业情怀。如果生搬硬套或违背真实性原则，就会导致企业文化和品牌文化的长期扭曲和撕裂，得不偿失。其实品牌故事可以从多个角度来进行挖掘，包括一个产品的设计和生产思路、企业最喜欢的一句话、一个会议场景、一个梦想、一个对未来的洞见，甚至是客户与品牌的一段经历，等等。品牌故事的创意形式应该根据企业或品牌中符合其核心价值的事情来确定。

Chapter 8 品牌运营层——交互界面：品牌如何在市场互动中成长，形成势能

业务式传播与品牌式沟通

在品牌识别系统搭建完成后，品牌工作进入了"连接心智，建立共识"的阶段，即通过多种媒介和沟通方式将品牌想要传达的核心价值植入目标客户的脑中。

我们需要先区分企业存在的两种传播方式："业务式传播"和"品牌式沟通"。

与传播相关的部门是企业的标准配置职能部门。如果企业规模较小，那么老板可能是超级业务推广员；如果企业规模较大，就可能拥有一个或者几个与传播相关的部门，包括市场部、媒介部、公关部、活动策划部门、广告部、宣传部、品牌部、新媒体内容策划部等。

对于品牌推广工作，企业应该说既熟悉，又不熟悉。企业比较熟悉的是

"业务式传播",而非"品牌式沟通"。

"业务式传播"与"品牌式沟通"的区别如图 8-1 所示。

	业务式传播	品牌式沟通
总目标	获得单向业务/产品收入	构建心智护城河
服务对象	销售额和利润	企业业务战略目标
核算方式	费用	投资（形成无形资产）
效果使用范围	一次性	业务和产品间可共享
建设范围	渠道、媒体、流量、触达、转化、复购等	心智联想、形象、影响力、市场地位等
传播人群	潜在销售人群	品牌人群（包含非购买人群）
传播渠道	广告/物料/销售人员……	触点
传播方法	广而告之	让人在触点中，自己形成价值认知
传播信息	卖点	核心价值转化的关键信息
传播效果	促成交易，完成下单动作	精准吸引和关系建立，长久交易
传播影响	短期、快速	长期持续、迂回、大范围
衡量标准	触达率、转化率、留存	认知度、理解度、推荐度等20个衡量指标

图 8-1　业务式传播和品牌式沟通的对比

（图片来自 Unsplash 网站）

从对比中我们可以清晰地看到，"业务式传播"和"品牌式沟通"分别是"推进策略"（Push Strategy）和"拉动策略"（Pull Strategy），从两个方向推动企业的发展。

在"业务式传播"的思路下，相关工作人员典型的工作内容是：一个产品或服务摆在市场部桌上，市场部需要提炼差异化卖点、进行包装设计、制作物料、设计广告、购买媒体渠道、制定推广活动、进入线上或线下渠道，以及完成相关的货架、页面、直播环境设计等。为了配合每年过年过节、"双十一"或"双十二"等关键销售节点，整个部门几乎每隔一段时间就处于应激状态。在这种模式下，品牌职能的日常工作就是设计识别元素，然后准备物料。

"品牌式沟通"服务于企业的业务战略，旨在将企业内在的核心价值完整且准确地对外表达和呈现，通过构建客户的心智护城河来实现价值。

相比之下，"品牌式沟通"所要面对的人群更广，包括了不购买品牌的人群、产业上下游、合作者、监管部门、媒体公众、内部员工，甚至是竞争对手。**品牌是以企业的"核心价值"这个共识的影响范围为价值衡量维度，产生共识的人越多，品牌就越有价值。**此外，"品牌式沟通"的时间跨度更长，它的工作始于产品诞生之前，贯穿商业活动的始终。因此，在"品牌式沟通"下形成的品牌内核是"投资"，投资的成果可以被企业的其他业务和产品共享，并且它的投资回报是长期持续的。

"品牌式沟通"的原理是，品牌是在客户和企业交互的每一个触点上形成的，因此，只有梳理触点、找出关键触点并进行品牌化管理，才能更有效地连接客户的心智（图8-2）。

图 8-2 品牌与客户交互的关键触点

企业在日常运营中，需要将所有与外部形成交互的触点连成一个交互界面，不断向外渗透式地传达品牌的价值。品牌触点的范围远大于传播媒介的范围，除了传统的广告和店面等，产品、员工、第三方口碑和推荐、品牌创始人和高管的一言一行等都可以传达品牌价值。因此，"品牌式沟通"的设计核心在于让品牌战略承接业务战略，并渗透到企业职能的各个方面，形成一致的品牌体验（图 8-3）。

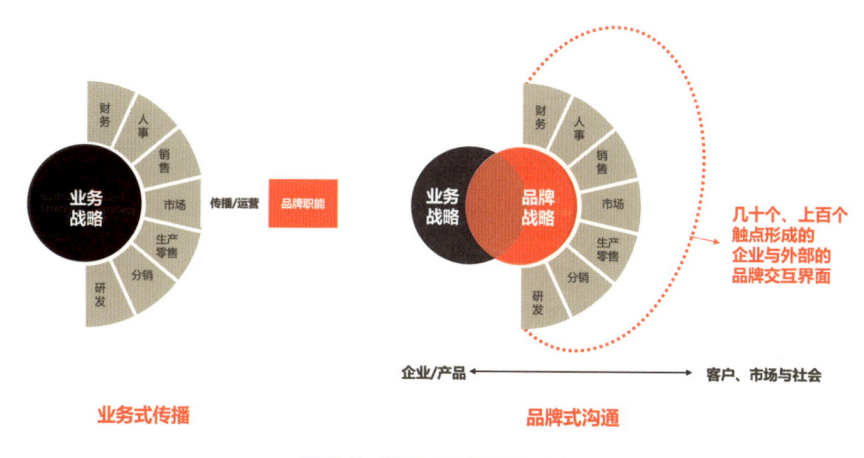

图 8-3　品牌交互界面的形成

本文将着重探讨"品牌式沟通"的两个重要工序：品牌触点管理和关键触点上的"一实一虚"。"实"指的是品牌体验的塑造或优化，"虚"指的是关键信息的传播规划。除此之外，企业在传播品牌时还需要注意一个容易被忽视的工作，那就是品牌新建或升级后对员工进行新品牌的内部植入。企业需要在这些环节上下功夫，在日常工作中不断积累为企业核心价值的实现所需的势能。

品牌触点管理

什么是品牌触点

品牌触点是客户与企业或品牌互动的场景，是客户与品牌交互的关键节点。客户在与品牌的交互过程中，会在每一个触点收集一个心智印象，这些印象会逐渐积累，最终形成客户对品牌的总体印象：这个品牌适合我，或者不适合我。

品牌触点是企业建设品牌的主要战场，通过精心规划的触点，企业可以为客户创造一个立体、丰富的品牌世界。品牌世界是指品牌通过精心规划的触点给消费者构建一个具象的感知世界，由产品与服务、人与行为、环境和传播4个方面组成（图8-4），让目标消费者能有身临其境的感觉，深入感受品牌所表达的内涵，获得与之相匹配的、丰富的品牌体验。因此，企业需要了解品牌触点的数量和关键性，以便可以在关键触点上进行投入，从而达到事半功倍的效果。

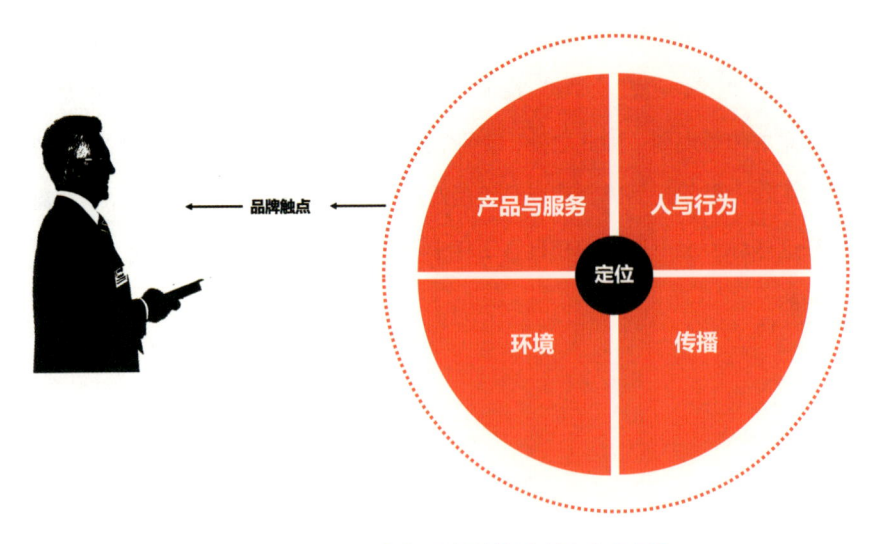

图 8-4　企业核心价值通过品牌触点植入客户心智

触点梳理：品牌有多少个触点

以瑞幸、喜茶或星巴克等产品品牌与机构品牌统一的品牌为例，这类品牌大约有 153 个触点（表 8-1），对于某些触点，还可以进一步细化为更小的子触点，来满足更精细化的品牌体验需求。

对于大多数企业来说，资源是有限的，无法对所有触点进行品牌化的武装。因此，品牌管理者需要对触点进行梳理和分类，以确定哪些是"关键触点"，并对这些触点进行重点武装，这样就可以更加高效地利用有限的资源。

关键触点

什么是关键触点？

关键触点是指在品牌与客户接触的各个点中能够强化品牌体验、认知与印象，并且能够引起购买行为的关键性触点。

以喜茶为例，随着喜茶品牌知名度的提升，它们开始将关键触点转移到更深入的体验和认知创建上。喜茶在多个触点上进行了改良和升级，如"产品点单牌的展示""点单应用程序（App）中的页面""包装袋的动漫设计"等（图 8-5）。值得一提的是，品牌标识和消费者内容的创造与展示，以及旗舰店的环境设计给人留下了深刻的印象。这些举措不仅增强了品牌与消费者之间的联系，形成了消费者的品牌偏好，还为品牌建立了新的商业竞争力和无形资产。

帮助品牌梳理关键触点的最重要的工具是"客户购买决策旅程"（也叫"消费者旅程"）。梳理这个旅程需要企业具有"out-in 思维"，也就是从客户视角出发，反向思考应该在哪些关键品牌触点上发力。如果品牌信息的安排得当，甚至可以对客户的注意力进行拦截，阻止或者减少客户关注其他品牌。

表8-1 常见触点列表（153个）

产品服务	人与行为	环境			传播	
			线上购物环境	线下专店	商务活动/沟通	获得性触点	数字化媒体触点
产品形态	员工服装	企业办公环境	购物网站搜索/链接	商场展示区	行业论坛	口碑	线下媒体触点
产品包装	员工性格	标识	网站专业/专有	旗舰店/专店	行业峰会	推荐（微商/社群）	公路广告
外包装	员工沟通话术	企业网站	网站	商超/购物中心专柜	技术大会	媒体报道	机场广告
价牌/价格	员工谈吐学识	幻灯片文件	客服	店铺地理位置/商场归属	高层峰会	博主/商学院案例	地铁广告
产品质地/分量	员工做事优先级	年度报告	购物车	店铺门头/门面	客户拜访/回访	管理层专访	公交车身广告
产品色彩	员工标志性行动	宣传册/画册	产品介绍	店铺门口区域	渠道/经销商大会	管理层案例	公交车站广告
品牌书	员工个人终端	名片	品牌/公司介绍	橱窗陈列展示	用户/消费者大会	分享	商场广告牌
产品册/说明书		电话	下单流程	货架	评比/培训	奖项获得	杂志插页
安装手册		水杯	快递包裹	堆头	技术创新会	参与评选	地铁宣传单
售后服务		招聘广告/招聘会	快递信息	购物车	新品孵化活动	管理者讲话/演讲	电视广告
赠品		内部代言人	客户问候卡	指示牌/路线指引牌	创业大会	客户产品	电视广告植入
访谈/问卷调查		大楼装饰	收货确认单/核对	收银台	销售推介会	使用	车载广播
IP/吉祥物		前台和接待厅/展示屏	对单	点单/菜单	新品牌发布会		软文
周边产品		公司历史/产品展览厅	短信	收货单/取号单	路演		新闻
插画作品		指示牌/导航系统	产品使用过程	购物袋	新技术/新品发布会		杂志采访
		办公整体环境	产品保管过程	香气	年会		代言人
		会议室命名系统	产品焕新	声音	公益活动参与		展览
		运输工具		氛围	赛事赞助		街头流动展示
		公司礼品		味道	客户/消费者培训		工厂/工作展示
		表情包		导购	客户/消费者见面会		消费者活动
		台历			外来人员参观		客户礼品抽奖发放
		信笺信封			邀请函		公司书等出版物
		名片			易拉宝		企业宣传片
		屏保					易拉宝
							灯箱广告等
							百度/谷歌/微信搜索
							搜索排名
							微信/抖音等长/短视频
							直播
							弹窗广告
							意见领袖
							外卖平台
							第三方评价网站
							应用程序
							朋友圈
							社群
							微博账号
							微信公众号
							抖音/小红书等视频网站
							电子购物车/页面
							消费者内容创造号攻略

第三部分 品牌体系和工序：如何构建一轴三层的品牌体系

图 8-5 喜茶品牌的几个关键触点

这里有两个案例，一个是 B2C 网购消费者的购买决策旅程和品牌关键触点（图 8-6），另一个是 B2C 大型设备采购的决策流程和品牌关键触点（图 8-7），供企业参考。

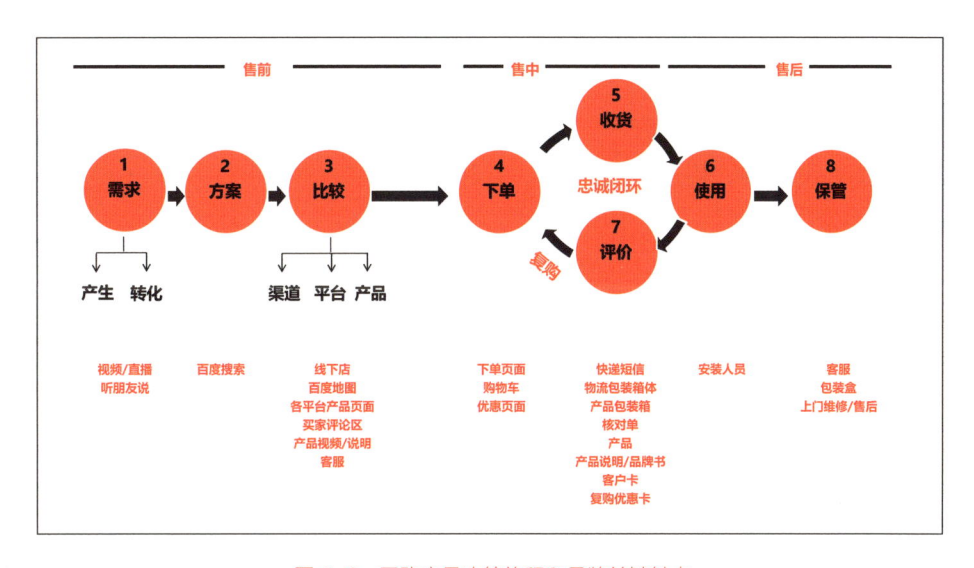

图 8-6 网购产品决策旅程和品牌关键触点

品牌通识：科学系统的品牌全景

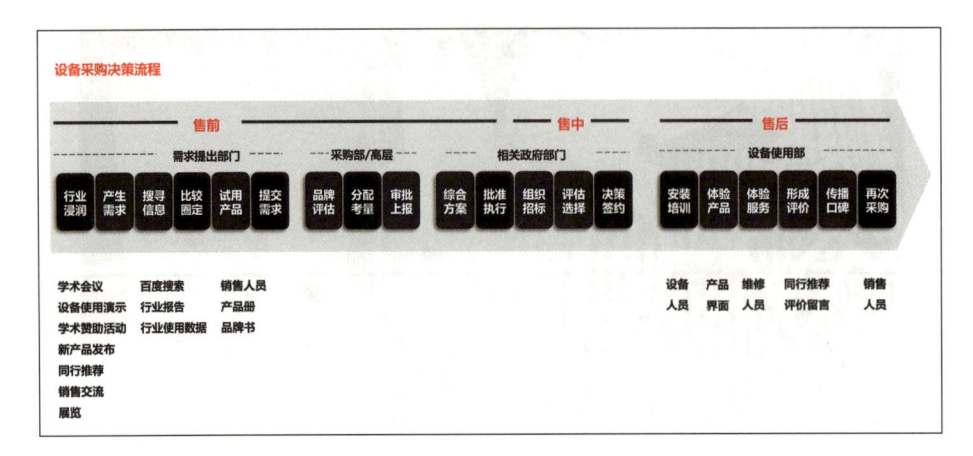

```
设备采购决策流程
                    售前                          售中              售后
            需求提出部门        采购部/高层       相关政府部门         设备使用部
行业  产生  搜寻  比较  试用  提交 | 品牌  分配  审批 | 综合  批准  组织  评估  决策 | 安装  体验  体验  形成  传播  再次
漫润  需求  信息  圈定  产品  需求 | 评估  考量  上报 | 方案  执行  招标  选择  签约 | 培训  产品  服务  评价  口碑  采购

学术会议      百度搜索     销售人员                              设备  产品  维修  同行推荐  销售
设备使用演示  行业报告     产品册                                人员  界面  人员  评价留言  人员
学术赞助活动  行业使用数据 品牌书
新产品发布
同行推荐
销售交流
展览
```

图 8-7　B2B 设备采购决策流程和品牌关键触点

我们建议企业将重点放在品牌的关键触点投入方面，以便为客户塑造更好的体验。通过这些关键触点，向客户传达品牌的关键信息，帮助他们形成对品牌的深刻认知。

在关键触点上，企业应该采取"一实一虚"两道重要工序。实线工序是通过"品牌体验塑造和优化"来提升客户的体验感受；虚线工序是通过"关键信息的传播规划"来向客户传递品牌的核心信息，从而帮助他们形成对品牌的深刻认知。

品牌体验塑造或优化

品牌体验塑造或品牌优化，都是基于消费者洞察，通过品牌与消费者的触点管理，全面塑造和提升消费者品牌体验的过程。由于品牌触点众多，因此品牌管理者想要让消费者获得稳定、一致、积极的联想就需要通过周详规划，让全链路上的触点体验形成协同优势。因此，品牌体验的工作需要从品牌定位开始，逐步渗透到每一个触点。

我们为品牌体验的塑造和优化专门设计了一个品牌体验框架设计模型（图 8-8），以帮助企业系统地规划品牌体验。该模型从两个方面入手，共同促进了品牌的体验和优化原则的形成。

一端是从品牌使命和品牌利益点切入，通过访谈等定性调研，我们将了解客户在品牌利益点方面的好坏体验评价（无论是品牌自身的还是竞争品牌的）。对于客户体验评价特别好的地方，也就是波峰，我们致力于做进一步提升；对于评价较差的地方，也就是谷底，我们则要同时提升，以使客户的整体体验得到提升（图 8-9）。

我们使用消费者情绪印记来制成体验曲线，用它来划分波峰与谷底的原因在于：人的注意力是非常稀缺的资源，人的大脑也是懒惰的。在整个客户决策旅程中，波峰和谷底是对消费者心智产生重大影响和形成鲜明印象的关键点。因此，我们要创造令人欣喜的波峰体验，并填满曲线的谷底，以提升消费者对品牌的整体体验值。

品牌体验框架设计模型的另一端，我们从品牌理念和品牌角色切入，在关键触点上打造一个当下的"心智印象"。这个过程是非常感性的，是为了达到品牌利益点而设计的一系列体验。通过这些举措，我们可以让客户形成对品牌的正确感知。

根据图 8-10 所展示的某个隐私产品品牌的体验提升方案，我们发现在消费者研究中，网购某些产品，如假发、药品、卫生巾、增高鞋等物品时，消费者容易遭遇包装在运输过程中破损导致隐私暴露的问题，从而引起周围人的同情、怀疑和议论。此外，若收到货后接到商家的回访电话，消费者也会感到尴尬。这两个环节如果处理不当会给消费者留下不良的情绪印记。因此，品牌期望传递给消费者的是"我被品牌保护"的印象，以增加消费者对品牌的信任和好感。在体验设计中，我们特别关注这些关键触点上的服务，增设了 8 项隐私保护措施，以满足消费者的期望。这样的设计不仅能提升消费者的满意度，也能增强品牌的竞争力。

总之，品牌体验的提升和优化是一项非常细致的工作，借助消费者旅程和

品牌通识：科学系统的品牌全景

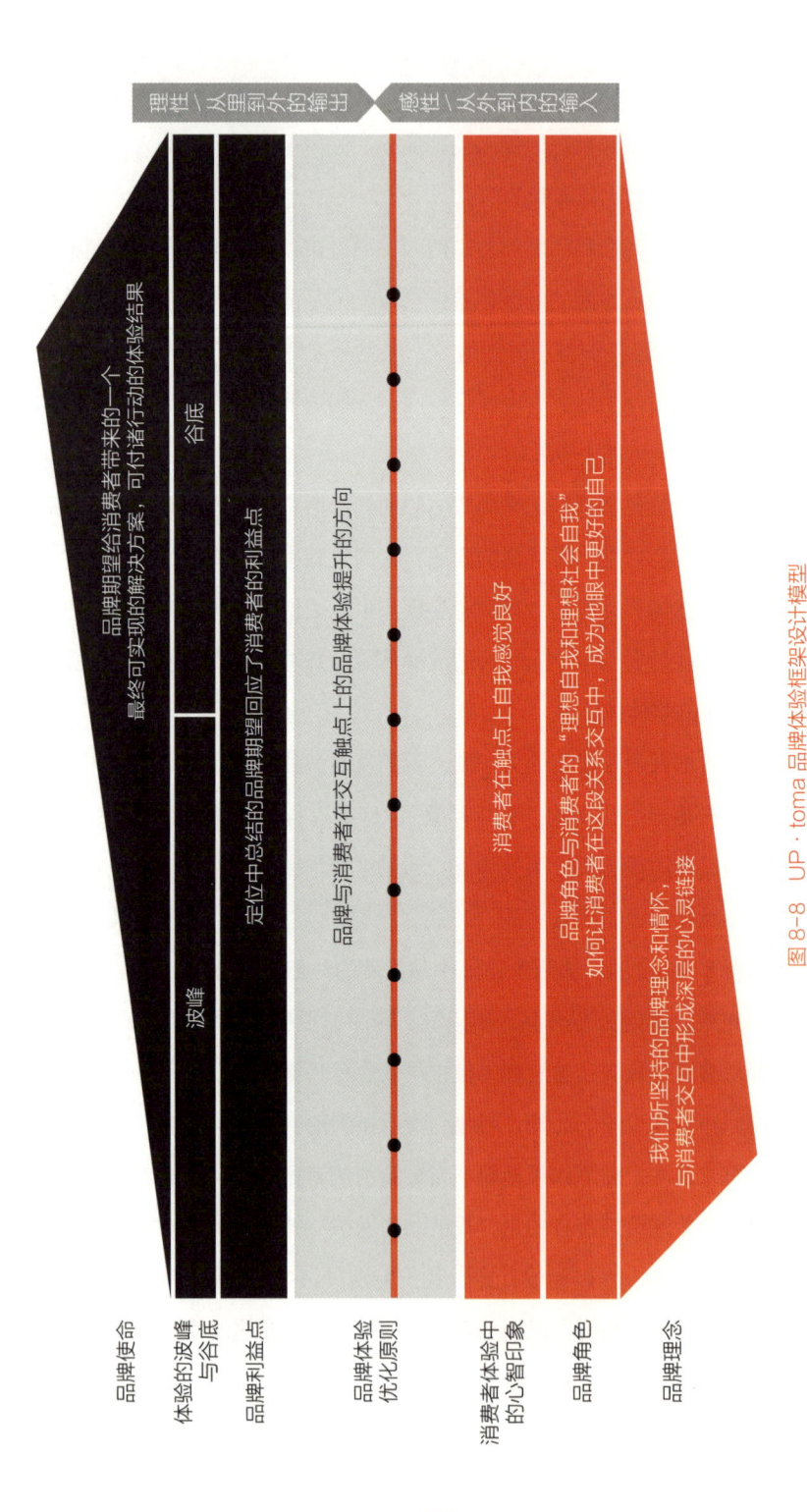

分类	维度	说明
理性 / 从里到外的输出	品牌使命	品牌期望给消费者带来的一个最终可实现的解决方案，可付诸行动的体验结果
	体验的波峰与谷底	波峰 / 谷底
	品牌利益点	定位中总结的品牌期望回应了消费者的利益点
	品牌体验优化原则	品牌与消费者在交互触点上的品牌体验提升方向
感性 / 从外到内的输入	消费者体验中的心智印象	消费者在触点上自我感觉良好
	品牌角色	品牌角色与消费者的"理想自我和理想社会自我"，如何让消费者在这段关系交互中，成为他眼中更好的自己
	品牌理念	我们所坚持的品牌理念和情怀，与消费者交互中形成深层的心灵链接

图 8-8　UP·toma 品牌体验框架设计模型

268

第三部分　品牌体系和工序：如何构建一轴三层的品牌体系

欣喜区域——波峰
吸引购买，
彰显与众不同
超越现有认知和期待

消费者情绪印记曲线

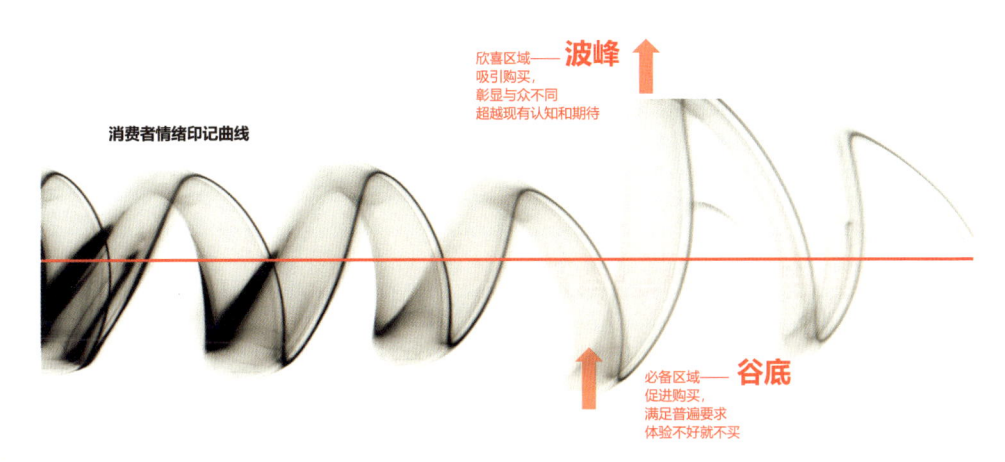

必备区域——谷底
促进购买，
满足普遍要求
体验不好就不买

图 8-9　将客户体验中的波峰和谷底整体拉高

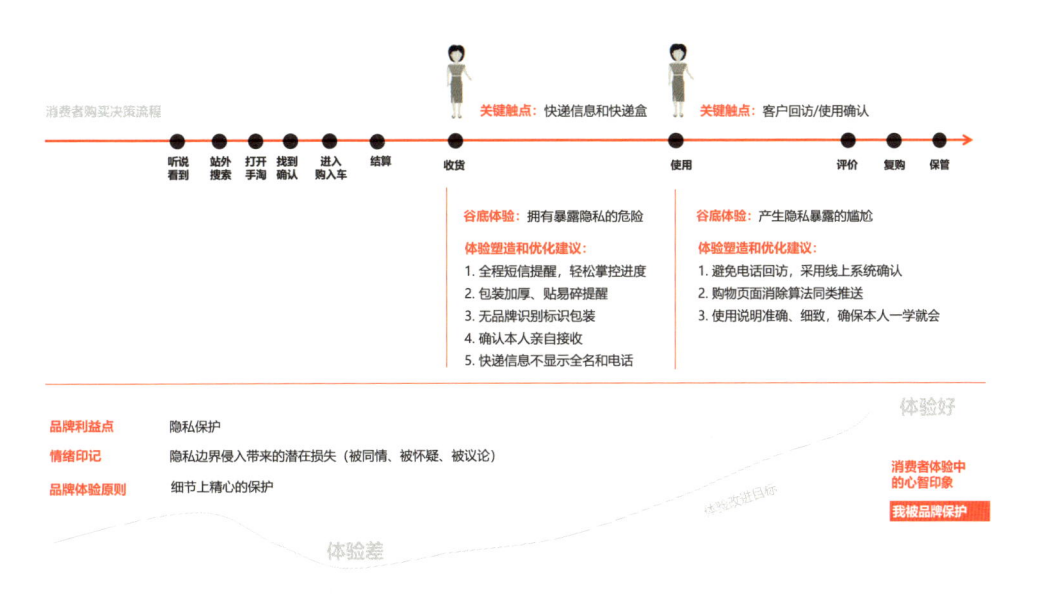

消费者购买决策流程

听说看到 — 站外搜索 — 打开手淘 — 找到确认 — 进入购物车 — 结算 — 收货 — 使用 — 评价 — 复购 — 保管

关键触点：快递信息和快递盒
关键触点：客户回访/使用确认

谷底体验：拥有暴露隐私的危险
体验塑造和优化建议：
1. 全程短信提醒，轻松掌控进度
2. 包装加厚、贴易碎提醒
3. 无品牌识别标识包装
4. 确认本人亲自接收
5. 快递信息不显示全名和电话

谷底体验：产生隐私暴露的尴尬
体验塑造和优化建议：
1. 避免电话回访，采用线上系统确认
2. 购物页面消除算法同类推送
3. 使用说明准确、细致，确保本人一学就会

品牌利益点　隐私保护
情绪印记　　隐私边界侵入带来的潜在损失（被同情、被怀疑、被议论）
品牌体验原则　细节上精心的保护

体验好
消费者体验中的心智印象
我被品牌保护

体验差　　　　　　　　体验改进目标

图 8-10　某隐私产品品牌在关键触点上的体验提升方案

品牌体验框架设计模型，企业能够快速找到品牌的关键触点，从而进行有针对性的体验提升和优化，给客户带来更多惊喜。

关键信息的传播规划

品牌传播的另一条线——"虚"线，是关键信息的传播规划（后文简称"传播规划"），之所以称为"虚线"是因为这项工序的核心是规划"怎么说"。**关键信息是基于品牌平台发展出来的一组关键表述词，在传播过程中需要通过多种载体进行拆解，形成消费者的感知**。这些载体可以是创意的视频广告、平面广告的画面、消费者培训等。通过这些载体，关键信息被植入客户心智，使其形成对品牌的关键联想。因此，在品牌传播的过程中，我们需要精准地规划如何将关键信息有效地传递给消费者，并在触点上进行拆解和呈现，以提高品牌的认知。

这条工作线与"业务式传播"的工作内容相似，但传播目的不同，因此传播规划的思考路径也不同。品牌式沟通以人的心智为市场，将企业的核心价值表达拆解成可传播的关键信息，通过关键触点进行沟通，从而形成人们对企业的价值判断，这是这项工作的重点。只有这样，品牌的所有传播动作和活动才能像滚雪球一样进行积累，成为企业的资产，从而使品牌可以被衡量、估值和传承。

这部分工作分为6个步骤：传播阶段、阶段传播目标、阶段关键信息、阶段传播主题、活动系列和媒体（触点）组合。

这6个步骤中，前3个属于策略规划范畴，后3个属于创意实现范畴。然而，企业很容易忽略策略规划而过分追求创意，导致迷失方向。因此，我们强烈建议先制定策略规划，再进行创意实现。策略规划的清晰和明确，可以使创意变得更加集中和清晰。

传播的阶段和传播目标的设置需要确认两个维度：业务发展阶段和品牌成长的路径（图8-11）。

图8-11 传播阶段与目标的两个思考维度

企业需要先明确业务推进的节奏，通常可分为三年三个阶段进行规划，以确保业务的有序发展。案例如下。

新写字楼的招商推广的节奏是：关注到访、签约入驻、优化入驻和溢价。

独角兽机构业务发展的节奏是：稳定布局、巩固发展、行业提升。

企业新品牌推广的节奏是：新市场进入、全国渗透和覆盖、成为品类代表品牌之一。

品牌成长路径与客户的心智认知相统一，遵循着"认识你、理解你、喜欢你"的规律。对于已成名的品牌，品牌诊断是必要的，这样做可以应对企业面临的问题和挑战，并将其纳入传播目标的设定中。例如，若品牌战略和身份识别已与过去不同，但客户对品牌的认知仍停留在旧有联想中，那么就需要通过"转变、外化、提升或强化"等措施来针对旧有认知中的关键信息进行改造，以实现新目标的设定和达成。

在结合业务发展阶段和品牌成长阶段的基础上，我们可以设计出三个阶段的传播目标，并据此将关键信息进行相应的分解。接下来，我们需要进行创意工作，根据目标和关键信息，构思出年度传播主题，并规划相应的系列活动，为每一个活动安排媒体渠道。这样，我们就可以更好地实现品牌传播目标的达成。我们为企业提供了一个管理工具，即品牌传播规划设计框架，如图 8-12 所示。

	品牌价值主张					
	品牌个性					
	所有场景中的共同识别元素					
	传播阶段 1		传播阶段 2		传播阶段 3	
阶段传播目标						
业务发展阶段 品牌成长路径						
阶段关键信息						
年度传播主题						
	泛人群	细分人群1	泛人群	细分人群1	泛人群	细分人群1
活动系列	活动1、2、3、4	活动1、2、3、4	活动1、2、3、4	活动1、2、3、4	活动1、2、3、4	活动1、2、3、4
	活动主题 活动目的 活动形式 ……	活动主题 活动目的 活动形式 ……	活动主题 活动目的 活动形式 ……	活动主题 活动目的 活动形式 ……	活动主题 活动目的 活动形式 ……	活动主题 活动目的 活动形式 ……
媒体组合（触点）						

图 8-12　UP·toma 品牌传播规划设计框架

在制定传播规划时，需要特别注意以下几点：

第一，企业必须从其"价值主张"出发，确保所有的细节都与其核心价值相符，并能够回归到该价值主张上。

第二，所有的传播活动都必须符合品牌的个性，并呈现给客户一致的认知和感受。

第三，所有的活动场景中必须展现品牌的识别元素，以帮助客户形成对品牌的一致性记忆和印象。

在进行传播规划的过程中，企业应该注重品牌背后的无形资产积累，通过坚守定位和自我框定来实现这一点。只有通过有序的、有针对性的传播活动，品牌才能逐步发展壮大，并为企业带来长期持续的投资回报。因此，企业应该年年进行传播规划，并不断进行优化和调整，以确保品牌传播的有效性和持续性。

本章要点 Key Point

（1）区别于"业务式传播"，"品牌式沟通"服务于企业的业务战略，旨在将企业内在的核心价值完整且准确地对外进行表达和呈现，通过构建客户的心智护城河来实现价值。品牌是以企业的"核心价值"这个共识的影响范围为价值衡量维度，产生共识的人越多，品牌就越有价值。"品牌式沟通"的时间跨度很长，它的工作始于产品诞生之前，贯穿商业活动的始终。

（2）品牌触点是客户与企业或品牌互动的场景，是客户与品牌进行交互的关键节点。客户在与品牌的交互过程中，会在每一个触点收集一个心智印象，这些印象会逐渐积累，最终形成客户对品牌的总体印象：这个品牌适合我，或者不适合我。

（3）品牌世界是指品牌通过精心规划的触点给消费者构建一个具象的感知世界，由产品与服务、人与行为、环境和传播4个方面组成。

（4）关键触点是指品牌与客户接触的各个点中能够强化品牌体验、认知与印象，并且能够引起购买行为的关键性触点。我们建议企业将重点放在品牌的关键触点投入方面，为客户塑造更好的体验。

（5）品牌体验塑造或品牌优化，都是基于消费者洞察，通过品牌与消费者的触点管理，全面塑造和提升消费者品牌体验的过程。

（6）在进行传播规划的过程中，企业应该注重品牌背后的无形资产积累，通过坚守定位和自我框定来实现这一点。只有通过有序的、有针对性的传播活动，品牌才能逐步发展壮大，并为企业带来长期持续的投资回报。

Chapter 9 品牌管理层——资产管理：品牌工作的量化和管理，有序沉淀品牌资产

尽管品牌资产已经被提出很多年了，但在大多数人眼中它仍然是一个抽象的概念，缺乏具体的实现方式。实际上，目前只有极少数企业会进行品牌资产管理工作。

很多企业感到困惑，它们进行了大量的传播活动，但为什么还是没有建立起品牌资产呢？

首先，我们需要明确什么是品牌资产。

品牌工作不是品牌资产。

营销活动不是品牌资产。

销售流量不是品牌资产。

规模影响力也不是品牌资产。

仅仅依靠日常品牌、营销和销售动作，并不能建立起真正的品牌资产。正确的品牌资产管理需要采用更加系统和科学的方法和策略。

那么，什么是资产？

从通俗的金融意义上来说，资产的数额是外部市场为企业品牌工作所做的定价，它是可以评测、可以交易的。举个例子，如果在两个产品几乎一模一样的情况下，消费者仍然愿意花更高的价格购买其中一个产品，这中间的溢价就是品牌资产在单个产品上的体现。

为了让品牌资产能持续积累并且助力企业持续发展，我们需要对其进行系统化的管理。以下是品牌资产管理的四个方面。

- 品牌资产测量和品牌价值评估。
- 品牌表现评测。
- 品牌延伸和品牌架构。
- 品牌管理职能。

品牌资产测量和品牌价值评估

在品牌领域，"品牌资产"一词通常指联想集合（Brand Equity）和品牌的无形资产（Brand Assets）。

在日常工作沟通中，"品牌资产"更多指代的是品牌联想集合，它是消费者对品牌所有感觉、联想和记忆的总和。在进行品牌重塑和品牌升级时，管理者需要清楚地了解过去积累的品牌资产联想，并予以保留。品牌联想集合实际上就是品牌无形资产存在的原因。

人们在与品牌进行交互的过程中会自然形成联想，但对于卓越的品牌而言，这些联想实际上是企业长期精心创建、沟通和维护的结果。这类企业每年都会投入大量资金来确保想要传达的联想不会出现偏差，这个测量的过程极为重要。

企业可以邀请市场研究公司通过定性和定量相结合的方法来测量当下

的情况。

需要特别说明的是，品牌资产的测量与品牌形象的测量非常相似。在实际的品牌运营过程中，企业更多地采用"品牌形象测量法"，将"品牌形象"作为重要的测量内容。然而，品牌资产的概念更广泛，包括品类联想、场景联想、相关事物和感觉、态度情绪、视觉和语词识别元素等，这些都属于联想的范畴，不局限于某一种形式。相比之下，"品牌形象"更多地以拟人化的状态出现在消费者的联想中。

我们以"品牌形象测量"的通用形态举例说明。

某摩托车品牌通过一对一深度访谈和焦点小组访谈，获得了目标消费者对该"品类、主流品牌和理想品牌"的相关联想（品牌要素），形成了选项列表。在进行定量研究之前，我们修正和调整了选项，同时加入了该企业认为自己在消费者心智中应该有的联想。我们针对多个目标城市的消费者进行了线上问卷调查，得出以下结论以供分析。

图 9-1 呈现了较熟知人群和仅知道人群的品牌认知情况，结果显示两类人群对品牌的认知基本符合企业预期。图 9-2 则通过不同品牌的交叉分析，

较熟知人群 （%）

要素	%
沉稳大气	57
值得信赖的	57
安全稳定	52
专业的	51
领导者气质	50
科技感/智能化	47
精工品质	46
富有激情	43
独树一帜	42
简单轻松	40
突破创新的	39
年轻动感	37
年轻新锐	36
时尚炫酷	36
充满乐趣的	34
未来感	32
豪华	32
自由灵动	30

仅知道人群 （%）

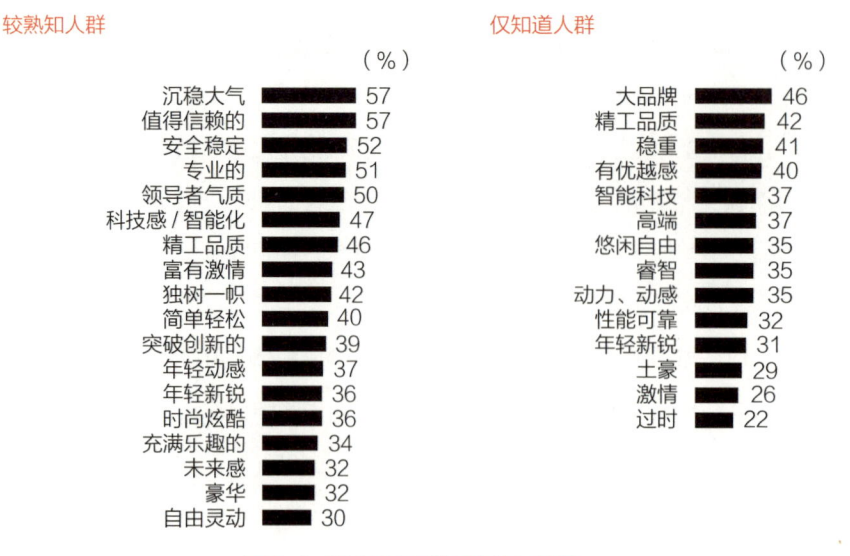

要素	%
大品牌	46
精工品质	42
稳重	41
有优越感	40
智能科技	37
高端	37
悠闲自由	35
睿智	35
动力、动感	35
性能可靠	32
年轻新锐	31
土豪	29
激情	26
过时	22

图 9-1 某摩托车品牌形象认知测量

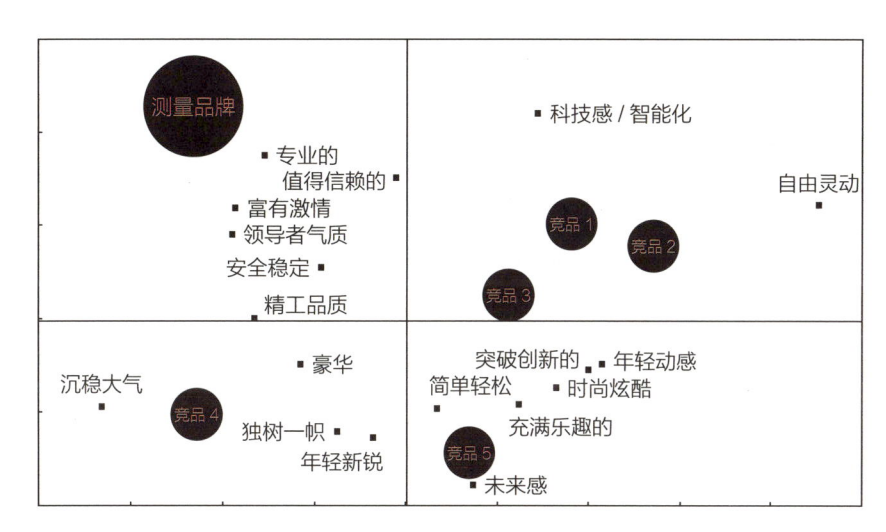

图 9-2 某摩托车品牌形象与竞争品牌形象的认知对比

揭示了不同品牌的关键联想，且联想的差异化明显。这两个结论将为企业品牌的下一步发展提供重要依据。

第二个品牌资产指的是会计意义上的价值，属于无形资产，也被称为"品牌价值"（Brand Value），它反映了品牌对企业增长的贡献。品牌价值常用于企业并购、融资、授权和交易等场景。

目前，品牌战略咨询公司英图博略（Interbrand）和 WPP 集团旗下的凯度公司（BrandZ）是评估品牌价值的主要机构。它们每年都会发布全球以及单个国家和地区的品牌前 100 名排行榜，公布这些品牌的最新价值和增减百分比。

英图博略（Interbrand）公司自 2000 年开始评估品牌价值，其发布的排行榜已成为行业内最具权威性的排行榜之一。接下来，我们以该品牌价值评估方法为例进行说明（图 9-3）。

英图博略（Interbrand）公司的品牌价值评估主要从 3 个方面入手：财务表现、品牌作用力和品牌强度。

财务表现方面，英图博略（Interbrand）公司会以会计师事务所和上市披露财务信息为依据，基于 5 年的财务预测进行评估。

图 9-3　英图博略（Interbrand）品牌战略咨询公司的品牌价值估算方法和 2023 年中国最佳品牌排行榜

品牌作用力则是指品牌在消费者购买决策中的影响力度，数据通常以百分比的形式呈现。

品牌强度通过 10 个指标进行测算，包括清晰度、承诺度、保护性、响应度、真实性、相关性、差异性、一致性、存在性和理解度。这些指标能够评估品牌在市场上的完整性、影响力和竞争力。

最终，英图博略（Interbrand）会通过公式计算出财务表现、品牌作用力和品牌强度三者的综合得分，从而确定该品牌的品牌价值。

凯度的品牌估算方式与英图博略（Interbrand）类似，但最大的区别在于凯度更注重品牌在全球各个国家消费者心中的印象，以此来评估品牌的价值。尽管两者的评估方法有所不同，但都是通过财务表现、品牌知名度、品牌忠诚度 3 个指标来评估品牌价值（图 9-4）。不同的是，凯度更注重品牌在全球市场中的影响力和印象，而英图博略（Interbrand）则更注重品牌的强度和在市场中的竞争力。

图 9-4　WPP 集团旗下凯度 Brand 2 品牌价值估算方法和 2023 年中国品牌 10 强排行榜
（注：图片来自凯度发布的榜单和说明）

品牌表现评测

品牌是一种强大的人心影响力，是人们在心智中形成的联想集合。只有在长期、稳定、一致的情况下，品牌才能为企业积累品牌资产。因为品牌是无形的、变化的、有机成长的，所以品牌管理工作的重点常常是模糊的，难以聚焦资源，也无法评估品牌管理者的工作成效。因此，采用品牌表现评测的方法可以尽可能地将品牌管理工作清晰化、可视化，让品牌的演进和成长之路变得可被衡量。

目前，只有极少数企业会聘请市场调研公司进行品牌资产或品牌形象的测量。然而，品牌表现评测更注重品牌整体表现，不仅包括形象，还包括各种细分指标，类似人的体检报告。品牌表现评测是几家品牌战略管理咨询公司的品牌诊断工具之一，可以为企业的决策者和高层管理者明确下一步品牌建设的方向。

UP·toma 的"品牌生命成长管理体系"在英图博略（Interbrand）公司的"品牌强度10指标"和凯度指标的基础上，结合项目咨询经验和大数据分析，为企业提供了分阶段、内外部分罗列的评测指标。这种方法不仅可以降低成本和缩短时间，而且可以帮助企业更好地管理品牌生命周期，并提供了明确的品牌建设方向（图9-5）。

该指标将品牌表现的评测工作分为内外两个部分，并将外部表现评测分为两个阶段：品牌优秀指标阶段和品牌卓越指标阶段。这种分类和排列的方法可以帮助企业的品牌管理者清晰地了解自己品牌当下的管理情况，并确定需要提升的方向。我们强调对品牌生命成长性的考虑，因为在不同的阶段，品牌需要不同的资源并且应重新确定发展方向，这样才能更好地管理品牌生命周期。

第一阶段着重关注品牌优秀指标，它展示了一个由品牌驱动的业务所拥有的完整品牌建制。这些指标包括知名度、认知度、客群紧密度、信任推荐度、独特性、意义性、信息一致性和视觉体验度（图9-6）。

我们发现，很多企业在经营品牌时过于看重品牌的知名度，甚至将其作为唯一的评测品牌表现和内部品牌工作成果的指标。然而，这种思维方式已经过时了，凭借知名度就能在市场上取得瞩目成就的时代已经过去了。如今，企业必须通过细心观察和周全规划来俘获消费者的心。

第三部分 品牌体系和工序：如何构建一轴三层的品牌体系

品牌优秀指标(8)

1. 知名度
2. 认知度
3. 客群紧密度
4. 信任推荐度
5. 独持性
6. 意义性
7. 信息一致性
8. 视觉体验度

品牌卓越指标(7)

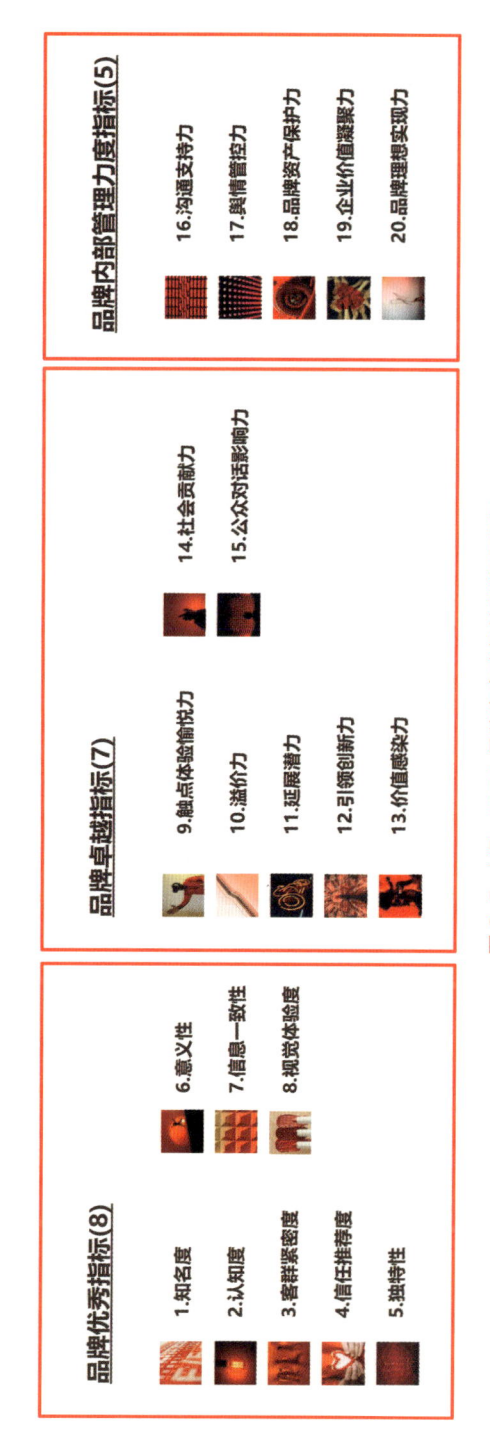

9. 触点体验愉悦力
10. 溢价力
11. 延展潜力
12. 引领创新力
13. 价值感染力
14. 社会贡献力
15. 公众对话影响力

品牌内部管理力度指标(5)

16. 沟通支持力
17. 舆情管控力
18. 品牌资产保护力
19. 企业价值凝聚力
20. 品牌理想实现力

图9-5 UP·toma 品牌生命成长管理体系指标
（注：图片来自 Unsplash 网站）

281

1. 知名度
Awareness
一是指知道品牌存在的人数在所有客户或所有人中的占比。

二是指在给定的品类里，客户主动提及该品牌的顺位。

三是指客户谈论该品牌的频次，以及在其生活环境中的能见度。

2. 认知度
Understanding
客户不仅知道该品牌的存在，并且对品牌的业务、产品等相关信息都评价准确，对该品牌的内涵、品牌利益点和价值都有清晰的认知和理解。

3. 客群紧密度
Relevance
品牌拥有目标客户画像的清晰程度。

品牌所提供的利益和价值，与品牌目标客户的需求的重合度。

4. 信任推荐度
Trustworthy and recommended
客户相信品牌说与做的真实性，愿意并自信地推荐给身边的人，为品牌背书。

5. 独特性
Uniqueness
在客户认知中，该品牌与其竞争品牌有明显的不同，有更高的价值，甚至独一无二的价值。

6. 意义性
Meaning
在功能之上，品牌能满足客户的自我叙事。当品牌消失时，客户会感到失落和不适应。

7. 信息一致性
Consistency
在所有区域、特定时间内，客户在与品牌的所有接触中，他所学习和感知到的品牌信息都是一致的。

8. 视觉体验度
Visual Aesthetics
品牌围绕品牌核心价值创建了相匹配的视觉体验，在所有触点上保持一致并高度整合。同时视觉上具有较高审美水平和独特性。

图 9-6　品牌优秀指标
（注：图片来自 Unsplash 网站）

因此，在评价品牌健康程度时，知名度只是第一步。随着"圈子"的进一步细化，品牌只需要对自己的"小众""精众"负责即可，而不必追求人群数量和地区覆盖的广泛知名度。特别是对于 B2B 企业来说这一点尤为重要。

传统的品牌评测方法需要通过定性研究和定量研究来获取数据，通常需要 1~4 个月的时间。而通过大数据分析方式，可以将这项工作压缩到 2~5 天，从而大大降低了品牌管理中先期诊断的难度和成本。以下是一个国内知名润滑油品牌客户的大数据品牌表现评测结果。

我们可以清晰地看到，该企业在"知名度""信息一致性"和"视觉体验度" 3 方面评分很高。这是因为该企业专注于单一品牌战略，全国市场渗透力强，并且刚刚进行了品牌视觉体系升级。然而，在"认知度""独特性"和"视觉体验度" 3 个指标上的改善是下一步品牌建设的重点。从整体评测中，我们可以看出这是一家以产品和产品系列拓展为发展驱动的地方性企业，其品牌以功能表达为主，还未与消费者进行情感和社会性沟通

(图 9-7)。

品牌优秀指标	评分
1. 知名度	7-8
2. 认知度	2-3
3. 客群紧密度	4
4. 信任推荐度	5-6
5. 独特性	3-4
6. 意义性	3
7. 信息一致性	6-7
8. 视觉体验度	7

■ 某工业品牌的品牌评测表现

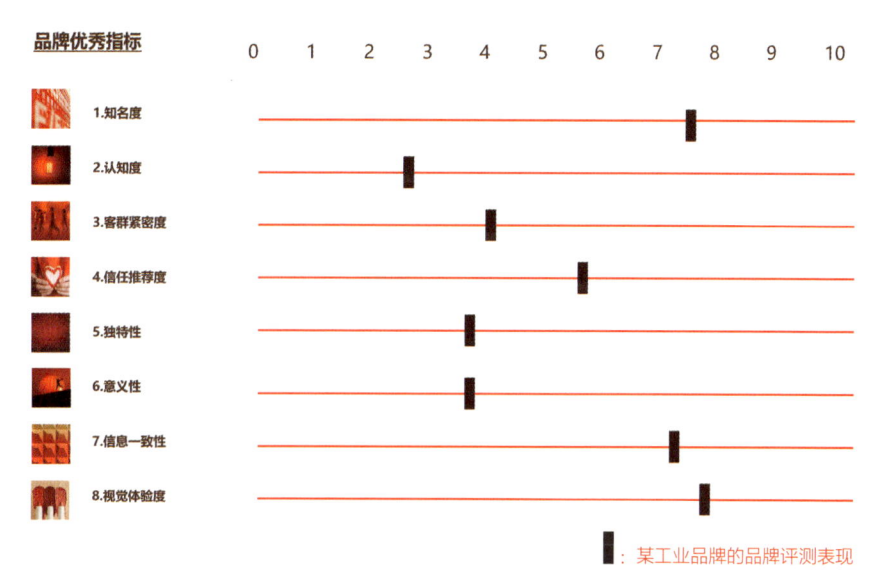

图 9-7 某工业品牌优秀指标评测初步结果
（注：图片来自 Unsplash 网站）

第二阶段包括 7 个品牌卓越指标，这些指标包括：触点体验愉悦力、溢价力、延展潜力、引领创新力、价值感染力、社会贡献和公众对话影响力（图 9-8）。

目前，评测品牌卓越指标主要依赖对企业内部高管和外部客户、专家、合作伙伴等进行访谈。只有进行交叉对比和分析，才能得出准确的评估结果。

此外，还有 5 个"品牌内部管理力度指标"，用于评估企业在"资源、市场、资产、文化、发展"等方面对品牌建设的管理力度。这些指标包括沟通支持力、舆情管控力、品牌资产保护力、企业价值凝聚力和品牌理想实现力（图 9-9）。

综上所述，为了确保品牌资产的有效性，需要进行综合的、系统性、细致化的评测。只有有效拆分品牌建设工作，才能为品牌成长注入活力，从而实现品牌表现的全面提升。

品牌通识：科学系统的品牌全景

9：触点体验愉悦力
Experience Joy
客户在品牌接触点上，特别是关键触点上，感受到舒适和愉悦和惊喜的力度。

10：溢价力
Premium
品牌获得价格和资产的溢价潜力。

11：延展潜力
Extending
品牌的内涵资产和体系是否有足够大的容量去承载业务/产品的拓展，并在沟通上有更灵活丰富的表现力。

12：引领创新力
Advanced Innovation
品牌展现出活力、创新力，以及以此带来的行业领先性和同行影响力。

13：价值感染力
Value communication
品牌在价值观、做事态度和管理思想等感性的文化输出上是否对客户、社会形成引领和影响。

14：社会贡献力
Social contribution
品牌拥有社会性角色并承担社会责任，在慈善、公益、可持续发展等激发人的价值和意义感等方面，能结合品牌内涵，做出社会贡献。

15：公众对话影响力
Public Influence
除了特定客户群体，品牌与更多元的人群——公众有足够的沟通。

图 9-8　品牌卓越指标（7 个）
（注：图片来自 Unsplash 网站）

16.沟通支持力
Communication Effort
品牌获得企业资源和关注的程度。

17.舆情管控力
Monitoring
品牌对外在消极、错误的品牌认知、负面影响，以及突发事件进行监管和快速回应的能力。

18.品牌资产保护力
Protection
品牌在法律上对品牌识别元素的保护力度。

19.企业价值凝聚力
One Believe
品牌内涵在内部传播，形成价值和行动共识、赋予员工意义感和内驱力的能力。

20.品牌理想实现力
Mission Reach
品牌是否基于设定的愿景、使命、理念和价值观运行，以及在商业运营的各个层面，多大程度上实现了愿景、使命、理念和价值观。

图 9-9　品牌内部管理力度指标（5 个）
（注：图片来自 Unsplash 网站）

284

品牌延伸和品牌架构

企业的品牌延伸和品牌架构管理策略是品牌资产有效积累和高效利用的关键。**企业追求增长，无论是扩展产品线、业务范围，还是拓展市场渠道，都会面临品牌资产碎片化和无序积累的问题。随着企业的发展，品牌资产整理变得更加烦琐。因此，有序的品牌延伸和品牌架构设计是整理品牌资产的有效方法。**

品牌延伸和品牌架构的管理旨在实现 3 个目标。

- 明晰、继承和避免浪费已有的有用资产。
- 评估现有工作并搭建框架，以便发现新的增长项。
- 让未来规划更加清晰可见，实现更有序的延伸和更高效的积累。

从我们过去的咨询经验来看，长期生存的企业都有其独特的价值资产，这种资产并不会因为当下的经营困境而失去价值。在进行内部改革或更新换代时，企业往往会产生"自身没有价值"的错觉，导致引入新的资本、新的管理者或者全盘否定过去的经验，从而造成大量资产的浪费，甚至需要从零开始重新创业。因此，企业需要充分认识自身的价值资产，避免盲目否定过去的经验，并且应更好地进行内部改革和更新换代。

什么是品牌延伸

品牌延伸是一种发展策略，通过将已有知名品牌的品牌资产应用到新产品或新业务领域来降低投入风险，并获得市场接受度。这样，新产品可以与已有知名品牌共享品牌资产，即共享"联想"，从而更容易被市场接受。

在品牌延伸方面，企业最常遇到的问题是，企业的第一曲线业务和产品已经成为代表企业的领先产品或爆品，但在发展第二、第三曲线的时候，企业却发现无法借助第一曲线的品牌资产。这是因为在第一曲线的发展过程中，企业没有设定品牌资产方向所导致的。

品牌延伸的最佳状态是，企业在发展第一曲线时已经考虑到未来品牌延伸的可能性，并在第一曲线品牌化操作中有序地创建具有承载性和兼容性的品牌资产。另一种情况是，基于第一曲线以及在无意识中建立的品牌资产来规划第二、第三曲线。这项规划工作越早做越有利，它可以为企业的品牌延伸提供更多的机会和优势（图9-10）。

图 9-10 品牌延伸之路

以星巴克为例，其联想资产包括"优质咖啡、悠闲时光、品质生活"，这为其品牌延伸提供了许多可能性。除了推出各式饮料，星巴克还可以延伸至美食、咖啡杯和咖啡产品等领域。在店内，星巴克提供相配的美食，如三明治、可颂、鸡肉卷、蛋糕和腰果等，消费者也容易接受。咖啡杯也是星巴克爱好者的心头好，甚至是过年过节的好礼选择。咖啡产品还可以延伸至"家享咖啡和外出场景咖啡"，并细化为咖啡豆、咖啡粉、咖啡胶囊和咖啡固体饮料等不同形态商品。在2025年愿景规划中，星巴克即饮咖啡将进入550 000个商超及便利店，进一步拓展商业版图。这些品牌延伸活动不仅使客单价提高了，还使星巴克在"优质咖啡、悠闲时光、品质生活"这些联想上的资产分量更重了（图9-11）。

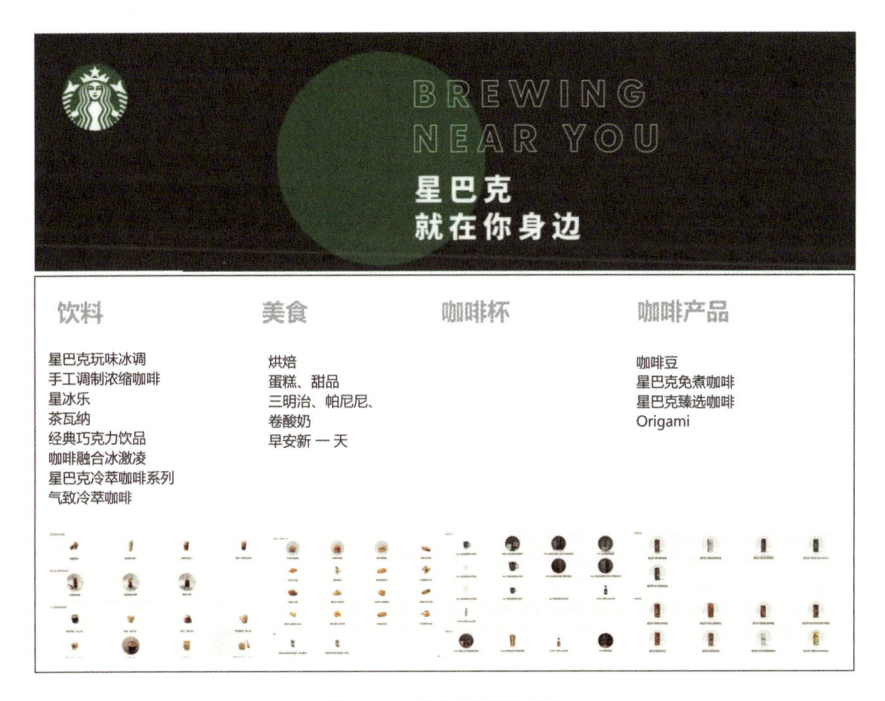

图 9-11　星巴克品牌延伸
（注：图片来自星巴克官网）

在品牌内部进行品牌延伸时，应该采用从高端向低端延伸的策略。 高端品牌的联想可以为低端产品赋能，因此很多高端大牌都会推出平价或年轻品牌。然而，**即便采用高拉低的延伸策略，企业也需要注意不稀释高端品牌资产，并且可以通过背书或者设定边界等方式来实现。** 例如，可以通过让企业品牌做背书、在两类产品之间树立一定的边界、在特定的时间段内供应、针对年轻人或特定地区等方式来优化品牌资产的规划管理。相反，如果品牌一开始就被认为是低价、性价比低或平价，那么想要进入高端市场，则需要建立一个全新的品牌，而不是改变现有品牌的联想形象。

如果延伸的品类和既有品牌不仅无法共享资产，反而还会相互侵害，那么企业就应该将它们分开，并且最好不要让消费者知道它们隶属于同一家企业。

当企业拥有大量的业务、产品或品牌时，就需要进行品牌资产规划管理，这时候可以通过品牌架构来进行重新组合。

什么是品牌架构

品牌架构是合理地组织、管理和展示品牌组合的工作，它能确保品牌资产发挥全部的潜能。品牌架构不是业务管理架构，也不是产品架构，而是基于业务和产品架构来确定品牌资源分配的管理工具。

品牌架构应在企业拥有两个或两个以上产品时开始考虑建立。举例来说，虽然菜鸟的业务非常多元，但其品牌架构却非常简洁明了，只包含一个主品牌和四个副品牌（图9-12）。

图 9-12　菜鸟的品牌架构
（注：图片来自菜鸟官网）

因此，从品牌资产更有效管理和应用的角度来讲，企业在设计品牌架构的时候需要遵循以下几个原则。

原则1：品牌数量保持精简。

原则2：充分利用品牌的既有资产（既有联想）。

原则3：把可能稀释和伤害既有品牌资产的品牌进行区隔。

原则4：不同的品牌之间要有明确分工，在架构内担任不同的角色。

原则5：品牌架构设置时，管理难度和客户体验并重。

品牌架构的构建方法

简单来说，品牌架构只需要3个步骤。

第一步，确定企业需要几个品牌。

第二步，确定这几个品牌的关系。

第三步，用品牌识别元素表达这种关系。

第一步，确定企业需要几个品牌。

在企业的业务/产品架构中，品牌化操作可以在哪些环节进行呢？具体来说，品牌化操作是指通过采用具有高度显著性的元素（如品牌标识、独特命名、视觉系统等）来突出某个层级要素的做法（图9-13）。

图9-13 企业品牌架构分类基础框架

在确定品牌化操作的层级和位置时，首先要根据业务/产品架构，通过层级的方式将所有的业务和产品详细地罗列出来，然后将图 9-13 中的品牌架构分类基础框架作为模板，企业可以根据自身情况进一步细分模块。例如，某汽车企业可以在产品层细分为"产品品类、产品线、产品系列、型号"。此外，企业还可以遵循品牌架构的 6 项原则来确保品牌化操作的有效性。最后，企业需要根据实际情况确定所需的品牌数量，并采用"增加、精简、合并、拆分"等策略进行优化。根据品牌架构的原则，确定每个细分列项中品牌化的位置，最终确定所需的品牌数量。

通常情况下，品牌能够覆盖的业务范围与其所处的层级有关。较高层级的品牌通常能够覆盖更广泛的业务，而较低层级的品牌则需要更多的资源投入。例如，菜鸟品牌是在"企业层+业务层"进行了品牌化，而有些消费品企业则可以通过圈定某一款明星产品的方式进行品牌化，从而带动其他产品的发展，获得最大的品牌资产收益。

在进行架构设计决策时，企业需要充分考虑自身情况，制定标准的优先级，并设计不同的方案进行权衡。因为架构设计决策因人而异，并且需要根据企业实际情况进行定制化设计。

本文以两种不同类型的企业为例，介绍它们在架构设计中的常见情况。

对于大型集团性企业来说，架构设计的重点是确定集团品牌的作用和所代表的业务范围。这需要先确定最上层，然后逐层往下走，明确不同业务、业务集团或者业务板块之间的连接关系点。集团品牌应该明确支持业务，通过圈定支持的业务范围来明确自身的认知特性。在这种情况下，集团品牌的重要作用不是向外展示自己的独特性，而是激发对内的凝聚力以及凝聚后所能发挥的社会贡献。因此，架构设计的核心在于各业务之间的"求同"效应（图 9-14）。

联想集团在 1984 年至 2000 年期间一直致力于信息技术领域的发展，建立了众所周知的联想品牌。而在 2001 年，为了更深入地发展专业领域，联想集团进行了拆分，分为从事自有品牌业务的联想集团和从事代理分销与系统集成业务的神州数码。同年，神州数码在香港上市。

第三部分 品牌体系和工序：如何构建一轴三层的品牌体系

图 9-14 集团子业务之间可能的联动点

随着联想集团的发展壮大，业务也变得越来越多元化。因此，联想集团建立了"联想控股"集团，以统领旗下企业的发展，联想集团也成为联想控股集团下属的众多集团中的一个。

作为身处集团最高层级的联想控股，其品牌建设需要将旗下所有业务整合在一起。资金和管理资源是业务间的连接点，依托这两者，联想控股可以不断孵化出具有高成长潜力的企业和项目。在过去的 10 年中，联想控股逐渐拆分出了一系列具有影响力并独立上市或运营的企业。例如，2001 年成立的君联资本、2003 年成立的弘毅投资、2008 年成立的联想之星等。这也非常符合联想控股在品牌标识语中传达的思想：成就卓越企业（图 9-15）。

中小型企业通常面临业务和产品相对较少，管理资源和能力有限的问题。因此，它们通常会尽可能地使用一个品牌来解决尽可能多的问题。例如，公司名称即产品名称，尽管产品有序列和独特的命名，但实际上只有一个品牌（图 9-16）。

在某些情况下，我们必须考虑创建新的品牌。以下是常见的应增加新品牌的情况。

（1）不相关或弱相关的产品类别。

品牌通识：科学系统的品牌全景

图 9-15　联想控股品牌架构
（注：图片来自联想官网）

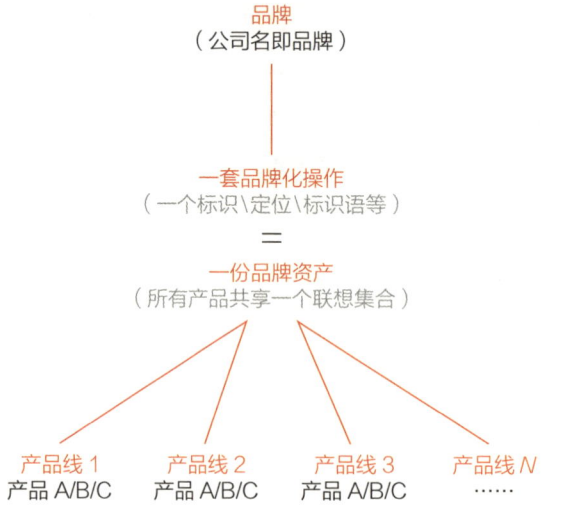

品牌
（公司名即品牌）
｜
一套品牌化操作
（一个标识\定位\标识语等）
＝
一份品牌资产
（所有产品共享一个联想集合）

产品线 1　　产品线 2　　产品线 3　　产品线 N
产品 A/B/C　产品 A/B/C　产品 A/B/C　……

图 9-16　中小企业公司与产品统一品牌下的品牌架构

（2）区分高端和低端市场。

（3）风险高或业务不成熟。

（4）资产无法共享，甚至可能会稀释和侵害品牌价值。

（5）原有品牌存在形象危机或风险，需要通过全新品牌来重建形象。

第二步，确定这几个品牌的关系。

如果需要创建超过2个品牌，那么品牌之间的关系也需要考虑。品牌架构通常有4种表达关系（见图9-17）。

统一主品牌	强背签关系	弱背签关系	独立子品牌
用一个品牌来代表所有的产品/服务，同时品牌能够描述一个独有的能力或意义。	产品/服务的品牌表征显著，同时享有该企业品牌的关联支持。	产品/服务的品牌和该企业品牌同时使用，并在同等程度上被突出。	产品/服务的品牌独立运作，同时与该企业品牌的关联非常有限。

风险程度 →　　　　　　　　　　　　　　　　　　　　　　　　管理难度及传播成本

图 9-17　品牌架构的 4 种表达关系

通常，大型企业或者拥有众多品牌的企业，很少只存在一种关系，而是存在多种关系的混合，我们称为"混合模式"。以宝马集团为例（图9-18）：

宝马集团品牌与宝马汽车——强背签关系。

宝马集团品牌与宝马摩托车——弱背签关系。

宝马集团品牌与"迷你"品牌/劳斯莱斯汽车品牌——独立子品牌关系。

宝马汽车品牌与旗下所有产品线——统一主品牌关系。

第三步，用品牌识别元素表达这种关系。

在语词识别元素中，命名规则是表达品牌架构关系的重要手段之一。可

```
                            宝马集团
            ┌──────────┬──────────┬──────────┐
          强背签      独立子品牌    弱背签    独立子品牌
          宝马汽车      "迷你"     宝马摩托车   劳斯莱斯
           [BMW]       [MINI]   [BMW         [RR]
                              MOTORRAD]
          统一主品牌

    ┌─────────────────────────────────────────┐
    │  1    2    3    4    5                  │
    │  6    7    8    X    M    Z             │
    │  宝马8系   杰夫·昆斯限量收藏款车型（THE 8 JEFF KOONS） │
    └─────────────────────────────────────────┘
```

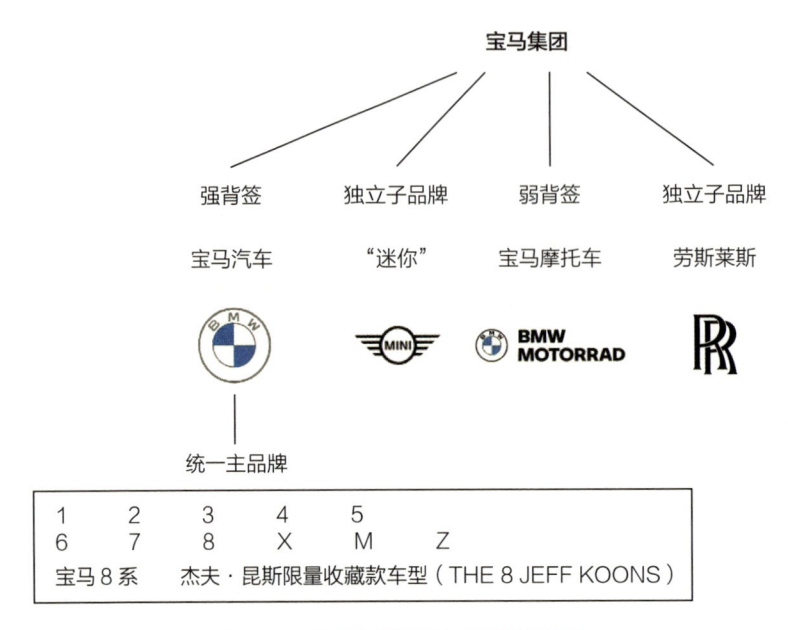

图 9-18　宝马集团品牌与宝马品牌架构

以采用共用一个名字、使用相同的前缀或后缀等方式来表达品牌之间的关联性。另外，也可以采用完全不相关的两个名字来表达品牌的独立性。

识别视觉元素对架构关系的表达空间相对大，标识、颜色、字体、辅助图形，甚至是排版方式等，通过灵活的组合方式可以将品牌之间的关系表现得更加清晰明了（图 9-19）。

在有序管理下，品牌的关联性和一致性对于品牌资产的积累和品牌形象的塑造非常重要。因此，尽可能让旗下的关系紧密的产品在识别元素上保持"一家子"的特性，可以更大程度地积累品牌资产。

品牌资产的聚焦和迁移

品牌资产需要聚焦，不能将所有业务都纳入品牌表达和认知管理之中。因为品牌可用的资源是有限的，而且只有被外部记住并强化企业核心价值的业务才能被称为品牌资产。因此，在制定品牌战略时，企业需要对各项业务进行评估，选择与品牌战略最为契合和有潜力的业务进行重点推广和表达。

例如，一个品牌想要建立"高精尖"的品牌联想，但其旗下的 10 项业务

统一主品牌	强背签关系	弱背签关系	独立子品牌
·使用主品牌的识别元素	·使用与主品牌相似的品牌识别元素，强化关联 ·部分元素可统一，比如命名或者标识	·拥有自己的品牌名 ·使用主品牌部分识别元素 ·使用自己的品牌视觉系统 ·传播中，两个标识同时出现强化关联	·拥有独立的品牌识别元素
BMW 1 2 3 4 5 6 7 8 X M Z 宝马8系 杰夫·昆斯限量收藏款车型（THE 8 JEFF KOONS）	宝马集团 BMW	宝马集团 BMW MOTORRAD	宝马集团 MINI

图 9-19 宝马集团旗下品牌对应 4 种品牌表达关系

或产品只有几项与此相关，甚至旁支业务或产品目前正处于衰退期，在这种情况下，品牌应该优先推广与"高精尖"形象相关的业务或产品，而与品牌形象不太相关或处于衰退期的业务或产品，可以不纳入品牌化操作的范畴，这样可以更好地利用品牌可用的资源，优化品牌资产。

在企业中，排除某个产品或业务在品牌化操作的架构之外是常见情况，需要决策者有决心去解决。品牌架构与业务架构、品牌资源分配紧密相连，需要整体考虑。然而，很多决策者的管理风格是"一碗水端平"或注重维稳，一旦引起部门执行者的反对或争议就很容易妥协。因此，我们建议在具备"改革"条件的时期进行品牌架构的大调整，同时与品牌战略顾问深入沟通，寻找折中和过渡的方案，帮助非品牌资产核心的业务和产品渡过难关。

另外，在企业中，品牌之间存在主次之分，每个品牌都有不同的作用，旗舰品牌、保护品牌和支持品牌需要各司其职，共同放大品牌资产的价值。

以华为为例，提起华为，大众的最直接的联想是什么？是手机和任正非。

也就是说，华为品牌最大的资产在于"手机和任正非"。然而，华为创立于 1987 年，是全球领先的信息与通信技术（ICT）基础设施和智能终端提供商。目前华为约有 20.7 万员工，业务遍及 170 多个国家和地区，服务全球 30 多亿人口。

尽管业务非常庞大，但是随着手机业务的崛起，2014 年前后华为将这个品类视为旗舰品牌，并逐渐将其延伸到电子产品领域。华为通过这种方式使华为的品牌价值成倍增长。这种发展方式类似当年的三星品牌，"三星电子"的旗舰品牌成功拉动了庞大的三星商业帝国的共同成长（图 9-20）。

数据来自英图博略（Interbrand）官网。

图 9-20　华为业务图和华为品牌价值表现

品牌资产可以通过背书的方式进行迁移，就像母体孕育出独立的个体一样。 华为手机和荣耀品牌是最典型的例子。荣耀手机最初是华为推出的一个针对年轻人的互联网市场系列产品。随着市场环境的演变，荣耀逐渐从华为的附属品牌走向商业独立。在这个过程中，华为与荣耀品牌开始从统一主品牌转变为华为为荣耀提供品牌背书的方式，再过渡到弱背书。最终，荣耀成功地成为独立子品牌，拥有了完全独立的品牌形象和市场地位。

功能性辅助品牌

在品牌资产的创建和增长过程中，还有一类不可忽视的品牌建设类型，即功能性辅助品牌。这种品牌化操作是在企业自身具有竞争力和核心优势的领域进行的，旨在加深主品牌的形象和内涵，从而提升主品牌的品牌资产。对于重要品牌，尤其是企业主品牌，我们需要提升其市场影响力、权威感和声誉。企业在日常的点滴工作中需要仔细进行发掘、梳理、沉淀和总结，因为企业实际上拥有许多品牌资产。

功能性辅助品牌有很多，具体如下。

- 公益 / 慈善品牌
- 技术品牌
- 文化理念品牌
- 教育品牌
- 服务工具品牌
- 客户社交品牌
- 个人品牌

在这些辅助品牌中，人们较为熟悉的是公益品牌和慈善品牌，有些也被称为社会责任品牌。然而，从品牌资产的角度来看，我们建议企业选择与品牌定位、内涵和理念更相关的内容和项目，只有这样慈善品牌才能与公司品牌相互促进，实现共赢。因此，在选择公益和慈善项目时，企业需要谨慎考虑，以确保这些项目与企业的品牌形象和价值观相符（图9-21）。

总而言之，品牌延伸和品牌架构是企业非常重要的战略性设计，与业务发展战略息息相关。它们是品牌能够辅助业务战略发展的最重要的因素之一。通过悉心规划的延伸和架构，企业能够更有序、更高效地积累品牌资产，从而实现商业成功。

品牌通识：科学系统的品牌全景

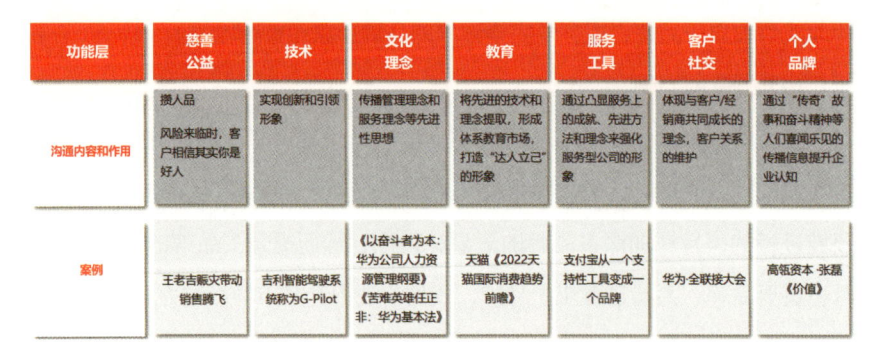

功能层	慈善公益	技术	文化理念	教育	服务工具	客户社交	个人品牌
沟通内容和作用	揽人品风险来临时，客户相信其实你是好人	实现创新和引领形象	传播管理理念和服务理念等先进性思想	将先进的技术和理念提取，形成体系教育市场，打造"达人立己"的形象	通过凸显服务上的成就、先进方法和理念来强化服务型公司的形象	体现与客户/经销商共同成长的理念，客户关系的维护	通过"传奇"故事和奋斗精神等人们喜闻乐见的传播信息提升企业认知
案例	王老吉赈灾带动销售腾飞	吉利智能驾驶系统称为G-Pilot	《以奋斗者为本：华为公司人力资源管理纲要》《苦难英雄任正非：华为基本法》	天猫《2022天猫国际消费趋势前瞻》	支付宝从一个支持性工具变成一个品牌	华为全联接大会	高瓴资本·张磊《价值》

图 9-21　功能性品牌类型和案例

品牌管理职能

在中国，品牌这一概念是在约 2000 年才兴起的，因此我们接触过的中大型企业、集团很少设立品牌部门。品牌的职能通常归属于市场部、营销部、销售部、宣传部、企划部、总裁办或行政部等部门。

然而，在民营企业、国有企业和外资企业中，品牌职能的设置存在明显的差异。

在民营企业中，品牌职能通常归属于市场部或营销部，旨在提高品牌调性、树立企业形象，以及为市场推广提供创意素材和内容。市场部里的品牌职能具有较高的策略性、策划性，同时也要负责传播活动的落地执行。

在国有企业中，品牌职能则由宣传部、企划部、行政部或者总裁办等管理中心负责，注重在市场和社会上的品牌形象塑造，同时也涉及员工行为规范和精神文化建设。

外资企业是最早将品牌引入中国的。2014 年，宝洁公司在辛辛那提宣布取消"市场部"，改为"品牌部"，由"品牌总监"担任部门负责人。宝洁公司认为，这样做可以使品牌在战略、计划和结果上的职责更为明确，从而大大提高决策效率。宝洁公司将品牌建设工作分为四大领域：品牌管理、消费者和市场洞察、市场沟通，以及设计。

当年，这则消息在业内引起了轰动，它向我们传递了一个划时代的信号：品牌已成为驱动企业增长的新动力。此后多年，许多企业也纷纷效仿，将品牌打造放在了更加重要的位置上。

在企业中，品牌的职能设置应该因地制宜，根据企业的实际情况来量身定制。

例如，对于那些注重通过视觉创意带来品牌溢价效果的企业，可以将"设计"单独设置为品牌职能之一；对于那些仅通过自媒体运营与市场做沟通的企业，则可以在品牌职能中单独设置"自媒体运营"。总之，品牌职能的设置应该因企业的实际情况而异，根据自身能力和需求来量力而行。

从"品牌资产"的思维出发，企业应该考虑6个基础职能：即品牌战略规划、品牌识别管理、内外部沟通管理、市场洞察管理、品牌资产管理和内外部体验管理（图9-22）。

若想品牌真正发挥作用，那么在品牌管理上企业必须把握5个容易被忽略的思路和要点。

第一，将品牌战略定位（核心价值）贯彻到企业的各个方面，而不仅仅是市场传播。这意味着员工的行为规范、环境和触点上所有的体验、产品和服务设计的更新和改进等都需要与品牌定位相符。特别是产品和服务设计，应该成为品牌体验的重要触点，而不是仅仅用于销售和推广。

第二，战略定位和规划需要公司决策层全情参与，只有这样才能自上而下地推动起来。

第三，由于品牌建设体系复杂，需要对接很多端口，所以品牌管理时需要特别注意识别元素应用的统一审批和找到对口的第三方机构。

品牌部门必须对定位的核心内涵和品牌识别元素进行统一管理和审批。特别是对于跨海内外、多元业务产品、多子公司和项目公司的企业，核心识

品牌通识：科学系统的品牌全景

合作代理机构	工作内容举例				工作内容举例	合作代理机构
品牌战略咨询公司	战略设计和问题解决架构设计和延展新品牌规划、核心定义	品牌战略规划		市场洞察管理	消费者需求和满意度等市场和竞争环境监测	市场研究机构
品牌战略咨询公司广告等媒体设计公司	品牌元素创建品牌素材库准备元素使用统一性监管	品牌识别管理		品牌资产管理	品牌体检和估值关键联想纠偏注册/商标局及代理	品牌战略咨询公司市场研究机构专利/商标局及代理
广告、公关、展览、线上推广	年度传播规划、评估舆情检测和问题改善自媒体优化促升	内外部沟通管理		内外部体验管理	触点梳理和体验提升内外部品牌联想强化品牌融入各部门行为	品牌战略咨询公司体验和服务设计公司市场研究公司

公司决策层

品牌管理部门

图 9-22 品牌管理部门基本职能设置和对接代理机构

别部分必须严格统一，只允许独立子品牌可以自主决策。

术业有专攻，帮助企业建设品牌的代理机构非常多元。因此，企业需要根据自己品牌所处的阶段，找到相应的专业代理机构，这样才能更好地创建品牌。

第四，对于品牌资产的持续增长，企业需要对品牌资产进行定期检验并做好未来资产的储备。

关键联想需要定期检查，防止出现偏移和负面情况。这需要对基于目标群体的品牌认知进行市场研究，并在出现问题时启动品牌战略规划职能进行纠偏。

如果品牌有长远的发展计划，就需要对预备资产进行储备。例如，新产品的命名准备和注册至少需要大半年时间，需要提早规划和准备。

第五，品牌的绩效评估应该以在目标群体中的"关键联想"的强度为依据，而不能反映在销售的拉动力上。有四大会计师事务所审计数据的企业和上市企业可以以品牌资产估值作为品牌部门的绩效考核依据。

总之，基于品牌资产增长而设的品牌管理职能，需要明确企业的核心价值，并围绕核心价值设置企业的各种管理职能和岗位。这与销售驱动的品牌管理有本质的不同。

本章要点
Key Point

（1）在品牌领域，"品牌资产"一词通常指联想集合和品牌的无形资产。在日常工作沟通中，"品牌资产"更多指代的是联想集合，它是消费者对品牌所有感觉、联想和记忆的总和。在进行品牌重塑和品牌升级时，管理者需要清楚地了解过去积累的品牌资产联想，并予以保留。第二个品牌资产指的是品牌在会计意义上的价值，属于无形资产，也被称为"品牌价值"，它反映了品牌对企业增长的贡献。品牌价值常用于企业的并购、融资、授权和交易等情况。品牌资产实际上就是品牌无形资产存在的原因。目前仅有几家公司可以帮助测量品牌资产，其中代表公司是英图博略（Interbrand）和凯度两家公司。

（2）品牌是一种强大的人心影响力，是人们在心智中形成的联想集合。只有在长期、稳定、一致的情况下，品牌才能为企业积累品牌资产。采用品牌表现评测的方法可以尽可能地将品牌管理工作清晰化、可视化，让品牌的演进和成长之路变得可被衡量。然而，很多企业存在追求单一指标"知名度"的误区，实际上，品牌是一个系统化的工程，因此对品牌表现的评测需要进行细致的拆分，这样才能为有效的管理提供指导和建议。

（3）长期生存的企业都有其独特的价值资产，这种资产并不会因为当下的经营困境而失去价值。在进行内部改革或更新换代时，企业往往会产生"自身没有价值"的错觉，导致引入新的资本、新的管理者或者全盘否定过去的经验，从而造成大量资产的浪费，甚至需要从零开始重新创业。因此，企业需要充分认识自身的价值资产，避免盲目否定过去的经验，并且应更好地进行内部改革和更新换代。

（4）品牌资产需要聚焦，不能将所有业务都纳入品牌表达和认知管理之中。因为品牌可用的资源是有限的，而且只有被外部记住并强化企业核心价值的业务才能被称为品牌资产。

（5）品牌资产可以通过背书的方式进行迁移，就像母体孕育出独立的个体一样。

（6）品牌的绩效评估应该以在目标群体中的"关键联想"的强度为依据，而不能反映在销售的拉动力上。

品牌工作需要基于策略深入分析企业的问题和需求，
并且明确边界，
以实现精准投入和资产积累，
避免陷入杂乱无序、
"为做而做"的状态。
通过培养专属的策略能力，
企业可以成为自己品牌的顶层规划师。

第四部分

品牌策略与边界：针对自身情况，企业应该采取哪些行动

Chapter 10　品牌工作的 9 个层级

Chapter 11　企业发展阶段对应的品牌工作重点

第四部分 品牌策略与边界：针对自身情况，企业应该采取哪些行动

本书的第四部分将详细讨论企业如何根据自身情况划分品牌工作的边界。

我们发现，企业非常想做品牌，但却不知道如何制定预算、从何开始，以及如何抓住重点。由于品牌体系比较泛化，企业通常将品牌理解为"传播"工作，因此，企业面临的问题是，发现可投入的传播单点环节众多，如广告、社交媒体、意见领袖或直播等，企业很难在一开始就找到关键的投入环节，只能采用不断试错的方式找到专属的有效环节。其次，企业新一年会投入什么通常取决于当年碰到了什么环节的供应商。

这就导致了 3 个问题：第一，时间、效率和成本的浪费；第二，缺乏规划性，可能会在一个广告投入上花掉全年预算；第三，过于关注新技术和新方法，而忽略了最有效的方法，品牌建设缺乏底层逻辑和连贯的思路，最终导致品牌工作的无效和无序。

实际上，品牌工作远大于传播，并且在传播前后都有同等重要的工作要完成。通过将品牌工作分层级、分阶段，以及辅助模型和框架的系统梳理，我们为企业提供了一个更全面的视角，能够让企业划定属于自己的工作边界，让品牌工作更加高效省力！

Chapter 10
品牌工作的 9 个层级

为了帮助企业找到适合自己的起点和终点，我们通过两条线来划分品牌工作的等级（图 10-1）。

第一条线是企业对品牌的投入程度和管理的复杂程度，即企业为品牌所做的关于"预算、成本、团队、时间精力"的从简单到复杂的配置。

第二条线是品牌受众对企业核心价值的接受过程和程度，从"识别—关系—影响"层层递进。我们将品牌工作理解为一个"深入人心"的管理过程，最终让企业的品牌核心价值在人们心智中形成强有力的价值认知优势，成为企业商业成长的"心智护城河"，对人们的决策体系产生积极、深刻的影响。

根据这两条发展规律，我们将品牌工作分为 9 个层级（后文简称"L"），从低到高分别为：L1 视觉区隔、L2 价值利益、L3 精神意义、L4 触达、L5 沟通、L6 体验（六识）、L7 驱动商业、L8 社会符号和 L9 时间资产。企业可以根据自身情况，选择适合自己的品牌工作边界，进行有针对性的品牌发展（图 10-2）。

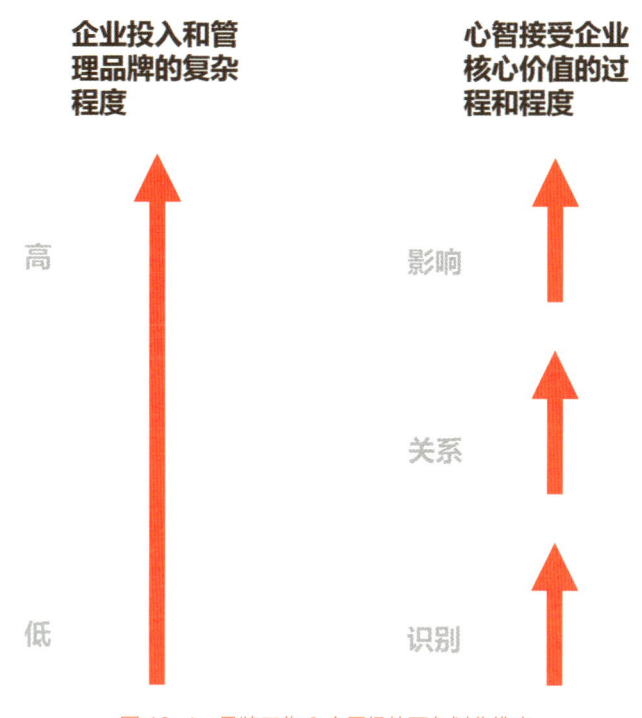

第四部分 品牌策略与边界：针对自身情况，企业应该采取哪些行动

```
企业投入和管              心智接受企业
理品牌的复杂              核心价值的过
程度                     程和程度

    ↑                       ↑
高                       影响

                            ↑
                         关系

                            ↑
低                       识别
```

图 10-1 品牌工作 9 个层级的两条划分维度

L1：视觉区隔

定义：旨在形成基础性区隔的视觉解决方案。

内容：品牌名称、标识（图形/字标）、包装、功能属性或优势信息。

标准：以目标受众的视觉偏好和市场差异化为驱动，以第一眼吸引力为原则。

作用：通过独特、熟悉、刺激和出乎意料的视觉设计，引起潜在消费者的注意和唤醒认知，提升选择概率。

误区：在视觉设计上，以品牌拥有者或者设计师个人审美为驱动，追求

UP·toma
品牌工作边界9层级模型

分级方法 L1~L9

维度1：投入和管理的复杂程度——从简单到复杂

维度2：心智接受过程——识别、关系到影响

L9 时间资产

L8 社会符号

L7 驱动商业

L6 体验（六识）

L5 沟通

L4 触达

L3 精神意义

L2 价值利益

L1 视觉区隔

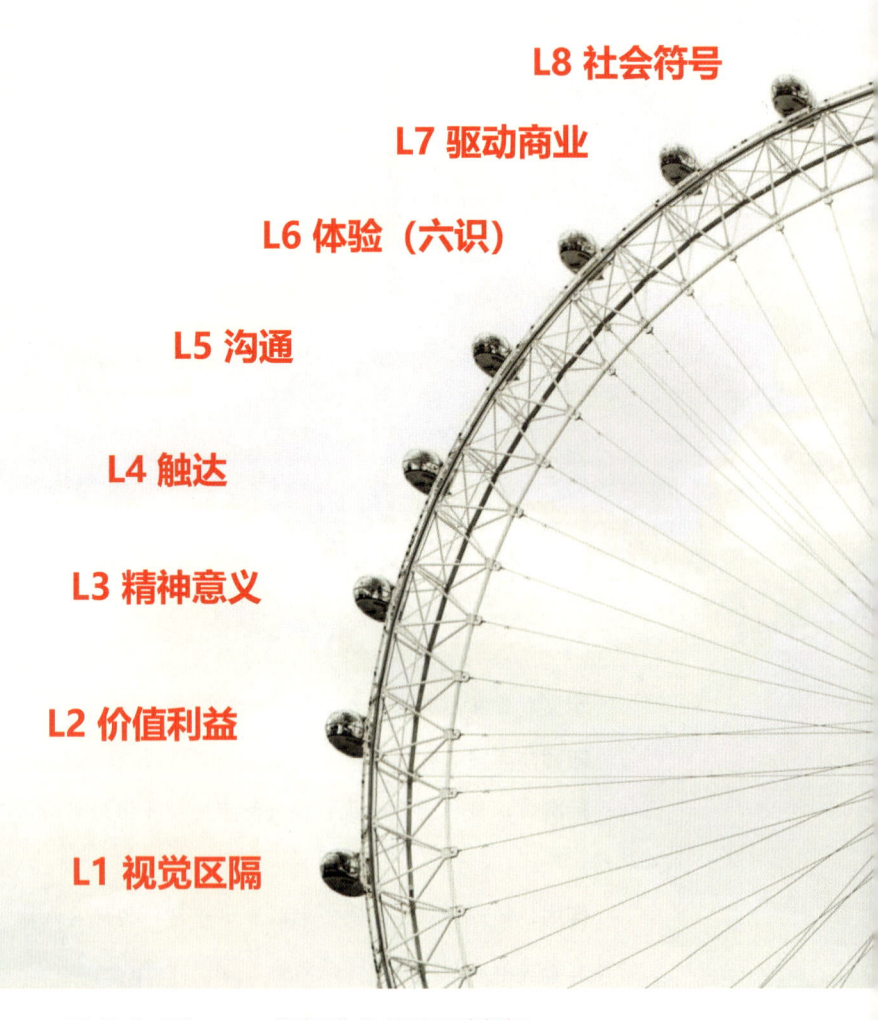

图 10-2　UP·toma 品牌工作 9 个层级思考框架

高端感的设计效果。

要点：尽可能令人眼前一亮，让视觉设计符合目标人群的视觉认知习惯。

适合类型：竞争力聚焦在最低价、极致功能、性价比、独特外观以及资源垄断的企业和产品上。

品牌举例：茶叶等农产品、椰树牌椰汁、超市里的碗筷、中石化加油站、外贸代工厂转内销产品等。

视觉在市场沟通信息中占到75%的比重，因此对于产品型企业而言，建立"视觉区隔"是品牌建设的首要任务，也是所有品牌建设工作的必备层级。基础的"视觉区隔"的内容包括：品牌名称、标识（图形/字标）、包装、功能属性或优势信息。

企业在进行L1视觉区隔的工作时，需要特别注意几个误区和要点。第一，设计时应以能够注册为目的。第二，**视觉设计的成果验收不能以设计师或企业家个人的审美偏好为判断标准。设计也不能一味地追求高端，需要考虑符合目标受众的视觉策略。**

为了达到这个目的，**企业需要遵循目标受众的视觉偏好、市场差异化和第一眼吸引力等标准。根据这些标准，企业并不一定需要提供"美"的设计，有时候"丑"的设计也能达到同样的效果。**例如，椰树牌椰汁的设计经常被人评论为"土""俗"，但它在同类品牌中却具有极高的品牌识别性。经过30多年的市场推广，这种设计风格已经成为椰树牌椰汁的"品牌资产"（图10-3）。

市场上存在一种现象叫作"吸睛"，很多企业为了能够"吸睛"，不断降低自身的道德和良序的底线，主打"性和暴力"等擦边球，结果往往得不偿失。

有一个案例是电影《300勇士：帝国崛起》在上映宣传时，制片方邀请了300个衣不蔽体的"斯巴达猛男"上街游行宣传，而北京某沙拉品牌也照搬了这种形式走上街头给女士送沙拉。然而，这件事最终以被朝阳区公安局

图 10-3 椰树牌椰汁品牌

干预而告终。虽然这种做法能够获得大量的关注，但对品牌来说存在很大的经营性风险。人们只记住了"斯巴达猛男"，几乎没有人记得这是哪个品牌的活动。电影宣传效果好是因为此类推广行为和电影具有极高的相关性，而与沙拉几乎没有相关性。因此，即便是在品牌工作的第一层，企业也应该做到与客户的"相关性"。

适合 L1 视觉区隔层级的企业类型有哪些呢？

我们可以根据市场研究公司华通明略（MillwardBrown）的分类，将消费者分为低价驱动者、功能驱动者、外观驱动者、性价比驱动者和品牌驱动者。如果企业的目标客户属于前四种类型，那么可以考虑不强调品牌，或者只完成 L1 视觉区隔这一层级的品牌建设工作即可（图 10-4）。

低价驱动者，顾名思义这类消费者会货比三家，最终决定购买的关键因素是"最低价"。这类消费者对产品是否有品牌并不是很在意，例如他们通常会选购拼多多上的大部分产品以及商超、购物平台上的引流产品。对于企业而言，如果企业的核心竞争力建立在"最低价"的策略上，那么完成 L1 视觉区隔这个层级的工作足以。当然，这里所说的"最低价"并非指打价格战、被迫降价出售，而是通过规模化、不断优化成本结构等方式来实施真正的"低成本"竞争战略，从而获得价格优势。企业打价格战往往是因为同质化竞争而被迫跟价，在这种情况下，深度品牌化反而是最佳解决方案之一。

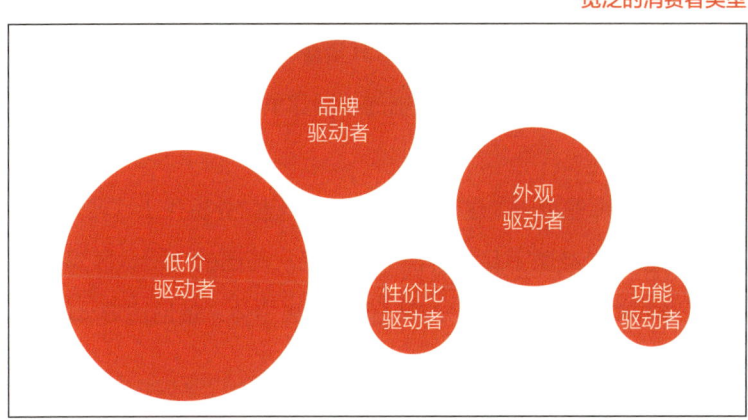

宽泛的消费者类型

图10-4 消费者广义分类

功能驱动者指的是更加注重产品的独特功能而非其他因素的消费者群体。这类产品有很多，例如治疗某一类疾病的非处方药品、新品类的开创者，包括平衡车、无人机，以及苹果智能手机和iPod等产品。这些产品的诞生意义在于填补某些需求空缺，或者极大地提升和改善旧产品的功能。主打功能路线的企业，产品力就是其竞争力，品牌是被产品力推着走的，这类情况在创业初期聚焦在L1层级的工作即可。

外观驱动者指的是更加注重产品的外观设计的消费者群体，他们会被产品的颜值吸引从而忽略产品的其他属性。这类产品通常具备极强的风格，例如相对低价的服装、耳环配饰、日用小家电、文具等。只要产品的"颜值"足够吸引人，消费者就有可能放弃品牌这一选项。

性价比驱动者指的是更加注重产品的性价比的消费者群体。提高性价比通常有两种实现方式，一种方式是大品牌通过降低价格来提高性价比，例如花花公子、西村名物等大品牌的工厂店；另一种方式是产品材质极好或标价极高，而后通过折扣的形式形成价格落差，从而吸引消费者。例如上海南京路某些老商场里的一折珠宝展销会。前者需要品牌在知名度和高端认知上不断投入成本进行维护，而后者则可以只做视觉区隔的基础品牌化工作即可。

313

除了基于消费者类型做出决策，还有其他维度可以帮助企业做出决策。一些企业是以资源为导向的，甚至拥有资源垄断优势，例如事关石油、燃气、水电、新能源等公司，它们面临的市场竞争非常小，因此品牌对它们来说并不是必需品。

此外，对于那些第一次建设品牌的企业，例如外贸代工厂转型为内销企业，在预算极少、经验不足的情况下，建议从基础的"视觉区隔"开始配置，并逐步丰富视觉识别，例如主题色、专属字体、辅助图形、图片风格、主视觉画面、包装专属形状等。

一个品牌只要拥有几项视觉识别元素，就可以满足商业世界里的绝大部分企业品牌的需求。即使是一些区域共有的品牌，如宁波年糕、烟台苹果、祁县酥梨，也可以通过区域品牌建设的方式来统一包装设计，提高区域整体效率，而不是进行品牌上的孤立竞争。

L2：价值利益

定义：旨在形成品牌独特价值利益认知的视觉和语词解决方案。
内容：故事、承诺等，以及能够表达这些内容的视觉和语词识别体系。
标准：在能力优势上形成符合客户需求的差异化价值，并在产品服务的方方面面中进行贯彻。
作用：圈定目标受众，传达相关信息，帮助客户形成概念、形成选择偏好。
误区：执着于企业主观认为的重要的利益点。
要点：提炼目标受众心智里认为重要的，并且企业刚好拥有的品牌利益点。
适合类型：场景化沟通、同质化严重、品质差异感知低的企业和产品，以及 B2B 企业。
品牌举例：云南白药牙膏、瑞沛护肤品、飘柔洗发水。

第四部分 品牌策略与边界：针对自身情况，企业应该采取哪些行动

企业品牌建设的第二个层级是建立"价值利益"识别，其中包括语词和视觉两个方面的识别方案。语词识别方案除了包含品牌名称，还应包括"故事、承诺"等内容，以更详细的方式来强化品牌差异化定位，从而形成一套身份识别系统。视觉识别方案需要与语词识别方案相匹配，以帮助品牌传达身份信息。因此，视觉识别方案需要优化表达，以确保其与品牌身份信息相一致。

什么样的企业和产品需要进行这个层级的品牌工作规划呢？

当企业或产品处于场景化沟通、同质化严重、品质差异感知较低的情况下，建议进行品牌工作规划的第二层级，即建立"价值利益"识别。这需要企业划分目标市场、明确差异化利益点、建立身份识别系统，并与视觉识别方案相匹配，以传达品牌身份信息。在这个过程中，企业需要有效地组织信息，排列优先级，并通过通俗易懂、有趣的方式向目标客户传达信息。

如果上一个层级处于"我是什么，我就表达什么"阶段，那么从这个层级起，规范化和精准化的市场洞察和品牌战略定位成为关键，只有聚焦核心价值，才能更有效地传达品牌信息。

在第二层级运营品牌时，企业最容易陷入的误区是执着于主观认为的重要的利益点。每一个产品的创造者和拥有者都对产品的属性和特点了如指掌，并且坚信自己在这些特点上做得非常好。然而，当企业进入市场流通时，很容易遇到两个问题：一是觉得在向消费者介绍自己时，很难与竞争者区分开来，因为其他品牌似乎也有类似的特点，大家都说得差不多；二是企业非常自信的产品特点，消费者似乎不太接受。我们之所以说这种情况是"误区"而不是"难题"，是因为企业过于从自己的角度出发，陷入了"王婆卖瓜，自卖自夸"的境地。

在第二层级中，**市场洞察和品牌定位这两个工序可以帮助企业去除主观观念，从消费者心智的视角客观地表达自己的产品特点**。通常，消费者心智中已经形成了对产品品类的认知模式，比如对于牙膏这个品类，消费者会有美白、除菌、清新口气、防止牙龈出血、坚固牙齿等要求。在梳理产品差异

化价值时，企业需要从消费者心智中已有的一个点来进行定位，而不能凭自己的主观臆想去匹配需求，也不能将需求错配。

这就引发一个问题，即当消费者对某类功能有更广泛的心智共识时，市场需求就越大，进入市场的竞争品牌就越多，在这样的情况下，品牌如何进行差异化？例如，市场上主打"美白"功能的牙膏品牌特别多，这个时候品牌可以将表达往下移，将构成"美白"的理由作为差异点。比如，可以突出添加的成分、生产的工艺、医生背书等。这些信息可以构建不同的品牌风格，例如轻松亲近型或者科学严谨型等，从而帮助品牌完成进一步的识别上的差异化。

需要特别注意的是，企业在构建价值利益信息时，必须要考虑自身的能力优势，不能凭空捏造。**品牌承诺不能兑现是加速品牌死亡的最大元凶。**

第二层级的案例举不胜举。例如，云南白药牙膏可以有效帮助牙龈止血；瑞沛护肤品能够科学修复过敏皮肤；飘柔洗发水以"飘柔，就是这么自信"的口号受到广泛欢迎。在这三个品牌中，飘柔的品牌感知最为丰富。自1989年进入中国市场以来，飘柔一直将目标消费者定位为"勇敢、坚韧、自信"的女性。品牌拍摄的广告不仅代言人、画面风格、故事脚本高度一致，而且聚焦于产品定位的品牌差异利益点，这种一致性非常难得，可以帮助目标消费者形成统一的联想和认知，从而对形成品牌选择偏好起到了非常大的作用。

总的来说，在品牌工作的第二层级中，价值利益的识别构建非常重要。企业需要从品牌目标受众的心智中提炼相关的利益点，这些利益点必须符合消费者的需求和期望，这样才能真正吸引他们。同时，企业也需要结合自身的能力优势，将这些利益点转化为具体的行动，以实现品牌承诺。只有这样，企业才能在塑造品牌信任度上做到无懈可击。

L3：精神意义

定义： 旨在设计出品牌精神内涵和社会意义认知的视觉和语词解决方案。

内容： 愿景、使命、价值观、理念、人格、个性等，以及能表达这些内容的视觉和语词识别体系。

标准： 植根于企业的基因，能够有效地传达企业的战略。

作用： 对内凝聚共识，对外以精神内涵和社会意义形成对特定群体的影响力和号召力。

误区： 仅仅是挂在墙上的"假大空"的标语。

要点： 植根于业务战略，渗透到企业运营的方方面面。

适合类型： 公司、集团等机构品牌、产品系列／产品线较多的主品牌、平台或生态品牌、公益慈善组织。

品牌举例： 联想、蒙牛、耐克、大自然基金会。

品牌工作的第三层级是精神意义层级，旨在设计出能体现品牌精神内涵和社会意义认知的视觉和语词解决方案。在这个层级上，企业需要对品牌识别进行最高维度的设置，即设计愿景、使命、价值观、理念、人格、个性等完整的身份识别系统，用以表达企业的战略。企业不仅需要在语词识别上进行规划，还需要建设与之相配套的视觉识别体系。这个层级的工作期望在人的心智上起到的作用是对内凝聚共识，对外以精神内涵和社会意义形成对特定群体的影响力和号召力。

企业是否需要在第三层级上进行操作，不能仅仅以自身规模大小为标准，而是要考虑品牌的沟通对象是谁。**很多人认为只有像耐克这样的大品牌才需要输出"精神意义"，但这是一个误区。如果品牌的目标受众本身就是一群非常注重意义的人，他们与品牌建立联系的方式就是依靠精神和意义，那么企业就应该具备与精神意义相关的识别信息。**

我们观察到，"80后""90后"的企业家在创业时的出发点就是"品牌愿景和使命"，这源自他们对精神和意义的追求。乔布斯曾说过一句话，大意是：我们是一群有着共同精神气质的人，我们创造的产品也符合这种精神，如果你们和我们同频，你们应该会喜欢我们的产品。因此，在这些企业家看来，先有"愿景和使命"，再有企业和产品作为精神意义的载体。

提炼精神意义的过程必须非常谨慎和缜密，否则即使提出了精神意义，也可能变成无用的空话。很多人认为精神意义是凭空捏造出来的，但实际上，这是很多企业存在的共同问题。事实上，精神意义存在于企业的基因中，从创业初期就随企业而生。为了让精神意义发挥作用，必须对其进行深入的探究和分析。

什么类型的企业和产品需要做这个层级的工作？那就是公司、集团等机构品牌、产品系列 / 产品线较多的主品牌、平台或生态品牌，以及公益慈善组织。

第一类品牌是公司、集团等机构品牌，通过机构的形式对外进行沟通，旨在为其旗下的产品增强拉动力。由于在产品和服务层面上，这些机构未必进行过品牌化操作，因此很难与竞品形成区隔。比如银行、保险等金融机构，其旗下产品或许有几十个、上百个，甚至会相互复制，这是普遍情况。因此，人们往往更容易从品牌的愿景、使命，以及人员的做事风格和态度上（品牌价值观和个性的体现）去做区分，从而选择自己认可的品牌。

第二类品牌是指产品系列 / 产品线较多的主品牌，这类品牌需要提高市场沟通效率。例如，通用电气这样的企业，其旗下业务、产品、解决方案非常多，也进行了品牌化操作。但主品牌与副品牌或子品牌之间分工差异较大，子品牌可以聚焦于与客户做一对一的产品特性沟通，而主品牌需要在"愿景、使命、价值观、精神"等内容上做统一的规范，其沟通对象是整个社会，而不是具体某个业务或产品的购买者。主品牌可以拉动整个集团里所有的业务一起往前走，并形成势能。宝洁公司和联合利华集团早已发现了这个规律，并不再隐藏自己的机构品牌，而是在所有子品牌广告的最后一秒出现，宣告其存在。另外，在主品牌这个层面上，它们也投入了越来越多的品牌化资源。

第三类品牌是指平台或生态品牌，它们需要进行第三层级的品牌运营，因为它们所面临的市场沟通对象不仅是客户，还包括产业链上下游合作方以及共同组成行业生态的所有成员。例如，淘宝平台、商家和消费者都是重要的沟通对象。由于沟通对象的多元化和复杂性，这些品牌必须在精神意义方面进行品牌识别，因为所有沟通对象的诉求不同，所以品牌必须从中提取共性，这种共性必然是超越功能层面的，聚焦于社会意义层面的价值。

第四类品牌是公益慈善组织，这类企业本身就是社会机构组织，因此需要从社会意义的角度去表述自己。

总的来说，需要进行第三层级"精神意义"识别建设的品牌，通常面临着更加复杂的竞争情况和更多元化的沟通群体。这些品牌可能需要面对看重精神意义的目标受众，他们甚至会将精神意义作为判断企业是否值得建立更深层次关系的标准之一。

L4：触达

定义： 以宣告存在、形成差异化的价值认知为目的，单向地向目标市场传达品牌识别信息的传播策略方案。

内容： 通过自有媒体、广告、新闻稿、平面广告、第三方口碑等方式单向传达产品差异化利益点。

标准： 保持关键传播信息和品牌个性/风格的一致性，用尽量少的信息（最好是1个）打透消费者心智。

作用： 统一市场传播杠杆，能快速触达大量目标受众，引起购买反应。

误区： 认为花钱买知名度就是品牌的全部。

品牌通识：科学系统的品牌全景

要点："一个声音"原则下的整合传播。

适合类型： 标准化单品，适用于大众市场。

品牌举例： 脑白金、王老吉、999感冒灵、妙洁、江小白、杜蕾斯、博世家电。

品牌工作的第四层级，开始正式进入对外沟通和推广的层级。

我们为什么要把"触达"单独列出来？因为对于**许多产品类型来说，通过触达来将品牌的特性信息传达给特定的客户或消费者就足够了，不一定要进入更高的沟通和体验层级**。在L4触达层级中，品牌的主要任务是辅助营销、销售或运营，通过规模化的单向触达来保持品牌关键信息、品牌风格的一致性，找到可以穿透目标受众心智的单点信息。商业领域中常提到的公域流量、私域流量、点击率都属于这个层级的关键词。

触达的媒体渠道非常多样化，包括官网内弹窗、信息流、小红点、站内信、公众号、官方微博、邮件、短信、平面广告、视频广告、电视广告，等等。在进行触达工作时，分析客户线索是非常重要的工作，我们需要将客户分层、分类，寻找他们获取信息的渠道和时间，以便品牌做相应的匹配。在进行触达时，信息需要保持一致性，以面向多元渠道和多元人群。越理解目标受众的心智，就越能提炼精准的品牌信息，从而提高触达的穿透率。因此，品牌的"一个声音"原则非常重要。

在触达工作中，获得知名度是最重要的目标，但很多企业误以为品牌只需要实现打响知名度这一个目标。实际上，知名度必须伴随着一定的认知度提升。为了提高认知度，我们可以通过分阶段的方式来逐步实现。

对于新品牌的第一轮投放，建议包含"品牌名、品类和一个特性"这三个信息。例如，脑白金的第一轮投放就包含了"脑白金（品牌名）、保健品（品类）、助眠（特性）"这三个信息。后续传播中，可以逐渐加入新的信息，比如"过年过节送礼佳品""年轻态，健康品""特别适合老人"等，这些信息是在第一轮的关键信息基础上添加或更新的。

至于品牌的理念、意义、精神气质等信息，可以根据不同发展阶段的市

第四部分 品牌策略与边界：针对自身情况，企业应该采取哪些行动

场竞争情况再决定是否加入。因此，触达并不仅仅意味着提高知名度，同时也需要提供一定的品牌价值信息。

什么类型的产品和品牌需要做 L4 层级的工作？

拥有标准化单品、大一统市场，以及不需要和目标受众建立深度关系的产品和品牌，最容易在规模化触达时实现高转化。这类产品通常只需要足够的曝光量即可获得销量，面向大众市场的传播效率非常高。但并不是所有产品都适合进行规模化触达，因为有些产品需要和消费者建立深层的关系，需要更加精准的触达和定位。

在业务或者营销战略中，还有一类是品类占据策略，是在传播上进行规模化触达的必备手段。采用这类策略的企业，通常需要准备大量的投放资金，并在短时间内广而告之，让人们相信它就是这个品类的代表者或开创者，从而建立自己在该品类中的领导地位，进而建立自己的心智护城河。

L5：沟通

定义：通过和受众双向、长期、深度的沟通获得知名度和认知度，并形成偏好，从而建立忠诚关系的品牌沟通策略方案。

内容：单向传播和双向交互活动（展会、座谈会、发布会、培训、品牌体验活动等）并行。

标准：以客户为中心，用客户需求反向塑造品牌。

作用：加深目标受众对品牌的了解，甚至可以让目标受众参与到商业设计和运营的多个方面。

误区：以成交为目的的一对一销售沟通。

要点：企业和受众共创，商业和产品在双方的沟通中得到完善。

适合类型：社群和私域流量型产品服务、B2B 采购、高卷入和高价值采

购型产品。

品牌举例： 得到应用程序、百事、迈瑞医疗、万科地产。

沟通的目的是通过双向、长期、深度的对话，构建品牌的知名度、认知度，并形成消费者偏好，从而建立忠诚关系。

如果说触达是以企业单向的信息输出为主，那么沟通则需要通过品牌与目标受众交互的方式进行。在沟通中，以客户或者消费者为中心是非常重要的，因为品牌需要从客户心智中获取灵感，包括他们的需求、痛点、惊喜、偏好、购买行为、态度和使用习惯等，然后将这些洞察投入产品设计、生产和销售的方方面面。

进行沟通意味着企业的客户或者消费者是整个商业设计的一部分，而不仅仅是销售对象。品牌与客户或者消费者之间是平等的合作伙伴和共建关系，而不是博弈关系。

在沟通过程中容易出现一个误区，即企业很容易认为这种模式是以成交为目的的一对一销售沟通。但是，**品牌沟通强调的是交互和共创，是让商业和产品在提供者和使用者的充分沟通中得到完善，这才是品牌沟通要达到的效果。**

以沟通来建立双方关系的方式，已经逐渐成为主流。2010 年后，借助于互联网、移动互联网和社交媒体的发展，许多新兴品牌出现了，如社区和私域流量型产品服务，各类应用程序、微商等。这些品牌非常注重与用户之间的深度关系，因为用户的黏性和平台的交互频次决定了品牌的财务价值。

除此之外，B2B 采购、高卷入和高价值采购型产品品牌也适合采用沟通方式与客户建立深度关系。这是因为这类企业的客户相对明确，有细分市场或者可以精准传播，不需要进行大众传播。同时，这类品牌需要在 L2 价值利益和 L3 精神意义两个维度上加强客户的认知度，因此需要传递的品牌价值信息较多，并且更适合采用一对一、多频次、高强度的对话方式。

采用触达和沟通双轨模式是一种常见的品牌推广策略，企业可以通过触达进行引流、筛选和初级说服，再通过沟通完成二次说服、转化和留存。 得到应用程序的运营就采用了这种模式。通过名人名师的精彩上课片段在自有媒体和社交平台上引流，接着通过区域线下大课、微信群班主任制度、学习时长排行榜、作业和讨论、课程朋友圈转发奖励等一系列沟通方法来增强与客户的关系。

L6：体验（六识）

定义：品牌体验设计或优化方案。

内容：关键触点管理、提升巅峰体验、填补情绪低谷、创造惊喜记忆点。

标准：以目标受众的视角、旅程和在每一个触点上的心理感知为设计出发点。

作用：通过深度浸入式交互促进更深度的认知和构建忠诚关系。

误区：因企业小而不为，将其归于服务体验而非品牌体验。

要点：厘清和筛选关键触点，充分武装"关键战役"，使品牌印象扎根于目标受众的记忆。

适合类型：产品+深度服务流程化的品牌，高卷入、高价值的企业。

品牌举例：宝马4S、优衣库、航空公司、迪士尼、天猫。

我们需要先明确服务体验和品牌体验的区别。服务体验侧重于产品带来的额外价值和感受，如尊贵礼遇、服务流程的顺畅程度等。而品牌体验则是目标受众在与品牌互动的所有触点上所感知到的品牌认知和感受。品牌体验的目的是通过人的六识去感知品牌的核心价值，从而形成受众与品牌之间的价值共识。

要让目标受众与品牌形成价值共识，首先需要建立坚固的信任。目标受众会在体验中确认和印证他们对品牌的认知和期望。因此，品牌需要做到

"知行合一"，让受众在品牌体验中达到"身心合一"。品牌体验是让目标受众对品牌形成"这是有独特价值的品牌"这个价值判定结论的重要环节。

品牌体验的设计不仅是简单的触达和沟通，还是一种深度浸入式的交互。这种体验必须基于目标受众的视角和旅程来展开，并对整体体验进行设计和优化。体验的设计和优化工作包括关键触点管理、提升顶峰体验、填补情绪低谷、创造惊喜记忆点等。

品牌体验的工作特别适合那些拥有"产品＋深度服务流程化"特点的品牌，以及高卷入、高价值的企业品牌，例如宝马 4S 店、优衣库、航空公司、迪士尼、天猫等。

以宝马 4S 店为例，它是一个宝马品牌的重要体验场景，拥有许多品牌触点，包括 4S 店环境布局、彬彬有礼且专业的销售人员、产品展示、大屏幕介绍、试驾服务、周边礼品赠送等。这些触点都是基于品牌定位精心设计的。2010 年前，宝马在这些体验中添加了一个用餐环节，让人印象深刻。到了饭点，宝马会请还在看车的客户到专区吃饭。这是一种带有尊贵感的惊喜体验，具有很强的记忆点，让宝马与普通经济型轿车品牌的体验形成强烈区隔，强调了它高档的品牌形象。

那么是不是只有像宝马这类品牌才需要做品牌体验呢？其实不是。品牌体验是一种独特的品牌思维方式，小品牌同样可以通过品牌体验来强化企业的核心价值表达。品牌体验不仅与品牌和人交互的频次及深度有关，还与惊喜和记忆点有关。即使是一个小小的预期之外的惊喜或深刻的记忆点，也可以帮助品牌建立目标受众对其的偏好和忠诚关系。因此，品牌体验的重点在于找到关键触点，将其视为"关键战役"并进行充分武装，使品牌印象深入客户的记忆中。

第四部分　品牌策略与边界：针对自身情况，企业应该采取哪些行动

L7：驱动商业

定义： 旨在通过主品牌战略延伸，制定出可以使旗下多元业务和产品高效、有序发展的品牌战略方案。

内容： 该方案将企业视为一个社会型机构，聚焦于商业社会意义的提炼和输出，并以此形成社会共识。

标准： 立足于商业模式差异性和价值创造的逻辑，形成意义的一致性表达。

作用： 对所在品类、产业链，甚至整个产业拥有一定的话语权。

误区： 仅仅依赖业务和市场扩张，而忽略人的心智资产的商业扩张路径的设计。

要点： 将"创始动机和价值创造核心逻辑"作为商业增长的第一性原理并遵循。

适合类型： 业务和产品不断延伸的企业、平台和生态型企业、集团品牌。

品牌举例： 百度、阿里巴巴、腾讯、谷歌、小米。

品牌工作层级的前六层主要以产品和业务为视角展开，而品牌工作的层级越往上，越趋向于无形，并且更加注重经营无形价值。到了第七层，品牌资产的逻辑开始占据主导地位。

在商业起始时期，品牌辅助新商业的发展有两种思路。

一种思路是，企业先拥有一种产品或业务，然后进行品牌化运作。当品牌影响力逐渐增强时，企业可以利用这个品牌所积累的联想资产，为其他产品和业务的发展提供动力和支持，从而推动企业的发展。以百度为例，从搜索业务开始，再到"百度知道""百度指数""百度百科""百度大脑"等，都是基于"百度一下你就知道"这个品牌联想资产而不断延伸的。

另一种思路是，企业先打造一个具有价值的品牌联想，然后在此基础上开发一系列与之相符的产品和业务。这种先有认知联想，后有产品和业务的

商业模式，随着消费者权利的增强，在当下和未来或将越来越普遍。

企业可以通过两种方式获取认知联想。一种方式是从既有的资产中获取，例如李宁在奥运会上获得金牌，其代表的体育精神成为全民共识，因此他建立体育用品品牌去承载这种情感和精神价值是顺理成章的；另一种方式是从消费者洞察中找到一个未满足需求的应用场景，为该场景建立商业模式或系列产品，例如小米。苹果的出现培养了一大批科技粉，但其高昂的价格让许多年轻人望而却步。雷军发现了这个应用场景，为这些年轻的科技粉创建了一个兼具性价比和科技感的品牌。

这两种思路的最终目的都是通过打造具有价值的认知联想来经营和管理商业，它们只是在产品先行还是心智先行的问题上存在差异。尽管思路不同，但它们的最终目标是相同的。

很多企业家误解了"有了品牌，销售就能自己跑起来"的真实逻辑。实际上，这是因为拥有强势品牌的企业将更多资源投入到具有价值的认知联想的经营和维护上了，使品牌能够驱动商业成长，从而提高了新产品和业务的市场接受程度。

进入品牌工作第七层级的企业，已经超越了单纯的产品和业务维度，将自己定义为社会型机构。企业通过提炼和输出自身商业对社会的特殊意义，令人们形成社会共识，从而获得了更大的市场权力和影响力。这类企业在产品和业务延伸上都有建树，不依赖于业务和市场的扩张，更会设计品牌心智资产的扩张路径。知名企业如百度、阿里巴巴、腾讯、谷歌等都属于这一类企业。

平台型和生态型企业从一开始就要考虑建设具有社会意义的品牌，因为品牌是促进平台和生态内的多方协作的重要黏合剂之一。这类企业由于通常处于扩张或者连接更多合作方的状态中，因此立意一定要稳。在这个层级上，品牌建设的标准是：立足于商业模式差异性和价值创造的逻辑，形成意义的一致性表达。这个意义应该由创始动机和价值创造的核心逻辑共同构成，无论扩张多大，都不能轻易动摇。

L8：社会符号

定义：与当下时代潮流和情绪连接，甚至成为其代表的品牌战略方案。

内容：由企业和创始人的精神、思想和价值观转化成的商业观和产品观。

标准：企业的核心价值与时代潮流和情绪卡点匹配。

作用：成为目标受众心中向往的象征符号，从而建立社会地位和影响力。

误区：成为社会符号是时代赋予的结果，并非品牌主动争取的结果。

要点：使核心价值与时代潮流和情绪相匹配，从而形成品牌的专有概念，这是主动争取和管理的结果。

适合类型：核心价值鲜明、独特，对时代潮流和情绪有敏锐洞察力的企业。

品牌举例：李子柒、故宫文创、华为和任正非、俏江南和张兰、马斯克和特斯拉、褚橙。

我们经常听到这样一句话：买这个品牌，不是因为产品，而是因为它是某种社会象征的符号。

品牌成为社会象征符号的构建方式是真实存在的，而且可以通过一定方法实现，关键在于品牌能否根据自身定位，深入了解和把握当下社会潮流和情绪，从而在人们心中形成一个独特而有价值的概念。这个概念是品牌成为社会象征符号的核心。

举例来说，2022年是一个充满挑战的年份，人们对"从废墟中重新崛起"的场景和人物有着强烈的记忆。在当年12月，数十万人涌向俏江南创始人张兰的直播间购买麻六记产品，使得该品牌在几天内成为酸辣粉行业品类中的第一品牌。尽管事件的起因是家庭矛盾，但人们的购买行为源于看到了张兰身上那种不断创业、不断面对挑战、年近70依然比年轻人更有干劲的创业精神。这种精神成为麻六记品牌的象征，获得了大量消费者的关注和认同。

类似的故事还发生在"褚橙"品牌身上。该品牌的创始人褚时健曾经成功地将红塔山打造成中国名牌香烟，并使玉溪卷烟厂成为亚洲第一的现代化大型烟草企业。然而，由于某些原因，他被判入狱多年。2011年，褚时健老人刑满释放后，于次年再次创业，创建了新品牌"褚橙"。尽管已经年过85岁，但他的创业精神依然不减，褚橙在电商平台上销售一空，褚时健被誉为"中国橙王"。这个故事也充分展示了创业者的坚韧不拔的精神，激励着人们在困境中不断前行，不断追求成功。

人们争相购买，买的真的是酸辣粉和橙子吗？许多人可能会认为这是一种故事营销手段，但实际不是。对于消费者来说，购买的产品并不是最重要的，甚至有时候买回来可能也用不上，重要的是通过购买行为去接近自己向往的那股精神力量。在这两个案例中，人们想要接近的是对顽强生命力的向往。

我们可以用同样的思路来解释许多我们所熟知的热门消费现象。年轻人想要追求极客精神和未来创想，所以购买特斯拉汽车；干实事的人购买华为，就是购买任正非的"道"……我们会发现，这些品牌不仅产品做得不错，在展现时代精神上也拥有深厚的功力。

消费者购买某个品牌，实际上是购买了一种价值、精神、圈层等社会象征，这种象征与消费者心智中的某种共识或情绪有关联。对于企业家来说，这也是他们想要创造商业意义的原因。

因此，在品牌建设的层面上，**品牌的精神意义表达通常来自企业和创始人的精神、思想和价值观，经过语言的转化，变成可对外传达的商业观和产品观。这些商业观和产品观之所以能够广为人知并产生影响力，是因为它们恰好符合了当下某一种社会潮流和情绪。**

社会潮流和情绪是不断变化的，而企业的精神、思想和价值观则相对稳定。因此，**企业很容易陷入一个误区，即认为成为社会符号是时代赋予的和**

被眷顾的结果，可遇不可求。然而，实际上，品牌建设的重点在于守住内在的不变去顺应外部变化，借势而上。品牌势能恰恰是企业主动争取和管理的结果。因此，成功完成这一层级工作的企业通常是那些具有独特且清晰的核心价值，同时具有洞若观火般的洞察力，并且能够顺应时代潮流和情绪的企业。

L9：时间资产

定义：企业品牌的无形资产和势能基于企业的核心价值的不断表达和累积，是为了抵御市场风险而设计的品牌战略方案。

内容：包括企业专有概念、品牌联想、精神代表、知识产权等可传承的资产。

标准：企业的精神和理念需要在每个时代保持一致，但形式可以发生变化。

作用：以一致性的精神和价值激励人心，成为客户、员工和社会人群自我叙事的一部分。

误区：企业可能无法意识到自己拥有时间资产，甚至会在无意中伤害了时间资产。

要点：品牌需要在每一代关键时刻彰显存在，注重理念和信仰的传承而非商业做法。

适合类型：精神驱动、具有变革精神和能力、专注行业深耕以成其久远的企业。

品牌举例：李宁、苹果、可口可乐、同仁堂、爱马仕、路易威登。

品牌是企业的重要资产，但要想拥有能够穿透时间的品牌资产，企业需要持续地朝着正确的方向前进，并且让每一项开支、活动等动作都能够有的放矢，成为构建资产的基石。

时间资产的意义在于，只要企业拥有这份资产，商业上的波动就不会对企业造成太大的影响。 无论商业上的得失、对错如何，都不会损害企业的根基。**对于每一代企业家来说，时间资产都是必须继承的，这里的继承是指理念和信仰上的传承，而不是商业做法。** 从心智作用上来看，时间资产以一致性的精神和价值来激励人心，成为目标受众（所有类型的受众，包括客户、员工和社会人群）自我叙事的一部分。

什么能被称为时间资产？是企业秉承的专有概念、品牌联想、精神代表、知识产权等。

什么样的企业适合深入做这一层级的品牌工作？是由精神驱动、具有变革精神和能力、专注行业深耕以成其久远的企业。

在这个层面上，企业最容易犯的错误是无法意识到自己拥有时间资产，甚至会在无意中伤害了这份资产。李宁品牌就是一个典型案例。李宁公司是一个先有联想资产，后有品牌的企业。李宁品牌在"50后"眼中代表了"为国争光"的精神，在"80后"眼中代表了中国经济复兴的象征，在"00后"眼中代表了中国国潮时尚中的文化自信。对于李宁品牌来说，"民族自豪感"是它最重要的品牌资产，这也是为什么在衣服上写上"中国李宁"能够引起非常强烈的市场关注。然而，在2022年，一系列带有类似"日本军服"元素的设计，对于拥有这份资产的李宁品牌来说，是非常致命的事件。任何公关上的解释，都会被理解为一种"狡辩"。

同理，同仁堂拥有"货真价实"的时间资产，如果有假药和劣质药出现，就会对同仁堂的品牌资产造成极大的伤害。可口可乐代表了"快乐水"，如果消费者对可口可乐的品牌联想中出现了沉重、贫穷、阴暗等负面形象，也会对品牌资产造成极大的伤害。

即使是同行业、同类产品的企业，因为拥有的时间资产不同，负面事件对品牌的伤害也会有所不同。例如，撞车事故对于拥有"未来创想，探索无人区"时间资产的特斯拉来说，公众的容忍度会相对高一些，但对于拥有

"安全"时间资产的沃尔沃来说,则会是致命的伤害。

在每一个新的时代中,当品牌遇到与自身核心价值相关的时刻时,它应该积极地彰显自身的存在,以强化这种印象。以李宁品牌为例,每 4 年一次的奥运会就是其展现存在感的关键时刻,品牌应该在这些时刻表达自己。企业的精神和理念在每一个时代都存在且强烈,虽然形式可能不同,但其核心始终如一。

层级圈定:我的企业落在哪层

9 个层级从低到高依次是:L1 视觉区隔、L2 价值利益、L3 精神意义、L4 触达、L5 沟通、L6 体验(六识)、L7 驱动商业、L8 社会符号、L9 时间资产。那么对于单个企业来说,如何判断自己应该在哪一层级努力?

首先,我们需要确定这 9 个层级之间的关联。

品牌做工作应该是逐层往上走。

9 个层级中,L1~L3 是品牌识别元素的设置,需要逐层递进,不能跨越,且不能单独发展。对于任何企业和产品,只要进行品牌化操作,L1 都是必不可少的,而 L2 和 L3 则取决于企业发展的具体情况。如果需要建立信任和沟通,就需要进一步发展 L2 和 L3。对于需要获得市场认可和建立声誉的机构品牌,L3 应该在品牌创立之初就予以配备。

品牌层级 L4~L6 注重与客户的关系建设,沟通方式有单向、双向和六识等不同面向。这种分层是因为许多品牌的市场传播并不需要建立深度关系,只需要通过广泛曝光获得足够的流量,从而完成单向触达(L4),形成一人单次交易转化即可。如果停留在 L4,那么企业在识别层级建设中仅需完成 L1 即可,L2 和 L3 并非必选项。例如伯爵旅拍以及那些通过央视广告获得巨大销量的大众消费品牌。触达的范围大小不一,对于微型、小型企业甚至大部分中型企业而言，只需精准聚焦目标群体，完成信息的单向传达即可。

L5 的双向沟通和 L6 的六识体验通常用于展现较为抽象的品牌识别元素（L2 和 L3），通过颗粒化、外显化的过程来实现。这个过程需要沟通的空间、时间和道具，因此会更加复杂，需要特别的视觉、语词和体验设计。通过 L5 和 L6 的工作所形成的价值认知是深刻的，企业能因此换取更忠诚的关系和增强品牌黏性。

L4~L6 并非逐层叠加的关系，企业可以根据客户类型、范围、竞争程度和关键信息节点来决定采用哪一层级。企业可以仅采用其中一层级，也可以采用以一层为主，其他一层或两层为辅的方式。

企业对 L1~L6 的工作相对熟悉，因为这 6 级的工作与营销和销售有很多重合之处，这也是企业很难将品牌与营销和销售等工作区分开的原因。尽管如此，它们背后的逻辑完全不同。品牌运营者需要有资产累计思维，只有每一个动作、投入、活动和信息的展示都基于企业的核心价值定位，再通过 L4~L6 的一致性对外表达，品牌才能将识别元素转化为品牌资产，进入 L7~L9 的品牌发展层级。在 L7~L9，品牌进入资产管理的范畴，企业开始实现品牌拉动产品和业务成长的模式。

当品牌进入 L7 驱动商业层级时，就意味着企业的商业成长可以通过人的心智中联想资产的扩张路径来实现。一个简单的例子是，一个强势品牌推出一个新产品，与从 0 到 1 创建一个新品牌相比，前者的市场接受程度是后者无法比拟的。强势品牌还可以帮助企业渡过市场危机等困境，为企业的长远发展做出卓越的贡献。

当进入 L8 社会符号层级时，企业可以结合当下的潮流和情绪，与社会大众达成价值共识，并赋予品牌社会意义，从而获得成为社会某个象征符号的机会，并且拉拢人心。

而进入 L9 时间资产层级的品牌，属于由精神驱动、具有变革精神和能力、专注行业深耕以成其久远的企业。它们能在社会共识中找到与自身核心价值相关联之处，完成传承和革新，成为每一代人心中的卓越品牌。为了具备基业长青的潜质，企业需要明确品牌资产、保护品牌资产不受损害并持续强化品牌资产，这也是L9品牌层级的重点工作。

品牌工作的9个层级是品牌成长之路的思考框架和工具，能够帮助企业判断和聚焦品牌需要完成的工作。当企业发现自身只需要聚焦一个或者几个层级的时候，品牌工作将变得无比轻松。

下一章我们将根据企业发展的阶段进一步明确品牌工作的重点。

本章要点
Key Point

（1）视觉在市场沟通信息中占到了75%的比重，建立"视觉区隔"是品牌建设的首要任务，也是所有品牌建设工作的必备层级。基础的"视觉区隔"的内容包括：品牌名称、标识（图形/字标）、包装、功能属性或优势信息。

（2）视觉设计的成果验收不能以设计师或企业家个人审美偏好为判断标准。设计也不能一味地追求高端，需要考虑符合目标受众的视觉策略。企业需要遵循目标受众的视觉偏好、市场差异化和第一眼吸引力等标准。根据这些标准，企业并不一定需要提供"美"的设计，有时候"丑"的设计也能达到同样的效果。

（3）市场洞察和品牌战略定位这两个工序可以帮助企业抛弃主观观念，并且从消费者的心智视角客观地表达自己的产品特点。

（4）很多人认为只有大品牌才需要输出"精神意义"，但这是一个误区。如果品牌的目标受众本身就是一群非常注重意义的人，他们与品牌建立联系的方式就是依靠精神和意义，那么企业就应该具备与精神意义相关的识别信息。

（5）触达是指企业通过一个或者多个媒体组合渠道，将品牌信息传递给目标客户（消费者）的过程，旨在宣告品牌存在，提高知名度，形成差异化价值认知。对于许多产品类型来说，通过触达来将品牌的特性信息传达给特定的客户或消费者就已经足够了，不一定要进入更高的沟通和体验层级。拥有标准化单品、大一统市场，以及不需要和目标受众建立深度关系的产品和品牌，最容易在规模化触达时实现高转化。

（6）品牌沟通强调的是交互和共创，是让商业和产品在提供者和使用者的充分沟通中得到完善，这是品牌沟通想要达到的效果。

（7）采用触达和沟通双轨模式是一种常见的品牌推广策略，企业可以通过触达进行引流、筛选和初级说服，再通过沟通完成二次说服、转化和留存。

（8）目标受众在体验中确认和印证他们对品牌的认知和期望。因此，品牌需要做到"知行合一"，让受众在品牌体验中达到"身心合一"。品牌承诺不能兑现是加速品牌死亡的最大元凶。

（9）在商业起始时期，品牌辅助新商业的发展有两种思路。一种思路是，企业先拥有一种产品或业务，然后进行品牌化运作。当品牌影响力逐渐增强时，企业可以利用这个品牌所积累的联想资产，为其他产品和业务的发展提供动力和支持，从而推动企业的发展；另一种思路是，企业先打造一个具有价值的品牌联想，然后在此基础上开发一系列与之相符的产品和业务。这种先有认知联想，后有产品和业务的商业模式，随着消费者权力的增强，在当下和未来或将越来越普遍。

（10）很多企业家误解了"有了品牌，销售就能自己跑起来"的真实逻辑。实际上，这是因为拥有强势品牌的企业将更多资源投入具有价值的认知联想的经营和维护上了，使品牌能够驱动商业成长，从而提高了新产品和业务的市场接受程度。

（11）品牌的精神意义表达通常来自企业和创始人的精神、思想和价值观，经过语言的转化，变成可对外传达的商业观和产品观。这些商业观和产品观之所以能够广为人知并产生影响力，是因为它们恰好符合了当下某一种社会潮流和情绪。

（12）企业很容易陷入一个误区，即认为成为社会符号是时代赋予的和被眷顾的结果，可遇不可求。然而，实际上，品牌建设的重点在于守住内在的不变去顺应外部变化，借势而上。品牌势能恰恰是企业主动争取和管理的结果。

（13）时间资产的意义在于，只要企业拥有这份资产，商业上的波动就不会对企业造成太大的影响。对于每一代企业家来说，时间资产都是必须继承的，这里的继承是指理念和信仰上的传承，而不是商业做法。企业最容易犯的错误是无法意识到自己拥有时间资产，甚至会在无意中伤害了这份资产。

第四部分 品牌策略与边界：针对自身情况，企业应该采取哪些行动

Chapter 11 企业发展阶段对应的品牌工作重点

上一章中，我们将品牌工作分成了 9 个层级。然而，在品牌战略咨询中，我们还需要特别关注品牌在企业不同发展阶段的工作重点。如果品牌工作与阶段不匹配，那么品牌的力量可能无法发挥，甚至还会适得其反。

我们将企业的成长划分为 4 个阶段（图 11-1）：

- 0~1 生存期。
- 1~10 加速成长期。
- 10~100 行业生态期。
- 100~N 社会生态期。

双边交易关系 ←——————————————————→ 社会多边关系

| 0~1 生存期 | 1~10 加速成长期 | 10~100 行业生态期 | 100~N 社会生态期 |

线性成长 ←——————————————————→ 指数成长

图 11-1 UP·toma 企业发展的 0~N 的 4 个阶段分类

我们将企业发展阶段分为"生存期""加速成长期""行业生态期""社会生态期"4 个阶段，而非常见的企业生命周期中的"初创、成长、成熟和衰退"4 个阶段，这是因为前者能更准确地反映品牌在企业面对不同市场生态时所扮演的角色。实际上，0~N 的企业发展阶段已经包含了"企业生命周期"中的前 3 个阶段，至于最后一个"衰退期"，虽然"品牌焕新"是挽救企业的重要手段之一，但从品牌实际操作的角度来看，"品牌焕新"等于让企业重新回到 0~1 生存期阶段去思考和定位。因此，本章我们去掉了关于"衰退期"的讨论。

为了简化表述，我们将用几个关键行动来概括每个阶段的品牌工作重点。这些关键行动与业务的关键行动相辅相成，因此我们引入了 UP·toma 商业运营闭环框架进行阐述，以便更好理解（图 11-2）。

UP·toma 设计的商业运营闭环展示了一家企业从 0 到 N 发展的 9 个关键行动。关键行动 1~3 组成一个完善和验证产品的闭环；关键行动 1~5 组成了一个将产品推向市场获得盈利的交易闭环；关键行动 1~9 组成了一个企业通过内部商业运作获得持续价值的商业长青闭环。企业在不同的发展阶段会侧重不同的行动，因此需要采取相应的品牌关键行动（图 11-3）。

0~1 生存期

业务关键行动： 跑通产品逻辑，验证商业模式。

品牌关键行动： 定位、品牌价值差异化、识别、关键信息传播。

对应 9 个层级的工作重点： L1~L2，以及针对 L4~L6 的小范围尝试和验证。

在企业的 0~1 生存期，业务发展的重点是"跑通产品逻辑，验证商业模式"。在这个阶段，企业对结构效率的思考要优于对运营效率的思考。也就是说，企业需要选择适合市场的产品品类，并进行产品设计、测试、投产，

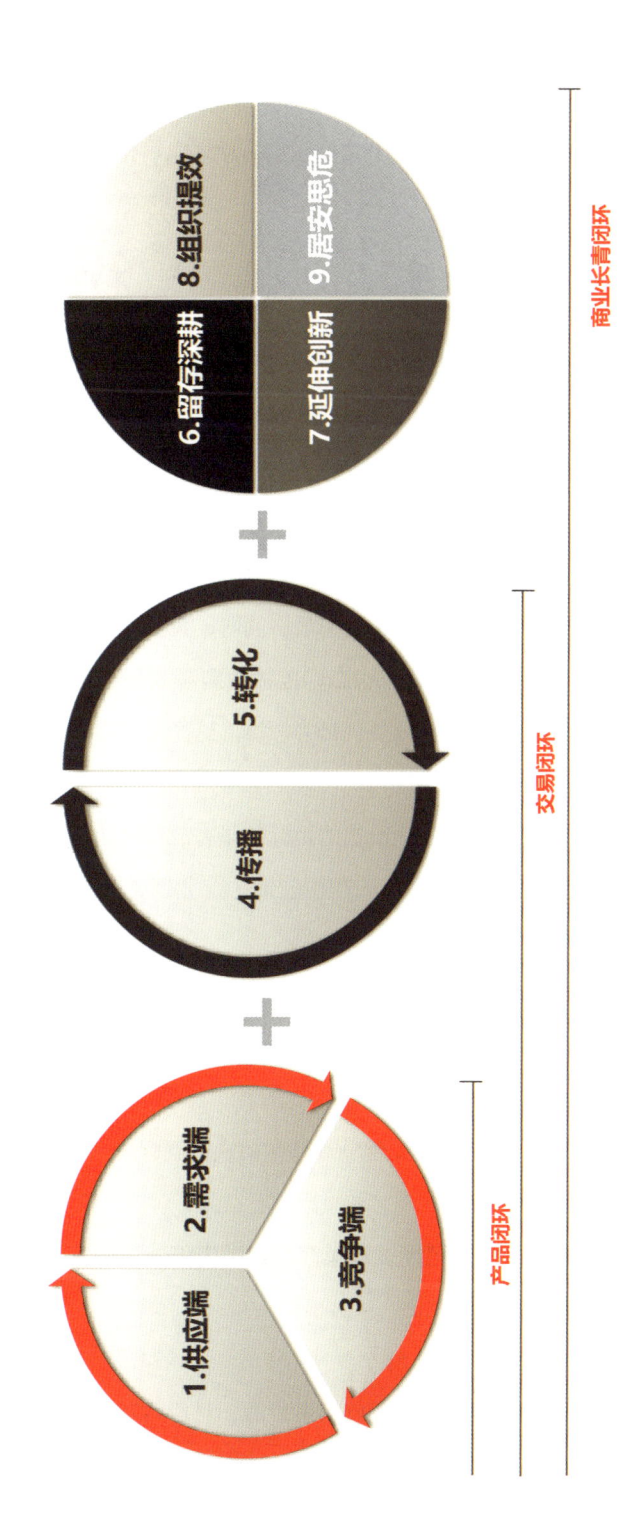

第四部分 品牌策略与边界：针对自身情况，企业应该采取哪些行动

图 11-2 UP·toma 商业运营闭环

品牌通识：科学系统的品牌全景

	0~1 生存期	1~10 加速成长期	10~100 行业生态期	100~N 社会生态期
关键业务行动	跑通产品逻辑、验证商业模式	更大、更高效的交易	留存深耕、延伸创新	组织提效、居安思危
关键品牌行动	定位 品牌价值差异化、识别、关键信息传播	进行强化定位、品牌传播规划、沉淀资产	加强品牌沟通、提升品牌体验，以此深化客户关系 产品和公司品牌重塑 品牌延伸	强化商业的社会意义 盘点和继承品牌资产 输出价值和精神

双边交易关系 ←————————————————————→ 社会多边关系

线性成长 ←————————————————————→ 指数成长

图 11-3　UP·toma 企业 0~N 发展 4 阶段分类和品牌关键行动

选择销售渠道，设置竞争壁垒等一系列事项。同时，企业需要不断验证市场接受度，调试产品，直至达到最佳状态，包括达到易实现、易生产、易推广、成本和财务结构最优、具有竞争优势等标准。这个过程中，初步传播和转化也至关重要。

对于任何一个新生产品而言，最初的目标都是完成产品闭环，即在"供应端、需求端和竞争端"取得平衡。在初创期，企业通常从其中一个端入手，具体内容如下。

- 从供应端开始，企业可能拥有技术、生产资源、渠道资源或既有产品。
- 从需求端开始，企业可能看到一个急需解决的问题或获得了一个改善需求的机会。
- 从竞争端开始，企业可能发现某产品在国内仍处于蓝海领域，或者发现某个空白赛道。

初创企业在生存期的发展通常面临很多挑战，且成功率极低，而能否找到产品闭环中的平衡点与企业的成功密切相关。在咨询中，许多人询问如何通过创建品牌走出低谷。但遗憾的是，品牌只是成功者的助力，它可以放大企业内在的核心价值并帮助其表达，但如果产品闭环中存在问题，那么品牌很难发挥实际作用。因此，在面临问题时，分清楚需要改善和补漏的是哪个端口，是企业摆脱困境的第一步。

在 0~1 生存期阶段，品牌的关键行动是定位、差异化品牌价值、识别和传播关键信息。品牌可以在需求端帮助企业更快地找到平衡点，通过目标客户细分和客户心智定位的方式，帮助企业更好地洞察消费者需求，并找到心智上的空白机会点，从而有效促进产品闭环上平衡点的达成。

品牌应该聚焦产品的可差异化的价值利益点，形成可识别元素和传播的关键信息。在进行正式和更大范围内的市场推广前，产品应该拥有"一个好看的皮囊和一个有趣的灵魂"。品牌应该将企业和产品所有有利于价值传达的信息都聚拢到一个点上，包括目标客户类别、具象的消费场景、目标客户的购买理由、品牌要传达的多重功能、产品的信任背书、最契合的传播渠道和方式等，如此才能在传播中具有穿透力。

1~10 加速成长期

业务关键行动：更多、更高效的交易机会。

品牌关键行动：强化定位、进行品牌传播规划、沉淀资产。

对应 9 层级工作重点：L4~L6。

如果将 0~1 时期比作"练兵"，那么从 1 到 10 的加速成长期就是"攻城略地"。

在企业 1~10 加速成长期，如果产品闭环已经验证成功，那么企业的关键行动是通过规模化的市场投放，来撬动更多、更高效的交易机会。这部分的工作集中在商业闭环中的第二个环——交易闭环，即高效传播、高效转化，从而获得更多交易。

与之相符的品牌工作重点则是，在规模化传播前构建相应的识别元素，并制定品牌的传播规划策略，以确保在每一个传播举动中都能沉淀一份品牌资产。在品牌 9 个层级中，这部分的工作主要集中在 L4~L6 阶段，企业可以根据自身的情况选择其中一层或者几层。

随着中国经济的快速发展，传播和转化的工具也在不断更新。然而，品牌始终关注自身的身份、差异化价值、资产的建立和沉淀。这些关注点背后的核心逻辑——"客户认知事物的规律"从未改变。因此，在企业加速成长期，品牌需要更加注重客户画像、客户心智和获取信息的方式，并帮助企业确定在合适的关键信息节点上传达品牌信息。

在企业快速成长的阶段，由于资源倾斜于市场一线，如门店和线上运营等，空间和人员的扩张可能会导致战略和执行的失衡，以及内部价值观的稀释。因此，在品牌辅助方面，企业需要不断明确自身定位，强调品牌价值、差异化优势、愿景、使命和价值观，以帮助企业在加速成长期间内，所有成员都能获得价值共识。

10~100 行业生态期

业务关键行动：留存深耕、延伸创新。
品牌关键行动：加强品牌沟通、提升品牌体验，以此深化客户关系。
对应 9 层级工作重点：L7 驱动商业。

企业在经历加速成长期后，进入 10~100 的行业生态期。这个阶段，企业开始构建自己的行业生态圈，通过生态圈赋能的方式发展更多元的产品和业务，以不断扩大自己的产能和提高市场地位。

由于在这个发展阶段企业的壮大速度很快，单一产品很容易陷入增长极限,因此,企业需要寻找新的增长点。在业务上,企业需要采取两个关键行动,即"留存深耕"和"延伸创新"(见图11-2中关键行动6和7)。

在**"留存深耕"**策略中,有两个关键方向。第一,企业需要加强对已经开拓过的领域的治理和巩固,例如深化与现有客户的关系、提高需求满足的标准,并与客户进行资源共享和共创。举例来说,企业可以通过沟通和体验设计,加强与客户的紧密程度,并通过重新塑造产品品牌来再次连接客户心智。品牌联合也是一种方法,可以帮助企业获得新的客户资源。在传播上,品牌需要不断向消费者传递和强化自己在品类或心智定位领域中的领导地位的信息,并不断提升标准,让自己成为这个品类或心智定位领域的规则制定者。

第二,企业需要在整个行业价值链中获得更大的助力。这可以通过品牌创造价值共识、形成号召力来实现,让同盟者认为大家不只是为了某一个财务利益而共事,更是为了某一项有意义的事业而同心协力。品牌关系从之前的企业和目标客户之间的双边关系,变成与目标客户、产业上下游的多边关系。当品牌进入行业生态期,对企业和集团品牌进行重塑和升级是非常必要的。

"延伸创新"则是指在现有市场和客户基础上寻找新的增长点。在企业发展的10~100阶段,虽然已经取得了第一产品或业务的成功,但为了应对产品生命周期的挑战,企业必须不断寻找新的增长点。这就需要在现有市场和客户基础上寻找新的增长点,并构建一个创新的系统机制,包括强化内部各环节的专业性、知识的积累与沉淀,以及不断发掘现有市场中新的需求和痛点,从而增加创造出新产品、新业务的可能性。

而落在品牌层级上,即进入品牌工作层级L7"驱动商业"。品牌心智联想增长路径,也就是品牌延伸,是企业多条增长路径中比较重要的一条。L3精神意义这个层级的工作是必要的,如果之前只完成了L1和L2的层级,那么建议企业尽快完成品牌工作L3层级的建设。

此外,企业上市通常也发生在这个阶段,企业上市后需要面对多边关系和全社会的高阶、多元人群的沟通,因此在上市前至少预留两年时间进行品牌塑造和规划是非常有必要的。

品牌通识：科学系统的品牌全景

100~N 社会生态期

业务关键行动： 组织提效、居安思危。

品牌关键行动： 强化商业的社会意义，盘点和继承品牌资产、输出价值和精神。

对应 9 层级工作重点： L8~L9，其中 L3 是必选项。

在 100~N 阶段，企业进入了社会生态期，生存和发展不再依靠单打独斗，而是依赖于战略优势、声誉、供应链和价值链的主导、营商环境创造和规则制定、规模效应、持续创新等一系列迂回、长远的机制所构建的"发展势能"，这让企业能够更持续、更长远地完成交易，并推动行业的整体演进或变革。因此，我们可以用一个通俗的词来形容 100~N 阶段企业的追求，那就是"基业长青"。

与其他阶段不同，100~N 阶段的企业更加依赖内部系统来推动发展，即自我进化。在业务上，企业的关键行动是组织提效和居安思危（见图 11-2 中关键行动 8 和 9）。

组织提效意味着通过提高管理效率，为企业降低成本、提高效益，即使是微小的改变。对于处于 100~N 阶段的企业而言，组织提高效率通常需要从文化、流程和执行体系三个方面入手。品牌可以直接助力新文化的形成和渗透，从而达到组织提高效率的目的。

当我们对最高级别的决策者进行品牌咨询和访谈时，我们通常会围绕一个核心问题展开，即"企业最想向市场传递的精神文化是什么？"这个问题涉及企业自我回答和向外传递的内容，即企业存在的目的和伟大之处。

华为公司前高级副总裁胡彦平在 2020 年混沌大学演讲《浅谈华为组织成长的动力机制》中指出："华为非常注重文化建设，文化是企业集体的认知体系，文化从底层认知层面定义了整个组织的能量和组织能力边界。"企业文化通常是指共同的价值观念和行为规范，用以锻造员工统一的行为习惯。

第四部分　品牌策略与边界：针对自身情况，企业应该采取哪些行动

在这个阶段，我们建议企业家要进一步考虑品牌文化的建设。前文中我们提到企业文化和品牌文化的差异性，企业文化是内部管理文化，由系统的、详细的规章和流程制度组成。然而，品牌文化主要由企业的品牌定位，包括愿景、使命、理念和价值观等元素组成。除了基于市场承诺反向塑造内部价值，品牌文化在内部管理方面更具有"激发意义认同、产生自豪感与热爱，以及形成行为协同"的作用。品牌文化追求与其他企业的差异性，旨在让员工为企业存在的意义而兴奋、激动，从而形成自我驱动，让组织群智涌现，实现以愿景和使命来驱动企业成长。因此，品牌文化更适合由高素质、创新型、自驱力强和敢于探索无人区的员工组成的企业。字节跳动的创始人张一鸣曾说"在动态变化的行业里，规则固化了同事之间的配合方式，制约了灵活性，就会出现很多问题"。因此，建立品牌文化可以帮助企业避免这些问题。

除了品牌文化，第二个品牌工作重点是建设统一的主品牌战略。对于这个阶段的企业来说，品牌是重要的商业元素之一，也是拥有竞争力的核心能力。集团出面建设统一的品牌，可以让其下多元产品、业务，甚至子公司、子集团能够共享资源，并快速成长，同时也可以加强中央协同，强化行动共识。因此，这类企业应该有集团品牌管理部门。例如，在华为公司不仅有特设的品牌管理部门，还有为品牌服务的专家管理职位。

居安思危主要指为了应对产品生命周期和市场周期变化而进行的战略演进、转型和变革。以 IBM 公司为例，IBM 公司是一个拥有百余年历史的企业，经历了多次重大变革，如今已成为全球最大的信息技术和业务解决方案公司。从 IBM 的案例中可以看到，其战略转型速度越来越快，每 4~6 年就会进行一次转型。对于长期存在于快速发展变化环境中的企业来说，这种速度应该是一种常态，企业需要居安思危，并及时进行战略调整和变革（图 11-4）。

对于处于社会生态期的企业，每次战略演进、转型和变革都需要通过品牌重塑来传达新的方向、身份和价值主张的信息。

图 11-4　IBM 公司发展历程

（注：图片和部分信息来自 IBM 公司官网）

　　还是以 IBM 公司为例，IBM 公司在 2012 年推出云计算和智能化业务时，将品牌愿景定义为"智慧地球"；在 2016 年推出 Watson 认知计算时，品牌愿景改为"认知商业"；2022 年，IBM 公司聚焦混合云和人工智能（AI）业务，提出新的价值主张"携手共创"，并将自己的身份和作用定义为"技术伙伴"和"生态召集人"。IBM 公司擅长将新的身份和价值主张作为传播主题向市场传递，这有助于传播，并形成内外部协同，吸引客户自愿合作，同时也获得了社会各方的支持。虽然时间已经过去多年，但 2012 年的"智慧地球"仍然是品牌界重要的传播案例之一（图 11-5）。

　　除了对外表达战略，品牌还需要承担品牌资产"承前启后"的任务。在战略演进、转型和变革的同时，必须对过往的品牌资产进行盘点、检测和保护，确保资产在时间中得以积累和加强，而不是在变化中丢失。

　　品牌在 100~N 阶段需要将社会整体作为品牌的传播对象，立意要更高，需要对全行业、全社会，甚至对全人类的命运做出回应，成为"价值观和精神的输出"。例如，IBM 公司将"与中国同创"（Made with China）作为自己适应本土生态环境的转型策略，并在 2022 年提出了"携手共创"，将自己定义为"推动进步的催化剂"。这种立意的品牌输出能够更好地引领市场和社会的发展，提高品牌的影响力和竞争力。

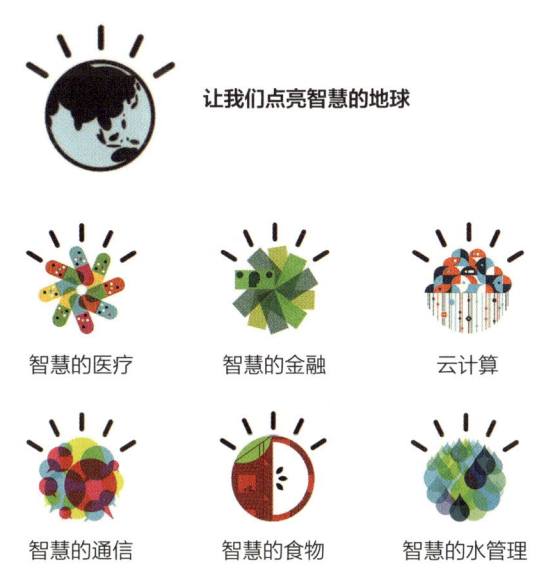

图 11-5　IBM 公司的智慧地球案例

（注：图片来自百度）

在 100~N 社会生态期，企业已经成为社会效益贡献的主要推动力量，品牌也已经超越了产品和机构的层面，成为一个重要的社会符号。因此，品牌在"意识形态上的政治正确"方面变得至关重要。很多企业面临的舆论危机都与企业管理者没有意识到自己的公众影响力有关。在这个时期，企业的品牌沟通不能再仅限于市场占有、利润获取和实力证明等信息，而应该更加注重展现对行业和社会的责任与担当，强调社会意义贡献的表述。

在这个阶段，功能性品牌应该得到发展，包括发展公益和慈善品牌、技术品牌、文化品牌、企业家个人品牌等。这些品牌可以将企业内部的先进、专业的知识转化为社会贡献，并成为企业品牌资产强化和巩固的助力。

这个阶段里，品牌工作的层级主要围绕 L8~L9 展开，需要做好最高集团层面的品牌管理。子产品、子业务、子公司或者子集团都应该注意自己所处的阶段。每一次企业的演进、转型和变革，都意味着与集团品牌的 L3 精神意义相关的品牌识别元素要进行重新梳理和聚焦。

本章要点
Key Point

（1）品牌只是成功者的助力，它可以放大企业内在的核心价值并帮助其表达，但如果产品闭环中存在问题，那么品牌很难发挥实际作用。

（2）在企业快速成长的阶段，由于资源倾斜于市场一线，如门店和线上运营等，空间和人员的扩张可能导致战略和执行的失衡，以及内部价值观的稀释。因此，在品牌辅助方面，需要向一线和新加入者不断明确自身定位，强调品牌价值、差异化优势、愿景、使命和价值观，以帮助企业在加速成长期间保持步调一致并形成价值共识。

（3）在 100~N 社会生态期，企业已经成为社会效益贡献的主要推动力量，品牌也已经超越了产品和机构的层面，成为一个重要的社会符号。因此，品牌在"意识形态上的政治正确"方面变得至关重要。很多企业面临的舆论危机都与企业管理者没有意识到自己的公众影响力有关。在这个时期，企业的品牌沟通不能再仅限于市场占有、利润获取和实力证明等信息，而是应该更加注重展现对行业和社会的责任与担当，强调社会意义贡献的表述。

参考文献

[1] 让-诺埃尔·卡普费雷尔.战略品牌管理[M].何佳讯,等译.北京:中国人民大学出版社,2020:3-21.

[2] 卢泰宏.品牌思想简史[M].北京:机械工业出版社,2020.

[3] 何佳讯.战略品牌管理:企业与顾客协同战略[M].北京:中国人民大学出版社,2021:3.

[4] 王德培.中国经济2022:城市深化与产业重组[M].上海:上海远东出版社,2022:134-138.

[5] 王德培.中国经济2021:开启复式时代[M].北京:中国友谊出版公司,2021:231-250.

[6] 水木然.深层认知:深层洞悉事物的商业规律[M].北京:台海出版社,2020:76-85.

[7] 郁锋.概念与感知:心灵如何概念化世界[M].北京:中国科学技术出版社,2020:7-13.

[8] 史蒂芬·平克.心智探奇:人类心智的起源与进化[M].郝耀伟,译.杭州:浙江人民出版社,2016.

[9] E.布鲁斯·戈尔茨坦.认知心理学:心智、研究与你的生活(第三版)[M].张明,等译.北京:中国轻工业出版社,2015.

[10] 威廉·冯特.认知心理学:成长路上不可或缺的心理学[M].王彦,

译.南昌：百花洲文艺出版社，2019：82-110.

［11］刘惠军.动机心理学[M].北京：开明出版社，2012：110-112.

［12］三浦展.第四消费时代[M].马奈，译.北京：东方出版社，2014：79-84.

［13］安琨贞，张大炼.动机10.0：驱动人类行动强有力的能量[M].沈哲，金文姬，译.南京：江苏凤凰文艺出版社.2019：151-153.

［14］Sirgy, M. J. (1982). Self-concept in consumer behavior: A critical review Journal of Consumer Research, 9, 287-300.

［15］安东尼·吉登斯，菲利普·萨顿.社会学基本概念（第二版）[M].王修晓，译.北京：北京大学出版社.2019：105-107.

［16］多米尼克·戴泽.消费[M].邓芸，译.北京：商务印书馆.2015：1-3.

［17］迈克尔·波特.竞争战略[M].陈丽芳，译.北京：中信出版社，2014：29-35.

［18］周文艺.生态战略：设计未来企业新模式[M].北京：机械工业出版社：2017.

［19］玛格丽特·马克，卡罗·S.皮尔森.如何让品牌直击人心：品牌的12个心理原型[M].侯奕茜，译.北京：中信出版社，2020.

致谢

《品牌通识：科学系统的品牌全景》即将出版，我们要向那些给予我们支持和引领的人们表示衷心的感谢。本书的每一页都充满了他们的智慧和灵感印记。

他们包括：

启迪我们建立科学、严谨的思考范式的悉尼大学校长和教授们。

引领我们入行，帮助我们建立品牌思考框架的师长和领导们。

曾经并肩战斗、共享共创、激发灵感的前同事们。

给我们提供品牌问题，进而推动本书规划的企业家和品牌管理者们。

为我们跨行赋能，带给我们科技、投资和文化等多元视角，丰富理论模型的师长和朋友们。

来自各大顶尖高校，眼里有光，用天生的热情书写中国品牌未来的年轻人们。

无条件支持我们，给我们写作空间，给予我们坚强后盾的家人们。

此外，我们要特别感谢中国科学技术出版社的编辑团队和责编老师。没有他们的专业发掘和引导，本书不可能顺利出版。

我们将本书献给所有引领我们，关心我们，支持我们，启发我们的师长、朋友和家人们！

（按照拼音字母顺序排列）

致谢

B	黄斌	刘裕舟
卞建林	黄飞	刘建新
	贝琳达·哈钦森	（Christopher Low）
C	（Belinda Hutchinson）	陆素娟
柴永敏		
陈晨	**J**	**M**
陈芳宇	姜川	宓迈克
陈富国	蒋青云	（Micheal Milne）
陈立桴	蒋一青	
陈璞	金金	**P**
陈志杰		Kishi Pan
	K	彭泗清
D	可白	
丁玎	孔波飞	**Q**
	孔佳	邱琦娜
F		秋叶
樊小祺	**L**	
	老大卫	**R**
G	李东伟	任柏龙
古博	李凡	任俏楚
	李秀桃	任雪涵
H	李奕霖	任易颖
郝陶	林德兴	荣磊
弘彬	林泽鸣	
弘韬	林万足	**S**
弘域	刘一辰	邵文斌

沈莉莉
沈夏阳
沈寅峰
约翰·希尔兹
（John Shields）
石兴良
孙羽林

T
谭宁
屠燕云

W
汪红彬
王嘉祁
王佳颖
王一军
王颖
王月丽
王宇
魏刚
魏嘉
闻晨植
翁鸣晨
吴楠（PK）

X
夏婷
笑愚
谢恕之
谢艳
谢远富
歆朗
许飞菲
许美兰
Ruifen Xu

Y
杨震
姚承纲
姚军红
叶彩英
叶巧尔
叶生暄
尹超
元欣
余天雯

Z
张蓓
张恩达
张环香

张姝
张树蓉
张冉
张卫国
周玢
周丹丹
仲轶璐
周文